Koh

Johann Friedrich
Spittler

Gehirn, Tod und Menschenbild

Neuropsychiatrie,
Neurophilosophie,
Ethik und Metaphysik

Verlag W. Kohlhammer

1. Auflage 2003
© 2003 W. Kohlhammer GmbH Stuttgart
Umschlag: Gestaltungskonzept Peter Horlacher
Gesamtherstellung:
Druckerei W. Kohlhammer GmbH + Co. Stuttgart
Printed in Germany
ISBN 3-17-017423-1

Inhalt

1 Vorwort und Einleitung

Die Beschäftigung mit dem Verständnis des Hirntodes hat sehr viele Facetten, es ist das Thema kontroverser, manchmal leidenschaftlicher Diskussionen und Anlass zu emotionaler Ablehnung und Abgrenzung. Grund dieser erheblichen emotionalen Beteiligung ist sicherlich die Endlichkeit unseres Daseins in dieser Welt, das Offensichtlichwerden der Endgültigkeit in einem Sterben, das nicht mehr wie in den vergangenen Jahrtausenden unserem Eingreifen entzogen ist. Seine äußerliche Vollendung vollzieht sich heute nicht selten erst unter dem Abschalten der Beatmungsmaschine. Für uns als Lebewesen gibt es nichts, das uns existenzieller bedrohen würde, als ein Sterben unter dem Einfluss absichtsvollen menschlichen Handelns.
Wenn man sich als Arzt über Jahre mit diesem Thema auseinandersetzt, dann verliert das Krankheitsbild des Hirntodes seinen Schrecken. Wir Menschen haben die Möglichkeit, unser Erleben zu betrachten, unter Gesichtspunkte zu ordnen, nach Ursache und Auswirkung zu verstehen. Und wir können in der Bewältigung und in dem Reagieren auf dieses Erleben einen Sinn setzen. Es gibt viele verschiedene Ziele und Sinnsetzungen, die wir als weniger bedeutend oder auch als wesentlich erleben und bewerten. Das Sterben eines Menschen kann uns daran erinnern, dass wir, solange wir auf dieser Erde leben, Leid erleben müssen, aber auch Trost erfahren und trösten können, wenn wir auf menschliches Verständnis und menschliche Nähe aufmerksam sind. Dies soll wesentliches Anliegen dieses Buches sein.

1.1 Eigenes Erleben

Schon einige Jahre in der Neurologie als Oberarzt tätig, wurde ich erstmals mit der Frage konfrontiert, ob ein zur Zeit noch intensiv behandelter Patient eine so schwerwiegende Hirnschädigung erlitten hätte, dass die weitere Behandlung endgültig aussichtslos und damit sinnlos geworden wäre. Wie die Tage zuvor standen wir am Krankenbett und hofften noch auf ein Wirken der laufenden Therapie. Zugleich wurde die Erkenntnis deutlicher, dass die Überlegungen doch schon zu spät kamen. Wie fast immer gab es eine solche Phase, in der neben der Überlegung weiterer Therapiemaßnahmen bereits die ersten Zweifel am möglichen Erfolg der Behandlung aufkommen.
In diesem Zeitraum treten wir innerlich sozusagen einen Schritt zurück, nehmen die Gesamtsituation in den Blick und fragen uns, ob noch eine realistische Chance besteht. Dann werden Untersuchungen unternommen, die größere Sicherheit über die mögliche Endgültigkeit des Zustandes bringen sollen, immer noch darauf achtend, den möglicherweise noch kritischen Zustand nicht durch die Untersuchungen selbst zu verschlechtern. In dieser Phase wird aus einzelnen recht einfachen Zeichen klar, dass die Verbesserungschancen im Schwinden begriffen sind. Die Prüfung der Lichtreaktion der Pupillen und das Absaugen von Schleim aus dem Beatmungsschlauch mit der Auslösung eines Hustenreflexes gehören zu den Routinemaßnahmen. Wenn der Blutdruck wechselhafter und schwächer wird, wenn der Pupillen-Licht-Reflex und der Husten-Reflex ausgefallen sind und wenn keine noch andauernde Narkosewirkung diesen Ausfall erklärt, dann wird der Hirntod so wahrscheinlich, dass man die formale Untersuchung zur Feststellung des eingetretenen Hirntodes ins Auge fassen muss.
Natürlich weiß heute jeder Arzt und jede Intensivstationsschwester, dass hinter dem Eintritt des Hirntodes zugleich die Frage auftaucht, ob auch der weitere mögliche Schritt, eine eventuelle Entnahme von Körperorganen, stattfinden soll oder nicht. Es

weiß auch jeder Arzt, der eine Untersuchung zur Feststellung des Hirntodes unternimmt, dass er mit seiner Unterschrift die entsprechende Anfrage an die Angehörigen in Gang setzt. Natürlich belastet dieses Wissen mehr, wenn man mit solchen Untersuchungen noch wenig Erfahrung hat und man bemüht sich um eine besonders kritische Ausführung aller einzelnen Handgriffe.

Neunzehn Jahre nach meiner ersten solchen Untersuchung kann ich mich noch gut an mein anfängliches Unbehagen dabei erinnern. Erst nach zwei bis drei Jahren verließ es mich so weit, dass ich selbst einen Organspendeausweis unterschreiben mochte. Sehr gut kann ich mich an weitere Jahre des Sammelns von Erfahrungen und der zunehmenden Sicherheit und Überzeugung erinnern. Dann kamen die Jahre vor dem Transplantationsgesetz. Mit heftigster Entrüstung wurde ich attackiert, als ich meine Überzeugung öffentlich äußerte und anfangs stand ich recht fassungslos vor der Entrüstung dieser Kritiker, die doch nicht jahrelang Medizin und Neurologie ausgeübt, selbst keine einzige Untersuchung vorgenommen hatten und nicht vor einem solchen Hintergrund beurteilen konnten, was diese Untersuchung bedeutet.

Inzwischen hat sich die Entrüstung gelegt. Immer noch sehe ich aber Unsicherheit bei Ärzten, Schwestern und Pflegern, wenn sie zum ersten Mal eine solche Untersuchung beobachten. Immer wieder sehe ich auch eine Beunruhigung von Angehörigen, selbst wenn sie ein sehr gutes Allgemeinwissen mitbringen. Da wir im Gespräch auf die gesetzliche Regelung des Verfahrens hinweisen können, lässt sich ein Teil der Verunsicherung und des manchmal hinzukommenden Misstrauens

auffangen. Mehr und mehr kommt allerdings in den letzten Jahren der Eindruck auf, dass die Menschen in unserer Gesellschaft ihre Verunsicherung eher verbergen. Bei der Frage nach einer Organspende entschließen sie sich eher zu einer Ablehnung, als dass sie sich auf die im direkten Gespräch so offene Auseinandersetzung mit den beunruhigenden Seiten eines solchen Sterbens einlassen.

Seit langem versuche ich, diese sicherlich für viele Menschen ungewöhnliche Situation begreiflich zu machen. Ich möchte den Schrecken von dem nun einmal auch zu unserem Leben gehörenden Sterben auf einer Intensivstation ein wenig erträglicher werden lassen. Ich glaube, dass die Zeit inzwischen reif ist, viele Gedanken im Umkreis der Hirntodfeststellung sehr offen auf den Tisch zu legen. Jeder Bürger unserer Gesellschaft kann mit beiden Seiten dieser medizinischen Möglichkeiten konfrontiert werden. Er selbst oder nahe Angehörige können einer Erkrankung begegnen, die in die Notwendigkeit einer Organtransplantation einmündet und sonst nur die Alternativen belastender Behandlungen oder das eigene Sterben möglich lässt. Jeder Bürger kann selbst oder bei seinen Angehörigen einen so schwerwiegenden Unfall oder eine so schwerwiegende Gehirnerkrankung erleben, dass die Frage der Fortführung oder Beendigung einer Beatmung und schließlich einer Organspende oder deren Ablehnung auf ihn zukommt.

In diesem Buch werde ich die ganz praktischen Einzelheiten von Untersuchungen zur Feststellung des Hirntodes darstellen und die sich an solche Krankheitszustände anschließenden Fragen nach unserem Menschenbild in aller Offenheit betrachten.

1.2 Beobachten, Erleben und Nachdenken

Als Arzt verfolgt man oft verschiedene Ziele gleichzeitig. Selbstverständlich möchte man für die in die Klinik gekommenen Patienten die bestmögliche Behandlung verwirklichen. Dafür muss man den Krankheitszustand nüchtern beurteilen, um nicht zu falschen Schlüssen zu kommen. Diese Absicht dient sowohl dem Ziel, wirksam zu behandeln, als auch dem Ziel, falsche oder sinnlose Behandlungen zu vermeiden.

Als Arzt in einer Universitätsklinik will man sich nicht mit der Anwendung einer von seinen Lehrern erlernten Behandlung begnügen, sondern man will jedes eigene Wissen so sorgfältig geprüft wissen, dass es vor den kritischen Augen anderer Wissenschaftler gut begründet bestehen kann. Insofern soll dieses Buch bei allem Bemühen um eine allgemeinverständliche Sprache einem solchen wissenschaftlichen Anspruch genügen. An vielen

Stellen ist unser Wissen über die Funktion unseres Körpers und besonders unseres Gehirns und die Krankheiten unseres Gehirns noch unvollständig oder die Richtigkeit ist nicht bis ins Letzte beweisbar. Deshalb werden in diesem Buch Stellen zu finden sein, wo dieses Nichtwissen deutlich wird. Gerade in einer solchen Situation ist es aber wichtig, auf der Basis des verfügbaren Wissens möglichst begründete und vernünftige Überlegungen darüber anzustellen, wie eine Beobachtung am ehesten wirklichkeits-angemessen erklärt werden kann.

Wir Wissenschaftler sind gewohnt, über ein solches begründetes Erklären hinaus keine weiteren Erläuterungen abzugeben, weil diese die Reinheit der wissenschaftlichen Aussage verundeutlichen können. In diesem Buch geht es jedoch neben der allgemeinverständlichen Vermittlung wissenschaftlicher Erklärungen auch um ein schwierig zu begreifendes, grundsätzlich jeden Menschen in seinem Leben betreffendes Geschehen

und die sich daran anschließenden weiteren Überlegungen. Deshalb soll hier auch über das Erleben gesprochen werden.

In unserer Kultur finden wir nicht nur Naturwissenschaften, sondern auch die mehr betrachtenden Geisteswissenschaften. Darüber hinaus haben sehr viele Menschen ihre gewachsenen Überzeugungen und sind nicht gewohnt, diese Überzeugungen mit selbstkritischer Reflexion immer wieder auf die Probe und in Frage zu stellen. Die Gesellschaft insgesamt entscheidet über viele Fragen der Anwendung wissenschaftlicher Erkenntnisse, insbesondere wenn diese das gewohnte Denken in Frage stellen. Deshalb soll hier der Versuch gemacht werden, die wissenschaftlichen Erkenntnisse mit gewohnten Anschauungen in Beziehung zu setzen und die Frage der Vereinbarkeit zu diskutieren. Vielleicht führt eine ausführliche und möglichst verständliche Formulierung zu einer größeren Offenheit gegenüber Neuem.

1.3 Die Beobachtung des Hirntodes in der Intensivtherapie

In der heutigen Hochleistungsmedizin gehört die Behandlung auch schwerwiegender Krankheitszustände zur alltäglichen Normalität. Mit dem Notarztwagen werden akut erkrankte Patienten unter Wiederbelebungsbedingungen in ein Krankenhaus gebracht, erforderlichenfalls operiert und anschließend auf einer Intensivstation überwacht und maximal möglich behandelt. Häufig ist nicht von Anfang an klar, ob eine Behandlung erfolgreich sein wird oder ob sie innerhalb kürzerer oder längerer Zeit scheitert. Deshalb kommen wir besonders bei Erkrankungen im Kopfbereich mit schwerwiegenden Schädigungen des Gehirns immer wieder auch in die Situation des Scheiterns (Abb. 1.3).

Auf den heutigen Intensivstationen liegen auch Patienten, deren Gehirn schwerwiegend geschädigt ist. Ähnlich wie unsere Haut, unser Unterhautgewebe und unsere Muskeln nach einem schweren Stoß anschwellen und sich eventuell ein Bluterguss ausbilden kann, schwillt unser Gehirn bei einer Durchblutungsstörung oder einer heftigen

stoßweisen Erschütterung an (Hirnödem) und es können sich Blutergüsse an verschiedenen Stellen in unserem Kopf (intrakranielle Hämatome: im Gehirn selbst oder zwischen Gehirn, Hirnhaut und Knochen) ausbilden. Oft muss man oder kann man diese Blutergüsse operativ entfernen und damit Hilfe schaffen. Oft ist auch die Gewebsschädigung des Gehirns selbst so schwerwiegend, dass es stark anschwillt und sich die Durchblutung in der Knochenkapsel des Kopfes selbst abdrücken kann. Häufig ist eine solche Schädigung des Gehirns so hochgradig, dass auch eine Entfernung des Schädelknochens zwar die Durchblutung wieder ermöglichen, nicht aber den Gewebsschaden des Gehirns bessern kann. Eine solche so nahe liegende Schädelknochenentfernung ermöglicht damit nicht in allen Fällen eine Besserung, sondern verlängert dann allenfalls die Krankheit.

Wenn also die Gewebsschädigung des Gehirns so schwerwiegend und die Durchblutung des Gehirns endgültig abgeblockt ist, dann gehen die Nervenzellen im Gehirn zugrun-

Abb. 1.3: Hirntod: Absterben des Gehirns bei Überleben
des übrigen Körpers
Die Situation unter Intensivtherapie,
in der der Hirntod eintreten kann

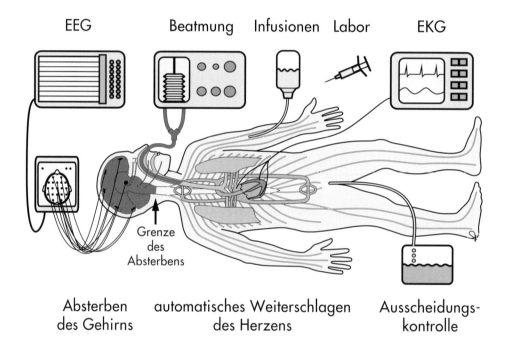

EEG   Beatmung   Infusionen   Labor   EKG

Grenze
des
Absterbens

Absterben
des Gehirns

automatisches Weiterschlagen
des Herzens

Ausscheidungs-
kontrolle

Bedingungen:
1. Verschlechterung einer Erkrankung des Gehirns bis zu dessen Ausfall
2. Beatmung, Flüssigkeits-, Kalorienzufuhr, Stoffwechselausgleich
   Überwachungs-Untersuchungen:
1. Labor (z.B. Blutzucker, rote, weiße Blutkörperchen, Natrium, Kalium ...)
2. EKG, Blutdruck, Sauerstoff-, Kohlensäuregehalt des Blutes
3. eventuell EEG, evozierte Potenziale, Ultraschall der Hirndurchblutung

de. Ein solches Zugrundegehen wäre den Nervenzellen im Gehirn im allerersten Augenblick nicht anzusehen, selbst wenn man sie unter dem Mikroskop betrachten könnte. Nur wenn dieser Moment der vollständigen Hirnschädigung von dem übrigen Körper unter der weiteren Beatmung überlebt wird, kann man später diesen Untergang der Nervenzellen auch unter dem Mikroskop erkennen.

Wenn man den Krankheitsverlauf solcher Patienten in der Rückschau betrachtet, dann kann man den sich allmählich verschlechternden Verlauf von der anfänglichen Schädigung bis zu dem Eintritt verschiedener Verschlechterungszeichen und bis zu dem Stadium analysieren, in dem der Hirntod bereits eingetreten ist. Aus diesen Beobachtungen kann man den Zeitpunkt bestimmen, zu dem eine Untersuchung zur Überprüfung des bereits zuvor eingetretenen Hirntodes auch tatsächlich die entsprechende Feststellung ergibt.

1.4 Die geschichtliche Entwicklung

Die prinzipielle Erkenntnis der Möglichkeit des dissoziierten Hirntodes bei weiterhin schlagendem Herzen ist erstmals von Xavier Bichat 1796 formuliert worden. Weil diese Erkenntnis keine praktisch-klinische Bedeutung oder Konsequenzen hatte, blieb sie unbeachtet (6, 60).

Die Einführung und Anwendung der modernen Intensivmedizin hat den Sterbeprozess des Menschen erheblich verändert. Die wesentlichen Techniken, die in der Intensivmedizin eingesetzt werden, sind die maschinelle Beatmung, die Infusionsbehandlung und die Wiederbelebung (Reanimation) einschließlich der für ihren optimalen Einsatz bzw. ihre optimale Steuerung erforderlichen Hilfstechniken (u.a. Laborbestimmungen).

Vor Einführung der modernen Intensivmedizin fand der Tod eines Menschen im Herzkreislauf- und Atemstillstand statt. Der Tod war an drei entscheidenden Merkmalen zu erkennen: am Atemstillstand, an der Bewegungslosigkeit und am Herzstillstand. Darin zugleich eingeschlossen war der an der vollständigen Bewegungslosigkeit ablesbare Ausfall der geistig-seelischen Reaktionsfähigkeit, die Bewusstlosigkeit. Abgesehen von Ausnahmen führte der Herzkreislauf- und Atemstillstand mit der Bewusstlosigkeit zugleich auch zum Absterben des Hirngewebes. Damit fielen früher im Tod die Bewegungslosigkeit, der Atemstillstand, der Herzstillstand und das endgültige Erlöschen der geistig-seelischen Reaktionen unauflösbar zusammen. Diese vier offensichtlichen Todeszeichen sind allerdings unzuverlässig. Die Beobachtung von Wiedererwachen machte eine Bewusstlosigkeit als Kriterium des Todes ungeeignet, aber auch der Ausfall einer erkennbaren Atmung und das Fehlen eines Herzschlages sind als Todeszeichen, besonders seit der Einführung der Reanimation, relativiert.

Mit der Einführung der modernen Intensivmedizin und der maschinellen Beatmung änderte sich diese über Jahrtausende unveränderte Situation: Der Körper konnte auch bei absterbendem Gehirn am Leben erhalten werden. Dem liegt eine natürliche Voraussetzung zugrunde. Unter Sauerstoff- und Nährstoffzufuhr kann ein Herz wegen seiner inneren elektrischen Impulsbildung, z.B. im Versuch mit einem Tierherzen, noch stundenlang weiter schlagen.

Unter maschineller Beatmung und Sauerstoffversorgung schlägt auch das menschliche Herz automatisch weiter und kann die Durchblutung der übrigen Körperorgane gewährleisten, auch dann, wenn die Kreislauf-Regulationszentren im Hirnstamm in einem eingetretenen dissoziierten Hirntod ausgefallen sind.

In den frühen Jahren der Intensivmedizin wurde die maschinelle Beatmung in unvollkommener Kenntnis der Situation anfangs unbegrenzt fortgeführt, bis es entweder zu einer Erholung oder nach Auftreten weiterer Komplikationen zu einem Herzstillstand kam. Bei nachfolgenden Obduktionen fand sich in manchen Fällen ein Gewebsuntergang des Gehirns mit völligem Verlust der Nervenzellen und Übrigbleiben der Stütz- und Abräumzellen. Diese Erkenntnis führte zu den frühesten Veröffentlichungen unter der Bezeichnung »Coma dépassé« (62) bzw. »cerebraler Tod« (107).

Wegen solcher Beobachtungen war Papst Pius XII zuvor schon 1957 von Anästhesisten und Intensivmedizinern mit der Frage der moralischen Beurteilung der langzeitigen Beatmung bei schwerstgradigen Hirnschädigungen und der Frage nach der Dauer der Beatmung um Beratung befragt worden. Seine Verlautbarung 1958 ist das früheste offizielle Dokument zur Frage der Begrenzung einer Beatmung mit der Folge des Herzstillstandes (im Hirntod). Papst Pius XII verweist die Frage der Todeszeitfeststellung in die ärztliche Kompetenz zurück und gibt ausschließlich Antworten für die aus dieser Beurteilung abzuleitenden Folgerungen (67).

Die ersten ausführlichen wissenschaftlichen Arbeiten, die sich mit den Ergebnissen einer langzeitigen Beatmung bei Patienten mit schwerstgradigen Hirnschädigungen beschäftigen, wurden von den französischen Autoren Mollaret und Goulon 1959, von Bertrand, Lhermitte, Antoine und Ducrot 1959, von Mollaret, Bertrand und Mollaret 1959 und von Jouvet 1959 veröffentlicht (5, 38, 62, 63). In diesen Arbeiten ist das Zustandsbild des dissoziierten Hirntodes mit dem Begriff »Coma dépassé« (62) bzw. »mort du systeme nerveux central« (38) bezeichnet, die wörtlich als ›vorbeigegangenes Koma‹ bzw. ›Tod des Zentralnervensystems‹ zu übersetzen sind. In diesen Arbeiten sind Krankheitsverläufe mit den klinischen Krankheitserscheinungen, mit dem Hirnstrombild (EEG) und mit den Ergebnissen der Leichenöffnung und der mikroskopischen Untersuchung des Gehirns dargestellt. Die früheste deutschsprachige wissenschaftliche Veröffentlichung stammt von Tönnis und Frowein 1963 mit der Titelfrage: »Wie lange ist Wiederbelebung bei schweren Hirnverletzungen möglich?« Sie gebrauchen den Begriff: ›Cerebraler Tod‹ ganz offensichtlich in der sinngemäßen Bedeutung des Todes des Menschen (107).

In den fünfziger und frühen sechziger Jahren war also die Problematik klar erkannt: Bei schwerstgradigen Hirnschädigungen kann das Herz unter der fortgeführten Beatmung viele Tage weiter schlagen und die Sauerstoff- und Nährstoffversorgung der übrigen Körperorgane aufrecht erhalten. Zugleich kann eine Wiederbelebung des Gehirns und damit des Menschen unmöglich geworden sein, weil das Hirngewebe bereits zugrunde gegangen ist. Die Sorge der Ärzte galt in diesen frühen Veröffentlichungen ganz offensichtlich der Frage, wie diese Zustände zu verstehen und zu beurteilen sind und wann die sinnlos gewordene Therapie berechtigterweise beendet werden kann.

In allen Jahrhunderten haben Ärzte auch am Krankenbett von Patienten gestanden, die bei guter geistiger Gesundheit an der Erkrankung einzelner Organe verstarben, ohne dass ihnen geholfen werden konnte. Seit Anfang des Jahrhunderts waren von Chirurgen immer wieder Versuche unternommen worden, funktionsunfähig gewordene, das Leben des ganzen Menschen bedrohende Organe durch tierische oder menschliche Organe zu ersetzen. Mit der Erkenntnis, dass ein menschlicher Körper und seine Organe im Hirntod funktionsfähig bleiben können, entwickelte sich die Diskussion, inwieweit und unter welchen Bedingungen diese Organe für den Ersatz ausgefallener Organe verwendet werden könnten (17, 112). Die früheste wissenschaftliche Veröffentlichung zur Transplantation von Organen Hirntoter ist ein Buch von 1966 über die Vorträge auf einem Symposium (119). Darin sind diese auf der Hand liegenden medizinischen, ethischen, juristischen und politischen Fragen in aller Breite diskutiert. Aus diesen frühesten Veröffentlichungen zum Hirntod und zur Entnahme von Organen im Hirntod ist abzulesen, dass die Sorge um die Angemessenheit und Verantwortbarkeit der Therapie-Beendigung an erster Stelle stand und die Möglichkeit der Weiterverwendung der Organe für die Transplantation auf einen anderen Menschen erst als Folge daraus möglich wurde.

In den folgenden Jahren wurden zahlreiche weitere Untersuchungen über die Natur des Hirntodes durchgeführt und besonders auf Kongressen entsprechender Fachvereinigungen vorgestellt und diskutiert. Gleichzeitig erfolgten die ersten Organtransplantationen. In diesen Pionierjahren gab es noch keine Richtlinien, nach denen die Untersuchung zur Feststellung des Hirntodes durchgeführt werden konnte. Nicht immer sind alle Einzelheiten der Überlegungen und der durchgeführten Untersuchungen so ausführlich veröffentlicht, dass man heute noch den Ablauf vollständig und zuverlässig rekonstruieren könnte. Erst 1968 veröffentlichte eine Kommission der Harvard-Universität die ersten formalen Richtlinien zur Hirntod-Feststellung (3). Im Gegensatz zu den vorherigen wissenschaftlichen Veröffentlichungen unter den Begriffen »Coma dépassé«, »Mort du systeme nerveux central« bzw. »cerebraler Tod« wurde der Zustand jetzt »Irreversible coma«, also als »nicht rückbildungsfähige Bewusstlosigkeit« bezeichnet. Ganz offensichtlich ist dies ein Begriff mit einem eindeutig anderen Sinn. Er legt das Verständnis nahe, es handele sich um einen bewusstlosen Patienten, somit um einen noch lebenden Menschen.

Bei den Beratungen der Harvard-Kommission waren von vornherein Chirurgen mit einem nachdrücklichen Interesse an der Organentnahme zum Zwecke der Transplantation beteiligt. Die Formulierungen der Harvard-Kommission sind somit klar auch von den Interessen der Chirurgen an transplantationsfähigen Organen mitbestimmt. Nach mündlicher Überlieferung ist der Begriff »Irreversible coma« deshalb gewählt worden, weil man ihn in juristischen Auseinandersetzungen für weniger angreifbar hielt. Nach dieser Entwicklung und angesichts der immer etwas vereinfachenden Rezeption fremdsprachiger medizinischer Fachliteratur braucht man sich über die Auswirkungen nicht zu wundern. Die von dem Organgewinnungs-Interesse der

Transplantations-Chirurgen mitbestimmten Formulierungen der Harvard-Kommission nähren den fortwährenden Verdacht, das Hirntodes-Konzept sei eine Zweckdefinition zur Organgewinnung. Nach den vorstehend aufgeführten Veröffentlichungen ist jedoch klar, dass die Frage nach dem Verständnis des Krankheitszustandes mit endgültiger Schädigung des Gehirns und Weiterleben der übrigen Organe zu Anfang der Diskussion um den Hirntod im Vordergrund und die Frage der Nutzung der Organe an zweiter Stelle gestanden hat.

Der Harvard-Kommission gehörte ursprünglich auch der Philosoph Hans Jonas an. Er war über die Dominanz des chirurgischen Interesses so entrüstet, dass er aus der Kommission austrat und eine Protestschrift verfasste (37). Über diesem Streit um die chirurgischen Interessen ist das Bemühen um das Verständnis der Bedeutung des Hirntodes für den darin versterbenden Menschen in den Hintergrund getreten. Die Frage, ob der Begriff des »Coma dépassé«, des »cerebralen Todes« oder des »Irreversible coma« die Bedeutung des Hirntodes für den versterbenden Menschen angemessener erfasst, soll in den folgenden Kapiteln in allen Details diskutiert werden.

1.5 Das Konzept gemäß den Richtlinien der Bundesärztekammer

In Deutschland hatten sich anfangs ärztliche Fachgesellschaften um die Zusammenstellung von Untersuchungsvorschriften für die Feststellung des Hirntodes bemüht (43). Wegen der fachübergreifenden Bedeutung wurde bei der Bundesärztekammer eine Kommission aus den verschiedensten Fachleuten gebildet, die unter Berücksichtigung der bisherigen Vorschriften 1982 die ersten offiziellen »Entscheidungshilfen« herausgab (114). Bereits diese erste offizielle Verlautbarung enthielt zwei wesentliche Aussagen:

1. »Der Hirntod ist der vollständige und irreversible Zusammenbruch der Gesamtfunktion des Gehirns bei noch aufrecht erhaltener Kreislauffunktion im übrigen Körper. Dabei handelt es sich ausnahmslos um Patienten, die wegen Fehlens der Spontanatmung kontrolliert beatmet werden müssen.«

Diese Aussage enthält die ›Definition‹ des Hirntod-Syndroms, zugleich das spezielle ›Konzept‹ des ›Gesamtfunktions-Hirntodes‹.

2. »Der Hirntod ist der Tod des Menschen.« Diese Aussage enthält die ›Attribution‹ der Bedeutung des Hirntod-Syndroms.

Weil diese Richtlinien nicht durch eine gesetzliche oder andere staatliche Grundlage abgestützt waren, wurden sie »Entscheidungshilfen« genannt. Entsprechend ihrer Bedeutung ist diese Bezeichnung jedoch irreführend. Wegen der Tragweite der Fragestellung handelte es sich bereits damals um weitgehend bindende Richtlinien, denen gegenüber allenfalls in speziell begründbaren Fällen anders hätte verfahren werden können. Allen in den damaligen Jahren mit der Hirntodfeststellung befassten Ärzten war bewusst, dass es sich um eine ethisch schwerwiegende Untersuchung und Feststellung handelte, die nur mit größter Sorgfalt vorgenommen werden konnte. Ein weiteres Argument scheint bedeutsam: Zu keinem Zeitpunkt hätte ein Chirurg gewagt, von einer sehr sorgfältigen Beachtung dieser Richtlinien abzuweichen. Er hätte sich in kürzester Zeit in seinem Krankenhaus unmöglich gemacht. Die Vermutung eines ungerechtfertigten Verfahrens entstammt zumindest für Deutschland der Fantasie von Science-Fiction-Autoren.

In diesen ersten »Entscheidungshilfen« von 1982 entsprechen Aufbau und Formulierung nicht in allen Details den formalen Anforderungen, die in der Folgezeit für das Hirntodes-Konzept und seine Kodifizierung entwickelt worden sind (114). Es ist jedoch sehr interessant, die weiteren Fassungen von 1986, 1993, 1997 und 1998 daraufhin zu prüfen, inwieweit das eigentliche Konzept modifiziert werden musste (114–118). Der rückschauende Vergleich ergibt, dass das Hirntodes-Konzept selbst seit 1982 unverändert bestehen bleiben konnte. Es sind lediglich eine Reihe von weiteren apparativen Untersuchungsmethoden hinzugekommen, die ebenso wie das ursprünglich allein vorgesehene EEG eine Sicherung der Endgültigkeit (»Irreversibilität«) des Hirntodes ermöglichen.

Durch das Inkrafttreten des Transplantationsgesetzes am 1.12.1997 ist die Bundesärztekammer gesetzlich beauftragt, nicht mehr wie zuvor »Entscheidungshilfen«, sondern »Richtlinien« zur Feststellung des Hirntodes vorzulegen, die nicht mehr Anhaltspunkte, sondern verpflichtende Entscheidungsgrundlagen sind. Die nachfolgend zitierten Formulierungen stammen aus diesen am 24.7.1998 veröffentlichten Richtlinien (118).

In den folgenden Jahren der kontroversen Diskussion des Verständnisses des Hirntodes wurde eine Theorie des dissoziierten Hirntodes mit den Elementen: Definition (mit unterschiedlichen Konzepten), Attribution (Bedeutungs-Zuschreibung), Kriterien, Prüfungsabschnitten und den einzelnen Tests entwickelt.

In der Einleitung findet sich die Interpretation der Bedeutung des Hirntodes: »Mit dem Hirntod ist naturwissenschaftlich-medizinisch der Tod des Menschen festgestellt.« (118). Von 1982 bis 1991 hatte die Aussage gelautet: »Der Hirntod ist der Tod des Menschen.« (116). An dieser zentralen Aussage der Medizin, der existenziellen Interpretation des Hirntod-Syndroms in Bezug auf die Lebendigkeit des Menschen, der »Attribution«, hat sich die gesellschaftliche Diskussion entzündet (45, 109, 110). Wenn man die neuere Formulierung als einen Rückzug von der ursprünglich weitergehenden grundsätzlichen Aussage auf das naturwissenschaftlich-medizinische Terrain versteht, bleibt die Frage, welches andere Verständnis des Todes des Menschen sinnvoll sein könnte. Kann es aus theologischer oder philosophischer Sicht sinnvollerweise einen anderen Zeitpunkt des Todes des Menschen geben? Man kann den Tod als das zentrale Ereignis des Sterbens eines Menschen sehr viel umfassender verstehen, als in dem naturwissenschaftlich-medizinischen Sinne. Dann muss man sich aber auch die Frage vorlegen, ob man einen anderen Zeitpunkt als den Tod des Menschen verstehen und wie man mit der Diskrepanz zu der naturwissenschaftlich-medizinisch begründeten Aussage umgehen will.

Als Nächstes findet sich die Definition: »Der Hirntod wird definiert als Zustand der irreversibel erloschenen Gesamtfunktion des Großhirns, des Kleinhirns und des Hirnstamms. Dabei wird durch kontrollierte Beatmung die Herz- und Kreislauffunktion noch künstlich aufrecht erhalten.« (Abb. 1.5) (118). Wichtig sind an dieser Definition drei Details: a) Maßgebliche Grundlage dieser Definition ist die Gesamtfunktion des Gehirns (»Gesamtfunktions-Hirntod«). Es ist also nicht auf eine Vollständigkeit des Gewebsunterganges oder eine restlose Vollständigkeit des Funktionsverlustes abgestellt, sondern auf die Gesamtfunktion. Das schließt die Möglichkeit ein, dass einzelne Zellen und kleine Zellverbände, beispielsweise der hintere Teil der Hirnanhangsdrüse (Hypophyse), der entwicklungsgeschichtlich und funktionell zum Zwischenhirn (Hypothalamus) gehört, noch funktionsfähig sein können. Ein Erhaltensein der Funktion eines solchen für die Funktionsgesamtheit nicht bedeutenden Zellverbandes wird also nicht gegen die Feststellung des Hirntodes gewertet. (Man sollte sich fragen, welche Bedeutung der Funktionserhalt des Hypophysenhinterlappens für einen Menschen mit erloschener Gehirnfunktion noch haben könnte und ob es sinnvoll sein kann, den

Abb. 1.5: Das Konzept des Gesamtfunktions-Hirntodes

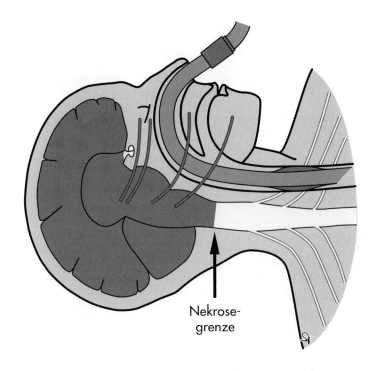

Nekrose-
grenze

Prämisse: **Hirnschädigung, maschinelle Beatmung, Verschlechterung**

Kriterien: *geistig-seelisches Vermögen, zentrale sensibel-motorische*
hormonelle und vegetative Integration/Steuerung

plausibel: ø Wahrnehmen, Erleben, Erinnern, Handeln, Bewusstsein

attraktiv: praktikabler, verlässlicher Nachweis

Problem: nicht sinnesunmittelbar verständlich:
rosige, warme, weiche Haut, Herzschlag, spinale Reflexe
organ-interaktive, hormonelle, „systemische" Funktionen

sonst hirntoten Körper wegen der erhaltenen Hypophysenfunktion noch weiter zu beatmen). Letztentscheidender Maßstab für die Beurteilung des Arztes ist also die Kernfrage, ob die Gesamtfunktion des Gehirns erloschen ist oder nicht. b) Die Definition betrifft das irreversible Erloschensein der Hirnfunktion. Der Organtod des Gehirns muss also bereits abgelaufen sein und er muss endgültig nicht mehr rückbildungsfähig sein. c) Betroffen sein müssen Großhirn, Kleinhirn und Hirnstamm. Diese Aufzählung grenzt die Definition des Hirntodes für den Geltungsbereich dieser Richtlinien gegen andere Hirntodes-Konzepte ab, so gegen das Großhirn-Todes-Konzept, welches zeitweilig in den USA diskutiert worden ist, oder das Hirnstamm-Todes-Konzept, das in Großbritannien gültig ist.

Als Nächstes finden sich die Kriterien, welche eine sehr wichtige Unterteilung des Untersuchungsablaufes in drei Abschnitte aufweisen: 1) Die Erfüllung der Voraussetzungen, 2) die Feststellung der klinischen Symptome, 3) den Nachweis der Irreversibilität. Die Voraussetzungen untergliedern sich in zwei Teile, die Klarstellung der Diagnose und den Ausschluss einer Reihe von Differentialdiagnosen, die ein gleichartiges klinisches Erscheinungsbild wie im Hirntod verursachen können. Die klinische Untersuchung untergliedert sich in drei Teile, die Überprüfung des Komas (definitiv reaktionslose Bewusstlosigkeit), des Ausfalls der im Hirnstamm geschalteten Reflexe (z.B. Lichtreflex der Pupillen) und des Atemstillstandes unter maximal atmungsanregenden Bedingungen. Der Nachweis der Irreversibilität ist mit verschiedenen Methoden möglich, einerseits mit einer Wiederholung der Untersuchung nach einer Beobachtungszeit, bei Erwachsenen nach zwölf Stunden. Andererseits kann diese Untersuchungswiederholung nach Beobachtungszeit ersetzt werden durch verschiedene apparative Untersuchungen, z.B. die Ableitung der Hirnströme oder elektrischer Antwortpotentiale oder die Untersuchung der Durchblutung des Gehirns mit Ultraschall oder radioaktiven Isotopen, jeweils unter speziell definierten Bedingungen.

Als weiterer Konkretisierungsschritt legen die Richtlinien diejenigen Tests fest, mit denen die Kriterien erfüllt werden und mit denen der Hirntod festgestellt werden kann (80). Solche Tests sind für das erste Kriterium der Erfüllung der Voraussetzungen nicht weiter detailliert, weil hier verschiedene Gesichtspunkte vorkommen können, so dass eine Festlegung unbrauchbar würde. Die untersuchenden Ärzte müssen das konkrete Krankheitsbild und die möglichen differentialdiagnostischen Gesichtspunkte in jedem Einzelfall daraufhin prüfen, ob ein Zweifel an der Diagnose in Betracht zu ziehen ist oder nicht. Das zweite Kriterium von Koma, Hirnstamm-Reflexlosigkeit und Verlust des Atemantriebs ist in einem Katalog von zu prüfenden Hirnstammreflexen und Einzelheiten der Atemstillstandsprüfung festgelegt. Das dritte Kriterium der Sicherung der Irreversibilität ist in einem Katalog zugelassener Methoden und einzuhaltender Durchführungsbestimmungen festgelegt (15, 16).

Den Gesamtkomplex der systematischen Erwägungen zum dissoziierten Hirntod mit der ›Definition‹, den verschiedenen ›Konzepten‹ der ›Bedeutungs-Attribution‹, den ›Kriterien‹ und den ›Tests‹ können wir mittlerweile als eine wohletablierte wissenschaftliche ›Theorie‹ einordnen, die zur Abgrenzung gegen die Thesen der Kritik (vgl. Kap. 5.2) als die ›orthodoxe Hirntodes-Theorie des dissoziierten Hirntodes‹ zu bezeichnen ist (vgl. Kap. 5.1.1).

1.6 Die Verknüpfung von Hirntod und Organtransplantation

Nur in der Frühphase der Erforschung der Krankheitsverläufe mit schwerwiegenden Hirnschädigungen unter laufender Beatmung auf Intensivstationen stand die Frage nach dem Verständnis des dabei eintretenden Zustandes und die Entscheidung zu einer Beatmungsbeendigung allein im Vordergrund des Interesses. Bereits in den folgenden Jahren erkannten die an einem Ersatz krankheitsbedingt ausgefallener Organe interessierten

Chirurgen, dass die überlebenden Organe eines hirntoten und damit als Individuum toten Menschen für eine Transplantation zu verwenden sind (17, 119). Seit den frühen sechziger Jahren hat damit die Hirntodfeststellung eine doppelte Funktion. Neben die berechtigterweise mögliche Therapie-Beendigung tritt die Entnahme noch möglichst optimal funktionsfähiger Organe. Durch dieses Interesse kommt auch die Anforderung einer möglichst frühen Untersuchung und einer raschen Entscheidung über die eventuelle Entnahme in das Ausklingen des Sterbeprozesses hinein, die das Unbehagen an dem Konzept begründet. Für das Bedürfnis der Angehörigen nach einem ungestörten Abschiednehmen entsteht damit eine Irritation.

1.7 Das neurophilosophische und das erkenntnistheoretische Interesse

In seiner beruflichen Praxis ist der Neurologe täglich mit Erkrankungen des Gehirns und begleitenden Bewusstseinsstörungen konfrontiert. Im Rahmen unserer beruflichen Ausbildung sind wir Neurologen in Deutschland auch durch eine kürzere oder längere psychiatrische Weiterbildung gegangen. Je nach Neigung prägt die Sichtweise des anderen Faches, der Neurologie oder der Psychiatrie, auch auf Dauer die besondere Aufmerksamkeit. Bei den Psychiatern bedeutet dies einen stärkeren Blick auf die somatischen Vorgänge im Gehirn, bei den Neurologen eine besondere Aufmerksamkeit auf die psychischen Vorgänge. Diese besondere Aufmerksamkeit findet ihren Ausdruck in der etwas unterschiedlich bedeutsamen Bezeichnung des Grenzgebietes der »Neuropsychiatrie«. In der Neurologie bezeichnet dieser Begriff die besondere Beschäftigung mit den Bewusstseinsstörungen (54, 55, 104). Zu ihnen zählen die akuten organischen Psychosen in ihren unterschiedlichen Ausprägungen, das meist amnestisch affektlabile Durchgangssyndrom, die Somnolenz, der Sopor (engl. ›stupor‹) und das Koma (57, 70). Als Grenzfall stellt sich dabei dann schließlich auch die Frage nach dem Verständnis des dissoziierten Hirntod-Syndroms, des »Coma dépassé«.
Wenn man zu einem Nachdenken und einem Bemühen um Verständnis neigt – sozusagen neben sich stehend und sich selbst in seinem handwerklichen Handeln betrachtend – dann stellt sich nicht nur die Frage: Wie sollen die Bewusstseinsstörungen und das »Coma dépassé« vor dem Hintergrund der Hirnfunktion und unseres Bewusstseins zu verstehen sein. Darüber hinaus stellt sich die Frage, wie denn eine mögliche Antwort vernünftig begründet und überzeugend erklärt werden kann. Diese Frage nach den Begründungen unserer Ansichten macht erst das wissenschaftliche Erkenntnisbemühen aus.
Unser wissenschaftliches, soziales und kulturelles Leben wäre unvollständig ohne einen Blick auf die Welt unserer Glaubensüberzeugungen, die in unserem alltäglichen Leben eine zumindest stillschweigend mitbestimmende Rolle spielen. Eine wissenschaftliche Erkenntnistheorie wäre weniger als einäugig, wenn sie auf den Versuch eines Einordnens der in unserem alltäglichen Leben zu beobachtenden Phänomene und Wirkungen verzichten würde. Eine solche Einengung des Blickwinkels führt zu der durchaus zu beobachtenden Sterilität und mangelnden Relevanz einseitig wissenschaftlich erkenntnistheoretischer Betrachtungen. Bewusstseinsstörungen, Bewusstsein und das Syndrom des dissoziierten Hirntodes haben Alltagsrelevanz und bedingen Interferenzen mit anderen gesellschaftlichen Auffassungen. Erkenntnis- und wissenschaftstheoretisches Nachdenken ist immer in Gefahr, spekulativ zu werden, wenn sich die Fragen und Betrachtungen nicht eng an den naturgegebenen Tatsachen halten. Jedenfalls müssen diese Tatsachen so weit als irgend möglich unverfälscht durch Interpretation und Deutung beobachtet werden. Also müssen die Fragen der Erkenntnismöglichkeiten und der gesellschaftlichen Relevanz in den Blick genommen und – ausgehend von den klinischen Beobachtungen – muss angesichts der Möglichkeit des dissoziierten Hirntodes der Frage nach unserem Menschenbild nachgegangen werden.

2 Empirische Fundierung: Beobachten und Erleben

Wenig bekannte Krankheitsbilder sind am besten zu verstehen, wenn einzelne Verläufe geschildert und erläutert werden. Die Mehrzahl der zum Hirntod führenden Krankheitsverläufe entsteht aus einer inneren Krankheitsverursachung, z.B. infolge einer Blutung aus einer Fehlbildung an den hirnversorgenden Arterien an der Unterfläche des Gehirns. Die etwas kleinere Zahl der zum Hirntod führenden Krankheitsverläufe entsteht aus äußeren Krankheitsursachen, z.B. infolge eines Unfalles mit besonderer Einwirkung auf den Kopf. Deshalb werden diese beiden Krankheitsbilder beispielhaft geschildert. Zuvor müssen einige allgemeine Untersuchungsbedingungen erläutert werden.

2.1 Allgemeine Untersuchungsbedingungen

Mit einem wachen und geistig gesunden Patienten, der etwa an einem peripheren Nervenschaden leidet, etwa infolge eines Bandscheibenvorfalles, können wir unbeeinträchtigt reden, die Vorgeschichte und die aktuellen Beschwerden erfragen. Die Frage nach seinem Erleben wird gegenüber der Klärung des Krankheitsbildes und der anstehenden Therapie eher eine geringere Rolle spielen. Bei der Untersuchung eines Schwerstkranken ist die Kommunikation unter Umständen deutlicher beeinträchtigt, er kann vielleicht nicht klar antworten und vielleicht beeinflusst eine erhebliche Beängstigung seine Antworten.

Bei der Untersuchung eines bewusstseinsgestörten Patienten sind zwei Gesichtspunkte zu beachten: die Klärung der Tiefe der Bewusstseinsstörung und die Berücksichtigung eines möglichen reaktiven Verhaltens auf die mit der Bewusstseinsstörung verbundene Beunruhigung. Man wird einen solchen Patienten zuerst nur daraufhin beobachten,

ob er spontane Aktivität oder krankhafte Bewegungsabläufe zeigt. Dann wird man ihn ansprechen, bei mangelhafter Antwort etwas energischer anrufen, ihm schließlich gegen die Schulter oder auf die Brust klopfen. Gleichzeitig muss man ihn darauf beobachten, ob er möglicherweise wahrnehmen kann, dies aber aus besonderen Umständen heraus nicht zu erkennen gibt. So kann etwa ein kataton schizophrener Patient von seinem inneren Erleben an einer offenen Kommunikation gehindert werden, aber zugleich wach und hochgradig von seinem Erleben geängstigt sein. Falls dabei keine Reaktion zu erzielen ist, wird man schließlich mit leichteren und dann letztendlich kräftigeren Schmerzreizen prüfen, ob irgendeine vielleicht nur minimale Schmerzreaktion in einem mitteltiefen Koma zu erzielen ist oder ob dies in einem tiefen Koma nicht mehr der Fall ist. Es ist unverzichtbar, am Ende dieser Reihe auch mit kräftigsten Schmerzreizen zu prüfen, um zu einem verlässlichen Urteil über die Komatiefe zu kommen.

Die Untersuchung auf das mögliche Vorliegen des dissoziierten Hirntodes findet immer bei einem beatmeten Patienten auf einer Intensivstation und immer nach einem mindestens ein bis zwei Tage andauernden Verlauf statt. Währenddessen ist einerseits die Diagnose bekannt und die Entwicklung des inzwischen völlig reaktionslosen Komas beobachtet worden. Im üblichen Fall ist also der Verlauf und der aktuelle Zustand des Patienten bei Beginn der Untersuchung zur Feststellung des Hirntodes bekannt.

Von vornherein ist darauf hinzuweisen, dass der Eintritt des Hirntodes an keinem einzigen zuverlässigen Zeichen abgelesen werden kann. Dieses Absterben des Gehirns ist ein Prozess, der sich ausgehend von einem einzelnen oder mehreren umschriebenen Schädigungsbezirken innerhalb von Stunden, vielleicht auch Tagen auf das gesamte Organ ausdehnt. Es gibt eine Reihe von Zeichen, die eine anfangs bedrohliche, später endgültige Verschlechterung der Hirnfunktion anzeigen, etwa der Verlust des Hustenreflexes beim Absaugen von Sekret aus der Lunge, ein Absinken des Blutdruckes, die Ausscheidung einer außergewöhnlichen Urinmenge infolge eines Hormonmangels bei Hypophysenschädigung (Diabetes insipidus). Endgültig feststellen lässt sich der Hirntod immer erst, nachdem er eingetreten ist. Andererseits ist die Kenntnis der Zeichen der Verschlechterung so weit vorangeschritten, dass in einer entsprechend erfahrenen Abteilung nur noch selten Untersuchungen angesetzt werden, die nicht in einem einzigen Untersuchungsablauf zur Feststellung des Hirntodes führen. Die Ursache dafür, dass der Hirntod gelegentlich nicht in einem Arbeitsgang festgestellt wird, kann in der Feststellung noch vorhandener Lebenszeichen des Gehirns, etwa im Nachweis von Hirnströmen im EEG liegen. Eine andere Ursache dafür, dass der Hirntod gelegentlich nicht festgestellt wird, kann auch in nicht zu beseitigenden äußeren Störungen liegen, die beispielsweise die Interpretation von apparativen Untersuchungsbefunden unsicher machen. Dann muss die Untersuchung zu einem späteren Zeitpunkt oder etwa nach Verlegung des hirntoten Patienten in einen anderen Raum wiederholt werden. Gelegentlich sind auch so irritierend aussehende Rückenmarks-Reflexe zu beobachten, dass man die Untersuchung abbricht und zu einem späteren Zeitpunkt wiederholt.

Offenkundig ist an dem im dissoziierten Hirntod noch überlebenden Körper, dass dieser rosig, warm und beim Berühren weich ist. Der Brustkorb hebt und senkt sich unter der Beatmung und der gesamte Körper bebt im Rhythmus des Herzschlages, weil die Muskulatur völlig erschlafft ist und keine Dämpfung des Herzschlages bewirkt. Damit gleicht der dissoziiert hirntote Körper vollständig dem eines nur bewusstlosen oder narkotisierten, vielleicht ohne weiteres erholungsfähigen Patienten. Das Wissen um die Unmöglichkeit der äußerlichen Unterscheidung eines noch erholungsfähigen von einem schon hirntoten beatmeten Körper irritiert nicht nur Angehörige, sondern auch Pflegekräfte und Ärzte. Nur unser vernünftiges Überlegen und unser sorgfältiges Untersuchen nach festgelegten Richtlinien gibt uns die Möglichkeit und die Sicherheit, beide Zustände zu unterscheiden.

2.2 Zwei typische Krankheitsverläufe

Der dissoziierte Hirntod tritt als Folge verschiedener Krankheiten auf. Hier werden stellvertretend für die verschiedenen Ursachen zwei Beispiele der häufigsten Ursachen geschildert (Abb. 2.2).

Fallgeschichte 1: Gegen 11:30 Uhr ohne bekannt gewordenen äußeren Anlass als Fußgänger gestürzt und bewusstseinsgetrübt liegen geblieben. Bei Eintreffen des herbeigerufenen Notarztes bewusstlos, Arme und Beine auf nachdrückliches Rütteln verlangsamt, weitgehend seitengleich, spontan bewegt. Wird vom Notarzt medikamentös narkotisiert, mit einem Beatmungsschlauch versehen, beatmet und in ein auswärtiges Krankenhaus eingeliefert. Bei der dortigen Ankunft Augäpfel parallel nach oben gerichtet, Pupillen links größer als rechts und beiderseits auf Licht reagierend, über den Beatmungsschlauch spontan atmend, aus dem linken Ohr blutend. In der Computertomographie des Gehirns Schädelbruch links hinten und Felsenbeinbruch links, kleinerer Bluterguss unter dem Knochenbruch und mehrere blutige Prellungsherde des Gehirns rechts vorne. Nach Verlegung um 13:39 Uhr im eigenen Krankenhaus: unter Narkosemedikamenten beatmet, aus linkem Ohr, Mund und Nase blutend, Pupillen links größer als rechts, links ohne Reaktion auf Licht, spontan ungezielt linken Arm bewegend. Blutdruck instabil, nach Untersuchungs- und Laborbefunden Anzeichen eines Kreislaufschocks. Im Computertomogramm: Zunahme der Blutung unter den Schädelknochen links hinten. Im Verlauf Pupillen links erheblich weiter als rechts. Operative Entfernung der Knochenbruchstücke und Entlastung des Blutergusses unter erheblichen kreislaufstabilisierenden Maßnahmen. Anschließend auf der Intensivstation: Pupillen eng, seitengleich, um 22:30 Uhr plötzlich Pupillen übermittelweit, Lichtreaktion beiderseits nicht sicher auslösbar, Kreislauf weiter instabil, Gliedmaßen peripher kalt (Zeichen fortbestehenden Kreislaufschocks), intensive Schockbekämpfung. Am Folgetag um 8:00 Uhr nach massivem Anstieg der Urinausscheidung Gabe eines urinkonzentrierenden Hormons, linke Pupille mehrfach sehr weit. Um 9:50

Abb. 2.2: Ursachen des dissoziierten Hirntodes

Schädel-Hirn-Trauma, Schädelbruch, Bluterguss Hirnrindenprellungsherde, Schwellung

**Computer-
tomo-
graphie**

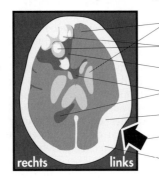

Gehirn mit Stammganglien (hell)

blutige Prellungsherde der Hirnrinde

umgebende Hirnschwellung (Ödem)

d. Druck verschobene Hirnkammern

Bluterguss außerhalb fester Hirnhaut

Ort der Gewalt-Einwirkung

Schädelknochen mit Bruch hinten

Blutung aus Gefäßaussackung (Aneurysma) mit Schlaganfall infolge Gefäßkrampf

**Computer-
tomo-
graphie**

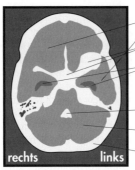

Großhirn (vorderes und mittleres)

Blutansammlung unter dem Gehirn

durch Abflussbehinderung

    gestaute Hirnseitenkammern

blutgefüllte 4. Hirnkammer

Kleinhirn

Schädelknochen

**Angio-
graphie**

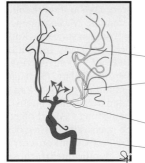

Die Entstehung einer SAB

(linke Hirngefäße von vorn gesehen)

vordere Hirnarterie (durchblutet)

mittlere Hirnarterie (infolge

    Gefäßkrampf nicht durchblutet)

Gefäßaussackung (Aneurysma)

Halsschlagader (durchblutet)

Uhr Pupillen beiderseits maximal weit, ohne Lichtreaktion, um 10:00 Uhr Ausfall des Husten-Reflexes beim Absaugen. Am darauf folgenden Tag von 18:15–20:01 Uhr Feststellung des eingetretenen Hirntodes. Nach Zustimmung der Angehörigen noch in der Nacht Entnahme der Nieren und der Bauchspeicheldrüse (der Entnahme weiterer Organe nicht zugestimmt).
Diagnose: Schädelbruch bis in das linke Felsenbein mit Blutung unter den Schädelknochen außerhalb der festen Hirnhaut links (epidurales Hämatom), Hirnrindenprellungsherde rechts vorn, starke Schwellung der linken Hirnhälfte sowie rechts vorn (Hirnödem).
Fallgeschichte 2: Unter plötzlicher Klage über heftige Kopfschmerzen gegen 17:00 Uhr zusammengebrochen, fast sofort bewusstlos geworden. Vom Notarzt mit linksseitig weiterer Pupille, beiderseits erhaltener Lichtreaktion der Pupillen und linksseitig lebhafteren ungezielten Spontanbewegungen angetroffen, narkotisiert, mit Beatmungsschlauch versehen und beatmet ins Krankenhaus eingeliefert. Bei Eintreffen um 18:20 Uhr: bewusstlos, intubiert, keine Reaktion auf leichtere bis heftigste Schmerzreize, Pupillen beiderseits eng, träge auf Licht reagierend, Hustenreflex wenig lebhaft. Im Computertomogramm ausgedehnte Blutung auf der Schädelbasis unterhalb des Gehirns. Wegen des hohen Risikos einer weiteren Diagnostik oder einer Operation Entscheidung zu einem Abwarten des Verlaufes mit dem Ziel einer späteren Operation. Am dritten Tag bei gewisser Stabilisierung Angiographie mit Nachweis eines Aneurysmas an der Aufzweigung der vorderen und mittleren Hirnarterien, gleichzeitig Nachweis einer (häufiger dabei auftretenden) Gefäßwandverkrampfung (Spasmus) mit Verschluss der mittleren Hirnarterie. Seit dem Aufnahmetag ununterbrochen bewusstlos geblieben. Am vierten Tag Beugebewegungen der Arme und Beine, Ausfall des Hustenreflexes, am sechsten Tag bei mittelweiten Pupillen Ausfall des Lichtreflexes, am siebten Tag Pupillenerweiterung und massiver Anstieg der Urinmenge, Gabe eines urinkonzentrierenden Hormons. Am neunten Tag Hirntodfeststellung. Ablehnung der Organentnahme von Seiten der Angehörigen.
Diagnose: Massive Blutung unterhalb des Gehirns über der Schädelbasis (Subarachnoidalblutung, SAB) sowie in der 4. Hirnkammer aus Aneurysma der linken mittleren Hirnarterie, Nervenwasseraufstau in den seitlichen Hirnkammern, Hirninfarkt durch Verschluss der linken mittleren Hirnarterie infolge Spasmus.

2.3 Der Ablauf einer Hirntod-Feststellung

Weil der dissoziierte Hirntod immer nur unter laufender maschineller Beatmung eintritt, finden Untersuchungen zur Feststellung des Hirntodes immer auf Intensivstationen statt. Hier sind die Patienten seit mindestens einem Tag unter Beobachtung und ihre Vorgeschichte ist gut bekannt. Nach den Richtlinien muss die Untersuchung von zwei voneinander unabhängigen und nicht mit einer eventuellen Organtransplantation befassten Ärzten durchgeführt werden. Sinnvollerweise wird diese Untersuchung immer gemeinsam von einem Arzt durchgeführt, der den Patienten bereits gut kennt, und einem zweiten Arzt, der von außen hinzukommt und sich unvoreingenommen in die Kenntnis des Patienten einweisen lassen muss. In der Untersuchung selbst werden die drei bereits erwähnten Abschnitte, Klärung der Voraussetzungen, klinische Untersuchung und Sicherung der Irreversibilität nacheinander abgehandelt (Abb. 2.3 a).
Zur Klärung der Voraussetzungen gehören einerseits die Feststellung einer entsprechend schwerwiegenden Hirnschädigung (nach der Vorgeschichte und computertomographischen, magnetresonanztomographischen und eventuell angiographischen Bildern des Gehirns) und andererseits der Ausschluss möglicherweise verwechselbarer anderer Krankheitsbilder (starke Unterkühlung, Schlafmittelvergiftung, schwerwiegende Stoffwechselerkrankungen, Narkose und andere). Dazu müssen die Vorgeschichte, die Laborbefunde und die verordneten Medikamente überprüft werden. Es wird oft übersehen, dass diese Voraussetzungen zu beachten sind, da ihre Überprüfung von den untersuchenden Ärzten für das Pflegepersonal oder für die Angehörigen unbemerkt durchgesprochen wird. Entscheidend ist, dass die nachfolgende Untersuchung nicht stattfinden kann, wenn die Voraussetzungen nicht zuvor überprüft und als erfüllt bestätigt worden sind.

Abb. 2.3a: Der Ablauf einer Hirntodes-Feststellung

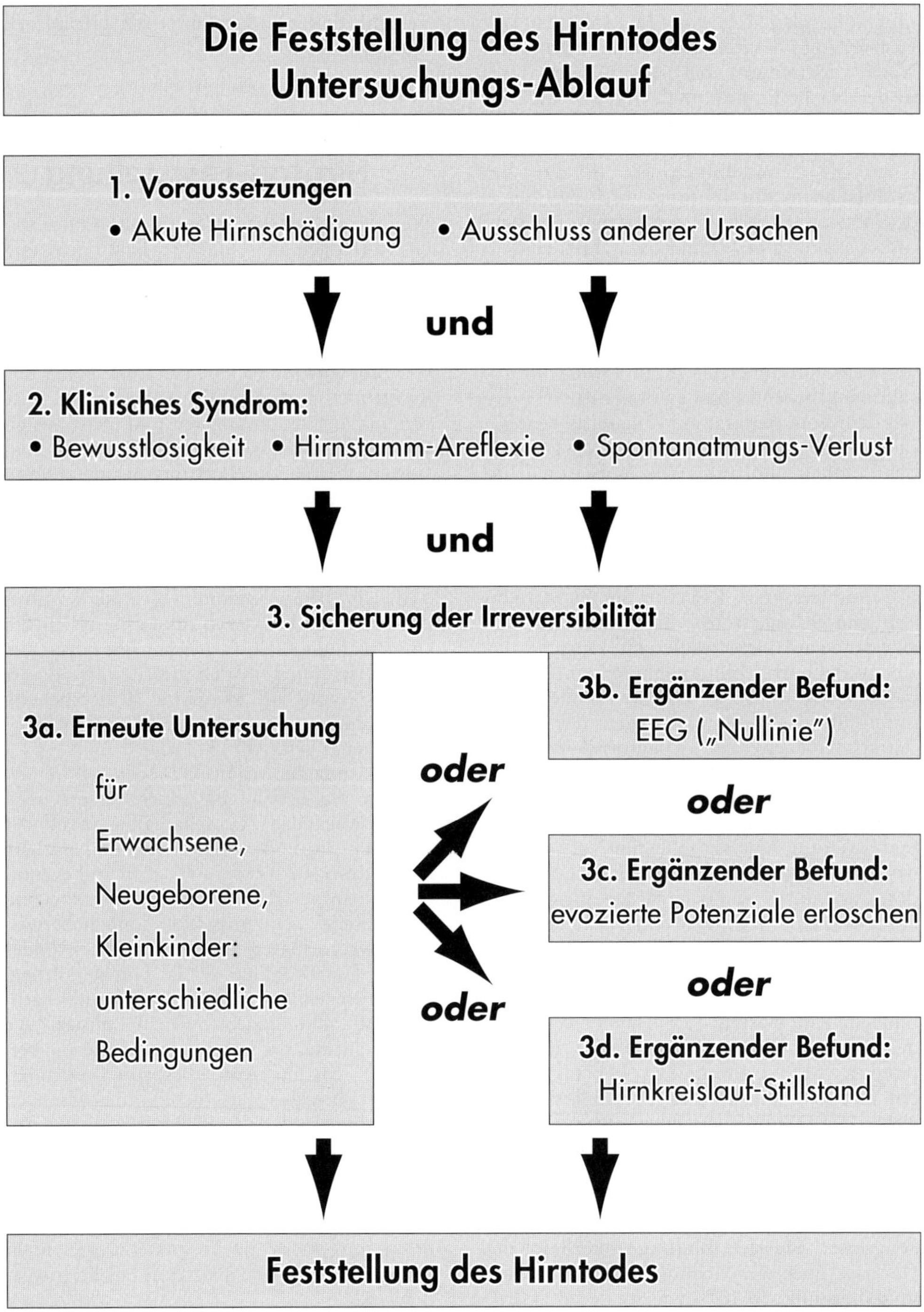

Die Feststellung des Hirntodes
Untersuchungs-Ablauf

1. Voraussetzungen
- Akute Hirnschädigung
- Ausschluss anderer Ursachen

 und

2. Klinisches Syndrom:
- Bewusstlosigkeit
- Hirnstamm-Areflexie
- Spontanatmungs-Verlust

 und

3. Sicherung der Irreversibilität

3a. Erneute Untersuchung

für

Erwachsene,

Neugeborene,

Kleinkinder:

unterschiedliche

Bedingungen

3b. Ergänzender Befund:
EEG („Nullinie")

oder

oder

oder

3c. Ergänzender Befund:
evozierte Potenziale erloschen

oder

3d. Ergänzender Befund:
Hirnkreislauf-Stillstand

Feststellung des Hirntodes

Die in der Untersuchung zur Hirntodes-Feststellung zu überprüfenden Symptome sind im Einzelnen festgelegt und betreffen im Wesentlichen Funktionen des Hirnstamms in seiner gesamten Ausdehnung: Einerseits muss noch einmal das vollständig reaktionslose Koma mit Schmerzreizen geprüft werden (ebenso wie bei einem noch lebenden komatösen Patienten zur Prüfung der Koma-Tiefe. Dafür darf der Patient selbstverständlich nicht – wie das von Hirntod-Kritikern gefordert wird (65) – in eine Narkose versetzt werden. Das würde die Untersuchung unsinnig machen). Andererseits muss der Ausfall der Hirnstammreflexe geprüft werden: Pupillen-Licht-Reflex (Pupillenverengung auf starken Lichteinfall), Corneal-Reflex (Schließbewegung der Augenlider bei Berührung der Hornhaut), okulozephaler Reflex (Gegenbewegung der Augäpfel gegen eine Kopfneige- oder Kopfseitbewegung), Trigeminus-Schmerz-Reaktion (Pressen der Gesichtsnerven-Austritts-Stellen), Würg-Reflex und Husten-Reflex (Berühren des Rachens mit einem Holzspatel, nochmaliges Absaugen mit einem Absaugschlauch). Schließlich muss der atmungsantreibende Effekt des Hirnstamms überprüft werden und zwar unter erhöhtem Kohlensäuregehalt des Blutes, der den stärksten Reiz zur Atemanregung im Hirnstamm darstellt (Abkoppeln des Beatmungsgerätes, Einblasen von Sauerstoff und Beobachten des Brustkorbes auf etwaige Atembewegungen).

Der Nachweis der Irreversibilität kann auf zwei grundsätzlich verschiedenen Wegen vorgenommen werden. Einerseits kann die vorbeschriebene klinische Untersuchung nach Einhalten einer Wartezeit wiederholt – beim Erwachsenen und bei Vorliegen einer Großhirnschädigung nach zwölf Stunden – und mit ihrem Abschluss der Hirntod festgestellt werden. Für sekundäre Hirnschädigungen (Sauerstoffmangelschaden z.B. nach Herzinfarkt und Herzstillstand) ist eine Wartezeit von 72 Stunden einzuhalten. Andererseits kann die Wartezeit und die Untersuchungswiederholung durch die sofortige Durchführung von bestimmten apparativen Untersuchungen ersetzt werden. Die bekannteste von diesen apparativen Untersuchungsmethoden ist das EEG, die Registrierung der elektrischen Ströme des Gehirns (bei Schädigungen des Hirnstamms bzw. Kleinhirns obligatorisch vorgeschrie-

ben). Andere Methoden sind die Ableitung der Hirnpotenziale, die durch elektrischen Reiz an Armen oder Beinen ausgelöst werden können oder Messungen der Hirndurchblutung. Für alle diese apparativen Untersuchungsmethoden sind spezielle Bedingungen entweder in den Richtlinien der Bundesärztekammer (118) oder in entsprechenden Richtlinien der ärztlichen Fachgesellschaften festgelegt, die eine sichere Aussage gewährleisten (16). Wenn die zweite klinische Untersuchung oder eine dieser apparativen Untersuchungen ohne den Nachweis von Lebenszeichen abgeschlossen ist, dann ist damit der Hirntod festgestellt und der Zeitpunkt des Abschlusses dieser Untersuchung gilt als der gesetzliche Todeszeitpunkt dieses Menschen.

Fast immer kann man im dissoziierten Hirntod besondere Reflexe auslösen oder deutlich seltener spontan auftretende automatisch sich wiederholende Bewegungen beobachten. Solche durch einen äußeren Reiz ausgelöste oder ohne erkennbaren äußeren Anlass auftretende Bewegungen oder Veränderungen vegetativ gesteuerter Funktionen des hirntoten Körpers können den weniger erfahrenen Arzt oder besonders das unvorbereitete Pflegepersonal erheblich irritieren. Diese Bewegungen und Veränderungen treten in Form spinaler (d.h. im Rückenmark geschalteter) motorischer und vegetativer Reflexe, Automatismen und als Lazarus-Phänomen auf und können recht unterschiedlich aussehen (vgl. Kap. 4.5) (103).

Der häufigste, fast immer zu beobachtende motorische spinale Reflex ist der Nackenbeuge-Bauchdecken-Reflex (Abb. 2.3 b). Dabei kommt es zu einer mehr oder weniger deutlichen Anspannung der unteren Bauchdeckenmuskulatur, die durch das Beugen des Kopfes bei der Prüfung auf den Ausfall des okulozephalen Reflexes ausgelöst wird und bei ausschließlicher Beobachtung der Augäpfel durchaus übersehen werden kann. Beim Nackenbeuge-Abdominal-Reflex werden ganz offensichtlich Reizimpulse von der Dehnung der Nackenmuskulatur her über Nervenfasern in das Rückenmark der Halsregion bis in dessen untere Brustregion sowie von dort über periphere Nerven bis in die Bauchmuskulatur geleitet. Der zweithäufigste spinale motorische Reflex ist der Fluchtreflex der Beine, der durch das Bestreichen der Fußsohle für

17

Abb. 2.3.b: Spinale Reflexe im Hirntod
z.B. Nackenbeuge-Bauchdecken-Reflex

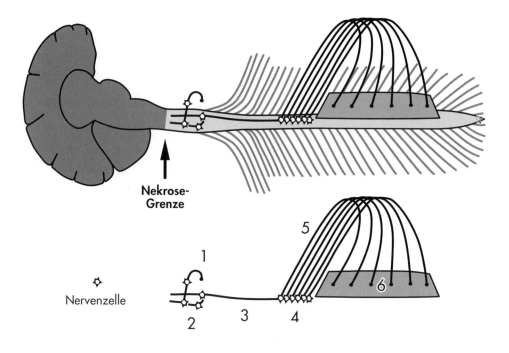

Nekrose-Grenze

✧
Nervenzelle

1 sensible Nervenenden an Halsmuskeln / -sehnen
2 polysynaptische Umschaltung im Halsrückenmark
3 Fortleitung im Rückenmark über viele Segmente
4 mehrsegmentale Umschaltung auf periphere Nerven
5 mehrere Nervenwurzeln / periphere Nerven
6 Synapsen am Bauchdecken-Muskel (M. rectus abdominis)

Der Nackenbeuge-Bauchdecken-Reflex ist in über 50 % aller Hirntodes-Feststellungs-Untersuchungen zu beobachten, wird durch Beugung des Kopfes auf die Brust ausgelöst und besteht in einer mehr oder weniger deutlichen Anspannung der (unteren) Bauchdeckenmuskulatur.

die Prüfung des Babinski-Zeichens ausgelöst werden und in einer sehr unterschiedlich ausgeprägten Hüft- und Kniebeuge- und Fuß-Hochziehbewegung bestehen kann. Andere spinale motorische Reflexe, die besonders bei kleineren Kindern ausgedehnt und eindrucksvoll sein können, sind beispielsweise auf Bestreichen des Brustkorbes auftretende Armbewegungen, manchmal sehr an eine Umarmung erinnernd. Dabei werden offensichtlich sensible Impulse von der Haut des Brustkorbes über das Brustrückenmark bis in das Halsrückenmark und von dort über periphere Nerven bis in die Schulter- und Armmuskeln geleitet. Sehr selten können beim Absaugen durch das Anstoßen des Absaugschlauches an der Luftröhrengabelung Brustkorb-Einziehbewegungen beobachtet werden, die einen erhaltenen Hustenreflex vortäuschen (Sie sind so irritierend, dass im Falle der zwei eigenen Beobachtungen die Hirntodfeststellung abgebrochen wurde, obwohl der spinale Reflexcharakter der Bewegung anhand der sehr automatenhaften Wiederholbarkeit der Reflexauslösung abgelesen werden konnte.) (103)

Spinal-vegetative Reflexe können in einer Beschleunigung der Herzschlaggeschwindigkeit oder einer Hautrötung unter der Operation zur Organentnahme beobachtet werden, wenn die Haut mit dem Skalpell durchtrennt wird (21).

Spinale Automatismen sind seltener und können in sich regelmäßig wiederholenden langsam zuckenden Bewegungen eines Armes, eines Beines oder der Bauchmuskulatur bestehen. Hier hilft die Monotonie des wiederholten Ablaufens zum Erkennen und richtigen Einordnen (103). Bei den Automatismen muss man eine spontane Entstehung der entsprechenden motorischen Impulse im Rückenmark selbst annehmen.

Am irritierendsten ist das Lazarus-Phänomen, das nur sehr selten beobachtet wird (25, 76). Es tritt etwa ein bis drei Minuten nach Abstellen der Beatmungsmaschine auf und besteht im ausgeprägten Fall in einer umarmungs-ähnlichen Vorwärtsbewegung der Arme und einer Beugung der Beine im Hüft- und Kniegelenk. Offensichtlich ist es ein Automatismus, der durch den endgültigen Sauerstoffmangel des Rückenmarkes nach Abstellen der Beatmung ausgelöst werden kann. Eine Minimalform eines derartigen Zeichens konnte einmal an einem drei-

jährigen hirntoten Kind beobachtet werden, das zuvor sehr lebhafte spinale Reflexe gezeigt hatte und deshalb nach Ablehnung der Organentnahme und Abstellen der Beatmung besonders aufmerksam beobachtet wurde. Zweieinhalb Minuten nach Beendigung der Beatmung hob sich eine Hand etwa einen Zentimeter von der Unterlage und sank nach etwa einer halben Minute wieder ab.

Wenn man über viele Jahre hinweg zahlreiche Untersuchungen zur Feststellung des Hirntodes durchgeführt hat, erwirbt man sich eine große Routine, die ein rascheres und stillschweigendes Arbeiten mit sich bringt. Nicht immer ist dann für Außenstehende erkennbar, dass alle einzelnen Schritte kritisch und sorgfältig durchgeführt werden. Das zügige Arbeiten, ohne viel zu reden, kann den Eindruck erwecken, dass die Untersuchung in Hast und Heimlichkeit durchgeführt werden soll. Es ist immer wieder eindrucksvoll, wie groß Interesse und Erleichterung sind, wenn man sich die Zeit nimmt, einzelne Schritte und Abläufe in der gesamten Untersuchung zu erklären und verständlich zu machen.

2.4 Der Verlauf nach der Hirntod-Feststellung

Nachdem der Hirntod und damit im medizinischen und im gesetzlichen Sinne der Tod des Menschen festgestellt ist, stellt sich die Frage einer eventuellen Organspende. Wir haben heute die medizinische Möglichkeit einer Organentnahme und -transplantation zur Behandlung schwerwiegender Organfunktions-Beeinträchtigungen zur Verfügung. Damit bedeutet sowohl die Organentnahme als auch der Verzicht auf eine Organentnahme eine Entscheidung mit Konsequenzen, nämlich entweder die Störung der Trauerphase der Angehörigen oder aber den Verzicht auf die in vielen Fällen wesentlich lebensqualitätsverbessernde, in einigen Fällen lebensrettende Transplantation. Aus dieser Begründung heraus und weil es inzwischen im Transplantationsgesetz so festgelegt ist, muss die Frage der Organentnahme geklärt werden. Dazu müssen in der Regel die Angehörigen gefragt werden, ob eine Organentnahme im Sinne des im Hirntod verstorbenen Patienten gewesen sein könnte.

In dem Augenblick, da den Angehörigen die Nachricht vom Tod des Patienten überbracht werden muss, ist die Frage nach einer Organspende eine nur schwer zu verkraftende Zumutung. Sie wird von manchen Angehörigen so deutlich abgelehnt, dass die Frage nach dem eventuellen Willen des Verstorbenen gar nicht angemessen besprochen werden kann. Andererseits finden sich auch immer wieder Angehörige, die von dem erklärten Willen des Betreffenden berichten können. Manchmal können sie einen wenigstens kleinen Trost in dem Wissen finden, dass der oft so sinnlos erscheinende Tod auf dem Wege einer Organspende noch einen gewissen Sinn haben kann.

Wenn eine Organspende entweder im Sinne des Verstorbenen oder nach der Ablehnung der Angehörigen nicht durchgeführt werden kann, dann ist eine weitere Beatmung des hirntoten, noch überlebenden Körpers sinnlos und die Beatmungsmaschine wird – nachdem die Angehörigen eine Gelegenheit zum Abschiednehmen bekommen haben – abgestellt. Etwa innerhalb von drei bis fünf Minuten ist der im Körper vorhandene Sauerstoff so weit verbraucht, dass das Herz stehen bleibt, der Blutkreislauf stockt und der Körper die typische Blässe eines Verstorbenen annimmt.

Man sollte sich vergegenwärtigen, dass die Phase des Frischverstorbenseins schon immer als eine besondere erlebt und beachtet worden ist. Die Sitte des Aufbahrens im Sterbehaus ist zwar im Schwinden, aber das Empfinden einer besonderen Situation findet sich immer noch im Bedecken des Gesichtes eines Verstorbenen, im vorsichtigeren Umgang mit dem anfangs noch warmen und weichen Körper. Sie befindet sich ebenso in den Forderungen des Gesetzgebers, einen Verstorbenen erst als tot anzusehen, wenn die sicheren Todeszeichen (nicht wegdrückbare Totenflecken und Leichenstarre) erkennbar sind. Erst damit wird der Körper des Verstorbenen zu dem Leichnam, der als sicher tot angesehen wird.

Das Umgehen der Menschen mit einem solchen Miterleben ist sehr verschieden. Trotz des von vielen Menschen geteilten Glaubens an ein Leben nach dem Tode oder eine Wiedergeburt, ahnen oder wissen wir um die Endgültigkeit des Todes in dieser unserer Welt, in der das Antwortenkönnen eines Verstorbenen unwiederbringlich erloschen ist. Dieses Ahnen oder Wissen ist im Erschrecken und der Verunsicherung, ebenso wie im Wegdelegieren des Leichnams an den Bestatter spürbar.

Im Tagesbetrieb eines Krankenhauses ist es wichtig, innezuhalten, nicht sofort zum Tagesgeschäft überzugehen und insbesondere wenigstens eine kurze Zeit einzuräumen, in der sich die Angehörigen von dem Verstorbenen verabschieden und ihr Erleben in Ruhe wahrnehmen können. Auch wenn es für Ärzte und Pflegepersonal einfacher ist, sich nicht täglich mit dem Wissen um das auch eigene Sterbenmüssen auseinanderzusetzen, sind solche Situationen auch Gelegenheiten zu menschenwürdigen, manchmal sogar sehr bewegenden Begegnungen mit anderen Menschen, Situationen, in denen das Trösten und sich öffnende Begegnen auch ein Gefühl der Bereicherung ermöglichen können.

2.5 Der Verlauf im Falle einer Organentnahme

Falls ein Organspendeausweis vorliegt oder die Angehörigen von der entsprechenden Auffassung des Verstorbenen berichtet haben, wird die Organentnahme in Gestalt einer Operation in einem Operationssaal vorbereitet. Für die Erhaltung der Organe muss die Beatmung weitergeführt, der Blutdruck unter Umständen medikamentös gestützt und so das Herz weiterschlagend erhalten werden. Deshalb muss der im Hirntod verstorbene Körper von einem Anästhesisten bis in den Operationssaal und während der operativen Entnahme der Organe begleitet werden. Ob noch einmal eine Narkose gegeben wird, um die spinal-vegetativen Reflexe und ein eventuell eintretendes Lazarus-Phänomen zu vermeiden, kann von den Chirurgen und Anästhesisten entschieden werden. Eine Schmerzwahrnehmung oder ein Leiden des hirntoten Körpers ist wegen der im Hirntod fehlenden Wahrnehmungsfähigkeit nicht mehr möglich. Nach der Organentnahme wird die Beatmungsmaschine abgestellt und die Bauchdecke wie nach einer normalen Operation zugenäht. Wenn der Blutkreislauf nicht bereits durch eine eventuelle Entnahme des Herzens (und der Lunge) zum Stehen gekommen ist, hört das Herz etwa ein bis drei Minuten nach Abstellen der Beatmung auf zu schlagen, der Kreislauf steht und die Hautfarbe wird blass.

Das Wissen darum, dass lebenswichtige Organe entnommen sind, macht den Umgang mit der übrigen menschlichen Hülle irritierender, als dies bei einem unversehrten Körper der Fall wäre. Die umgebenden Menschen, auch Ärzte, Schwestern und Pfleger, reagieren auf dieses Erleben unterschiedlich. Manchmal verhalten sie sich vorsichtig unsicher. Manchmal reagieren sie mit einem schroff abwehrenden Rückzug auf die verstandesmäßig unzweifelhafte Eindeutigkeit des Verstorbenseins. Manchmal protestieren sie gegen den als respektlos empfundenen, nüchtern vernünftigen Umgang mit der menschlichen Hülle.

2.6 Eigenes Erleben in der Diagnostik

Auch für einen Neurologen, der den Umgang mit bewusstlosen Patienten auf der Intensivstation gewohnt ist, hat die Untersuchung zur Feststellung des Hirntodes etwas Besonderes, etwas Mahnendes. Auch wenn man von einem Erfahreneren in die Untersuchung eingewiesen worden ist und auch wenn man sich mit den Richtlinien und den ergänzenden wissenschaftlichen Veröffentlichungen vertraut gemacht hat, ist doch die erste selbst durchgeführte Untersuchung wegen der Endgültigkeit der resultierenden Feststellung beunruhigend. Dies zeigt sich anschaulich an der Tatsache, dass man durchaus von der Richtigkeit des Handelns überzeugt sein kann und dass man sich doch erst etwas verzögert zu der vernünftigen Konsequenz durchringen kann, einen eigenen Organspendeausweis zu unterschreiben. Es ist sicherlich ehrlicher, eine solche Diskrepanz zwischen dem vernünftigen Wissen und der erlebten Unsicherheit einzugestehen, als mit einer gewissen Schroffheit auf der Richtigkeit der vernünftigen Gründe zu bestehen. Zumindest ist es für das Verstehen der Reaktionen der Umgebung hilfreich und für ein Werben um ein Einverständnis geradezu notwendig, eine solche eigene Zögerlichkeit wahrzunehmen. So kann man im Gespräch mit Angehörigen oder Pflegepersonal eine Bereitschaft zum Zuhören einbringen.

Für Angehörige und Freunde – besonders wenn sie vielleicht wenig freundlich miteinander umgegangen sind und wenn deshalb unbewusste Schuldgefühle bestehen – ist der Tod des Erkrankten oder Verunfallten eine Konfrontation mit dem endgültig unwiederbringlichen Verlust. Für das Pflegepersonal, das sich Pflege und Heilung Kranker zum beruflichen Lebensinhalt gemacht hat, ist der Tod des Erkrankten oder Verunfallten – besonders wenn zwischen Anspruch und alltäglicher Wirklichkeit Dissonanzen bestehen – ein Begegnen mit Ohnmacht und Vergeblichkeit. Verlust, Ohnmacht und Vergeblichkeit sind zwar Realität in unserer Welt, verschwinden aber hinter Geschäftigkeit und Erfolg. Die oft unerwartete Konfrontation verunsichert, die Verunsicherung macht empfindlich für Verletzungen. In solchen Situationen ist es fatal, wenn Ärzte in der Verunsicherung mit Aktionismus oder emotionaler Abschottung reagieren und den Angehörigen und dem Pflegepersonal das verstehende Mitempfinden ihrer Verletzlichkeit verweigern.

Die gewaltige Zunahme spezialistischen Wissens führt zu einer Medikalisierung des Sterbeprozesses mit einer Konzentration auf die biologischen Funktionen. Diese äußere Situation wird für eine behutsam aufmerksame Konzentration auf das menschliche Erleben immer behindernder. Das uns vorschwebende Ideal eines unbemerkt leidensbefreiten Sterbens im Schlaf oder eines bewusst durchlebten Sterbens im Kreise vertrauter Angehöriger und Freunde gerät in eine immer krassere Diskrepanz zur alltäglichen Wirklichkeit.

Im Hirntod wird dieses Dilemma besonders deutlich. Die Krankheitsbilder demonstrieren für aller Augen ihre Bedrohlichkeit, der Augenblick des Hirntodes ist verborgen, nur an apparativen und Laborbefunden ablesbar. Der anschließende Zustand des dissoziierten Hirntodes mit noch überlebendem übrigem Körper ist dem vorherigen Koma äußerlich gleich, die Unsicherheit für den Nicht-Spezialisten nur schwer überwindbar. Nur zu nahe liegend drängt sich die Frage nach dem Respekt im menschlichen Sterben auf und ist in dieser Situation nicht in eine friedvolle Würde einzulösen. Es bleibt nur das in der Routine des Intensivstationsbetriebes nicht immer zu vermittelnde Bemühen um Aufmerksamkeit und Respekt einschließlich des Wissens um gelegentliches Ungenügen.

21

2.7 Eigenes Erleben in der gesellschaftlichen Diskussion

In unserer Gesellschaft wird man einerseits immer wieder mit offenen Fragen und offener Bereitschaft konfrontiert, sich unvoreingenommen auf eine Beschäftigung mit den medizinischen Erkenntnissen und Deutungen einzulassen. Andererseits wird man auch immer wieder mit Vorwürfen eines grausamen und unmenschlichen Verhaltens und Handelns konfrontiert, wenn man sich zu einem Einverständnis mit dem Hirntodes-Konzept des Transplantationsgesetzes und der Bundesärztekammer bekennt. Ein Teil dieser gelegentlich mit einer Entrüstung vorgetragenen Vorwürfe ist aus dem persönlichen Erleben der Betroffenen mit einem unsachgemäßen Verhalten von Ärzten verständlich (22). Ein Teil resultiert aus sehr persönlichen Glaubensüberzeugungen; ein Teil entsteht sicherlich auch aus einer verständlichen Abwehr gegen die verunsichernden, eine Entscheidung erzwingenden Handlungsoptionen, denen im jeweiligen Fall dann unausweichliche Konsequenzen folgen.

Trotzdem wissen wir von der Bedeutung des Gehirns für die Lebendigkeit des Menschen als denkendem, erlebendem und differenziert handelndem Wesen und von der Transplantationsmöglichkeit nach eingetretenem Hirntod. Damit bleibt nur der Versuch, mit anschaulichen Erklärungen ein Verstehen zu vermitteln.

3 Begriffe und Bedeutungen: Der theoretische Rahmen

Wenn man kontrovers interpretierte Phänomene besser verstehen will, muss man sich zuallererst vergewissern, dass die gebrauchten Begriffe in der gleichen Bedeutung verstanden werden. Für den Fall, dass auch das Verständnis dieser Begriffe unterschiedlich ist, muss klargelegt werden, auf welches Verständnis in einem gegebenen Zusammenhang Bezug genommen wird, damit Meinungsverschiedenheiten bis auf solche Verständnisunterschiede bei den gebrauchten Begriffen zurückverfolgt und auf ihre Begründung und ihre Akzeptierbarkeit überprüft werden können. Deshalb muss auf die verwendeten Begriffe, ihre Bedeutungen und die Missverständnismöglichkeiten ausdrücklich hingewiesen werden.

3.1 Die Notwendigkeit eines definierten Begriffsgebrauchs

Viele Bezeichnungen sind sowohl in der alltäglichen Umgangssprache als auch in einer Fachsprache gebräuchlich. In den jeweiligen Zusammenhängen werden Begriffe mehr oder weniger unterschiedlich verstanden. Sehr anschaulich zeigt sich das beispielsweise an den Zusammenhängen, in denen das Wort Herz zu finden ist: Eine »zu Herzen gehende« Erzählung weckt in uns ganz andere Vorstellungen und Empfindungen als ein Chirurg, der das Annähen einer Ersatz-Kranzader an einem Herzen schildert. Wenn wir in einem Diskussionszusammenhang darauf bestehen würden, dass die eine Bedeutung des Wortes ›Herz‹ mit der anderen identisch sei, werden wir nicht nur Missverständnisse, sondern auch Unwillen herausfordern.

Begriffe können wie Werkzeuge unseres Begreifens verstanden werden. Ihr geeigneter oder ungeeigneter Gebrauch kann zu erheblichen Schwierigkeiten führen. Niemand würde eine Suppe mit einer Gabel essen oder einen Nagel mit einem Holzhammer einzuschlagen versuchen. Bei den Begriffen ist ein ungeeigneter Gebrauch manchmal weniger offensichtlich, dafür die provozierten Missverständnisse und Kontroversen folgenreicher. Den eben gebrauchten Vergleich kann man anschaulich erweitern. Manche Begriffe sind durchaus ziemlich zutreffend, also in der Diskussion für die Verständigung geeignet und trotzdem problematisch. Ein Löffel kann für eine giftige Flüssigkeit benutzt werden. Wenn man ihn ungereinigt für eine Suppe benutzen würde, wäre eine Vergiftung die Folge. Ein in der Sache durchaus verwendbarer Begriff kann einen negativen Beiklang haben und damit die Atmosphäre einer Diskussion vergiften. In einer fruchtbaren Diskussion muss also von allen Seiten die Bereitschaft bestehen, die Begriffe sowohl auf ihre sachliche Angemessenheit als auch auf ihren affektiven Beiklang hin zu prüfen und drohende Missverständnisse aufzuklären.

Besonders makaber lässt sich das an dem umgangssprachlich gebräuchlichen Wort Kadaver zeigen. Sehr unbedacht wurde der Begriff »cadaver-donor« (18) gelegentlich wörtlich aus dem Amerikanisch-Englischen als »Kadaver-Spende« übersetzt und in der Diskussion gebraucht. Umgangssprachlich wird unter Kadaver ein bereits in Verwesung übergegangener Tierleichnam verstanden, was von vornherein Ekel erregende Assoziationen weckt. Üblicherweise wird das Wort Kadaver kaum auf einen menschlichen Leichnam angewandt – wenn überhaupt, dann mit einem herabsetzenden, abfälligen Beiklang (vgl. Kap. 6.2.5). Von manchen Chirurgen wurde die wörtliche Übersetzung in der Absicht benutzt, den klaren Abstand zwischen einem lebenden Menschen und einem hirntoten Körper besonders drastisch zu betonen (ähnlich »human vegetable« wörtlich übersetzt: »menschliches Gemüse« zitiert nach 37). Unbedacht blieb dabei, dass eine Organentnahme aus einem bereits in Verwesung übergehenden Leichnam absurd ist und dass sich ein Angehöriger eines verstorbenen Menschen mit diesen Begriffen vor den Kopf gestoßen fühlen muss. Da niemand einem Chirurgen im Ernst unterstellen wird, er könne einen hirntoten Körper nicht von einem faulenden Kadaver unterscheiden, wird besonders deutlich: man merkt die Absicht und man ist – in einem solchen Falle berechtigterweise – verstimmt.

In einem anderen Zusammenhang werden die gleichen Begriffe möglicherweise zu Recht in einer anderen Bedeutung gebraucht. Manch ein Leser mag mit den hier verwendeten Bedeutungen nicht übereinstimmen und andere Bedeutungen bevorzugen – das sei ausdrücklich zugestanden. Auf eine Be- oder Verurteilung eines ›richtigeren‹ oder ›falschen‹ Wortgebrauches zielt eine solche Definition nicht; man sollte sich jedenfalls dadurch nicht von einer Prüfung des Sachverhaltes ablenken lassen. Zumindest kann man nach einer solchen Offenlegung des Begriffsgebrauches aufklären, an welchem Punkt man zu anderen Beurteilungen kommt.

Für ein gründliches Verständnis der Begriffe und der damit gemeinten Sachverhalte ist es sicherlich nützlich, sich den Facettenreichtum (anders ausgedrückt: Vielzahl von Konnotationen) unserer Begriffe noch weiter zu verdeutlichen. Sehr anschaulich lässt sich das am Begriff »Patient« aufzeigen: In einem Krankenhaus ist ein Patient eine durchaus konkrete, reale Erscheinung. An dem (1) faktischen Aspekt des Patientenstatus zweifeln zu wollen, macht wenig Sinn. Wir wissen selbstverständlich, dass es für die Zahlungspflicht einer Krankenkasse darüber hinaus von erheblicher Bedeutung ist, welche Störung einen Menschen noch zu einem Patienten macht, welche andere, geringere Störung nicht. Die Abgrenzung des Begriffes ist also auch von einer gesetzlichen, gesellschaftlichen Regelung abhängig. Zusätzliche (2) Konventions-Aspekte schwingen in unserem Verständnis des vermeintlich Faktischen immer mit. Allen Beteiligten ist mehr oder weniger deutlich gegenwärtig, dass ein Patient regelhaft an seinem Kranksein leidet und im Normalfall unser Mitgefühl weckt. Ein (3) emotionaler Aspekt schwingt also bei dem Begriff Patient ebenfalls mit. Schließlich können im Umgang mit Patienten unterschiedliche Wahrnehmungen geweckt werden, die vom hohen Respekt vor einer gefassten Haltung bis zu der Aversion gegenüber einer fordernden Haltung reichen und als ein

(4) Wertungs-Aspekt charakterisiert werden können. Diese Beispiele könnten sicherlich erweitert werden und sollen lediglich auf den Facettenreichtum (Konnotations-Reichtum) unserer Begriffsverständnisse aufmerksam machen.

3.2 Die wichtigen Begriffe

Mit besonderer Aufmerksamkeit für die Vielfalt der Bedeutungsfacetten sollen jetzt einige für die hier zu führende Diskussion entscheidende Begriffe definiert und in ihren wechselseitigen Bezügen illustriert werden.

3.2.1 Mensch, Person, Körper

Der Begriff »Mensch« lässt vor unserem geistigen Auge ein sich auf zwei Beinen bewegendes, mit den Armen umgreifendes, in der Regel auch mimisch, gestisch und sprachlich kommunizierendes Lebewesen auftauchen, das wir bei aller Verschiedenheit von Völkern und Individuen doch sehr sicher gegen Tiere und Pflanzen abgrenzen. Stillschweigend werden geistiges Vermögen und seelische Wahrnehmungsfähigkeit unterstellt. Wenn wir im Vergleich zu diesem Durchschnitts-Idealtyp extrem körperlich und geistig Behinderte als wenig dem Normalbild des Menschen entsprechend wahrnehmen, wird einerseits die Spannbreite des Begriffes deutlich. Wenn wir andererseits ethische Konzeptionen etwa von Peter Singer (97) in Betracht ziehen – ob wir ihnen zustimmen oder sie radikal ablehnen – dann wird deutlich, welche stillschweigenden, sehr kontroversen Wertungen in den verschiedenen Zuordnungen eingeschlossen sind. Wenn wir schließlich um den gesellschaftlichen Protest gegen eine Ausgrenzung wissen, dann ist deutlich, wie sehr unser Menschenbild vom Konsens in der gesamten Gesellschaft oder in Teilgruppen unserer Gesellschaft abhängig ist. Schließlich erleben wir besonders in der individuellen Begegnung uns beeindruckende, uns kritisierende, uns abstoßende oder auch unser Mitleid hervorrufende Andere. Darin können wir den emotionalen und in der Bereicherung unseres eigenen Erlebens auch den wertenden Aspekt des Begriffes »Mensch« empfinden.

Der Begriff »Person« ist an das Erscheinungsbild eines Menschen gebunden und betont das Respektheischende einer würdevollen Menschengestalt mit seiner in der Begegnung erlebbaren geistigen und seelischen Dimension. Der Begriff »Mensch« hat zuerst den biologischen Bereich im Blick und schließt die geistig-seelischen Funktionen eher stillschweigend mit ein. Bei dem Begriff der »Person« liegt der Akzent zuerst auf dem geistig-seelischen Bereich, während der biologische Bereich eher stillschweigend mit eingeschlossen ist. Um diese unterschiedlichen Akzentuierungen nicht unnötig in den Vordergrund treten zu lassen, wird im hier vorliegenden Zusammenhang immer der Begriff »Mensch« gebraucht und grundsätzlich einschließlich des personalen Aspektes verstanden. Diese Entscheidung, den Begriff »Mensch« unter stillschweigendem Einschluss der Bedeutung »Person« zu verwenden, gewinnt seine Bedeutung besonders im Hinblick auf extrem geistig Behinderte. Es gibt so schwerwiegende Formen von Fehlbildungen, dass kaum mehr sinnvoll von einer personalen Identität gesprochen werden kann. Der Begriff der »Person« ist also kaum angemessen und sinnvoll zu verwenden. In diesem Sinne wird hier der Begriff »Mensch« als der umfassendere verwendet.

Der Begriff des (menschlichen) »Körpers« bezeichnet alle materiell fassbaren Bestandteile des Menschen. Dies scheint plausibel, ja trivial. Trotzdem sind zwei ergänzende Überlegungen notwendig, um nicht wesentliche Aspekte dieses Begriffes zu übersehen. Wir sind uns nicht immer dessen bewusst, dass wir in unserer Anschauung nur den äußeren Aspekt »vor Augen« haben. Auf eine Rückfrage hin würden wir zweifellos die für uns unsichtbaren inneren Organe in den Begriff »Körper« mit einschließen (Vielleicht ist es gut, sich bereits an dieser Stelle vor Augen zu führen, dass wir selbstverständlich nicht nur nach äußerem Anschein, sondern auch nach unserem erworbenen Wissen ein Vorhandensein und Funktionieren unter der Oberfläche verborgener Organe annehmen). Eine weitere Bedeutungsfacette dieses Begriffes soll hier erwähnt werden. Wenn wir von »Körper« reden, haben wir wohl stillschweigend ein Lebendigsein dieses Körpers vor Augen. Anderseits meinen wir, wenn wir von einem »Körper« reden, nicht in erster Linie seine Beweglichkeit

oder unser Angeblickt-Werden von diesem Körper. Dafür würden wir den Begriff »Mensch« oder »Person« benutzen. Beim Gebrauch des Begriffes »Körper« wird also meist Lebendigsein unterstellt, aber von den Manifestationen der Lebendigkeit, der Beweglichkeit oder der mimischen, gestischen und sprachlichen Kommunikation abstrahiert, der »Körper« also seinen Funktionen gegenübergestellt.

Deshalb ist es sinnvoll, sich wenigstens einige der Funktionen des menschlichen Körpers vor Augen zu führen. Nahrung wird aufgenommen und nicht mehr verwertbare Reste werden ausgeschieden, Sauerstoff wird eingeatmet, Kohlensäure wird ausgeatmet und die für beide Funktionsbereiche notwendige Blutzirkulation wird vom Herzen angetrieben. Aus verletzten Körperzellen oder etwa eingedrungenen Bakterien werden chemische Substanzen frei, die weiße Blutkörperchen alarmieren. Diese benachrichtigen andere weiße Blutkörperchen mittels chemischer Botschaften. Diese wandern aktiv und selbstständig zu der Wunde, umschließen die zerfallenden Körperzellen oder eingedrungene Bakterien und machen sie unschädlich (Immunabwehr). Die Leber ist das wesentliche Stoffwechsel-Organ, die Nieren sind die wesentlichen Ausscheidungsorgane für die nicht mehr brauchbaren Stoffwechselprodukte. Im menschlichen Körper findet sich also einerseits autonomes Funktionieren einzelner Zellen und einzelner Organe (z.B. Immunabwehr weißer Blutkörperchen oder Impulsbildung und Zusammenziehen des Herzens).

Daneben finden im menschlichen Körper zahlreiche Wechselwirkungen zwischen den verschiedenen Organen statt, die ein zweckmäßiges Zusammenspiel erreichen. Nach einer Mahlzeit steigt der Zuckergehalt im Blut und bewirkt eine Insulin-Ausschüttung aus den Inselzellen der Bauchspeicheldrüse. Das später folgende Absinken des Blutzuckers bewirkt im Gehirn ein Hungergefühl, das Gedanken an eine mögliche baldige Nahrungszufuhr in Gang setzt (metabolische Wechselwirkungen). Unser Aufrichten aus dem Liegen lässt das Blut in die Beine sinken, der abfallende Blutdruck in den Halsschlagadern bewirkt über das vegetative Nervensystem eine Anspannung der Muskelzellen in den Wänden der Arterien und Venen der Beine und einige raschere Herzschläge bis der Blutdruck wieder für die Durchblutung des Gehirns ausreichend ist (vegetative Wechselwirkungen). In den Nieren wird ein Hormon gebildet, das bei mangelhafter Durchblutung der Nieren den Blutdruck insgesamt erhöht, so dass die Nieren ausreichend durchblutet werden und die für den Körper schädlichen Abfallstoffe ausscheiden können (Hormonwirkungen). Die weißen Blutkörperchen werden von anderen weißen Blutkörperchen und den von ihnen abgesonderten chemischen Substanzen kontrolliert, so dass sie im Normalfall nicht überschießend reagieren (immunologische Wechselwirkungen). Auch das Gehirn wird von zahlreichen chemischen Substanzen im Blut und zahlreichen Hormonen in seiner Funktion beeinflusst, man denke nur an die Bedeutung der Hormone für die Partnersuche. Diese hochkomplexen Organinteraktionen in einem menschlichen (und tierischen) Körper sind als »systemische Wechselwirkungen« und als »biologisches System« bezeichnet worden. Diese zahlreichen u.a. metabolischen, hormonellen, immunologischen und vegetativen Wechselwirkungen sind so komplex, dass auf den ersten Blick keine eindeutige Kommandozentrale in dieser »systemischen« Steuerung auszumachen ist.

3.2.2 Organismus, Lebendigkeit

Der Begriff des menschlichen »Organismus« ist offensichtlich weder mit dem Begriff des Menschen, schon gar nicht mit dem Begriff der Person, aber offensichtlich auch nicht vollständig mit dem Begriff des menschlichen Körpers gleichzusetzen. Wenn der Begriff des menschlichen Körpers im Gegensatz zum Leichnam als noch lebendig verstanden werden soll, dann ist mit dem Begriff des Organismus der menschliche Körper in seiner ganzheitlichen Lebendigkeit zu verstehen. In diesem Vergleich wird allerdings deutlich, dass der Begriff des menschlichen Körpers die Vorstellung der Lebendigkeit nicht in gleichem Maße beinhaltet, wie der Begriff des Organismus. Es handelt sich demnach bei diesen beiden Begriffen nicht um unterschiedliche Bedeutungen, sondern eher um ähnliche Bedeutungen mit unterschiedlicher Betonung und Gewichtung des Aspektes der Lebendigkeit und der Komplexität dieser Lebendigkeit.

Eine Klärung der Begriffe »lebendig«, bzw. »Lebendigkeit« kann in einem ersten Schritt gestützt auf diese Kenntnis der teilweise autonomen, teilweise systemisch interaktiven Funktionen des menschlichen Körpers unternommen werden. Auf den ersten Blick gehen wir von der Lebendigkeit eines menschlichen (oder tierischen) Körpers aus, wenn wir Bewegung wahrnehmen. Auf den zweiten Blick orientieren wir uns auch an der Körperwärme und der rosigen Hautfarbe, welche sichtbarer Ausdruck der funktionierenden Durchblutung sind. Hinter der Bewegungsfähigkeit, der Körperwärme und der rosigen Farbe eines menschlichen (oder tierischen) Körpers steht ganz wesentlich die teilautonome und die systemische Funktion der Organe von den weißen Blutkörperchen über die großen Bauchorgane und das Herz sowie die hormonellen, immunologischen und vegetativen Interaktionen. Weil sich einfache Organe (Darm und Muskulatur) auch bei sehr einfachen Tieren finden, gilt das Prinzip der teilautonomen und systemisch interaktiven Organisation auch für viele Tiere, die dem Menschen sehr unähnlich sind. Wenn wir also den Begriff der Lebendigkeit auf die teilautonomen und die systemischen Organinteraktionen stützen, dann sind diese systemischen Interaktionen doch in keiner Weise für den Menschen spezifisch. Auch ist bei den bisherigen Betrachtungen das gesamte Nervensystem vollständig außer Acht gelassen worden. Aus diesen Gründen soll eine Lebendigkeit, die auf teilautonome und systemisch organ-interaktive Funktionen Bezug nimmt, etwas spezifischer als »biologische Lebendigkeit« gekennzeichnet werden. Dieser Zusatz soll also darauf hinweisen, dass wir einen Lebendigkeitsbegriff verwenden, der sich auf die Tieren und Menschen gemeinsame Lebendigkeitsvorstellung bezieht.

Die Benennung einer »biologischen Lebendigkeit« weist uns auf eine weitere Unterscheidungsmöglichkeit hin. Auch auf Pflanzen wenden wir den Begriff »lebend« an und meinen damit Wachstum, Vermehrungsfähigkeit und frisches Aussehen. Das Charakteristikum der tierischen Lebendigkeit ist demgegenüber die rasche Bewegungsfähigkeit. Das bedeutet, wir verbinden unterschiedliche Vorstellungen mit dem Begriff der Lebendigkeit je nachdem, ob wir diesen Begriff auf Pflanzen oder Tiere anwenden. (Wenn man diesen Unterschied herausstellen will, kann man – etwas ungewohnt – von einer »botanischen« bzw. »zoologischen« Bedeutung des Lebendigkeits-Begriffes sprechen. Zur weiteren Betrachtung des Lebendigkeits-Begriffes unter evolutionärem Blickwinkel vgl. Kap. 3.3) Allein demnach ist es sinnvoll zu fragen, ob wir unreflektiert den gleichen Begriff auch auf den Menschen anwenden wollen und ob wir die Lebendigkeit des Menschen mit den Kriterien der Beweglichkeit und der Organinteraktivität als adäquat charakterisiert ansehen wollen.

Es handelt sich also um eine sehr bedenkenswerte – implizite – Entscheidung, wenn man die Lebendigkeit des Menschen mit ausschließlich biologischen Kriterien charakterisieren will.

3.2.3 Nervensystem

Bei den bisherigen Betrachtungen ist die Funktion des Nervensystems vorerst außer Betracht geblieben. Beim Menschen (und bei den höheren Tieren) spielt das Nervensystem jedoch offensichtlich eine wesentliche Rolle. Das Nervensystem ist ein integrales Ganzes und kann nicht ohne diejenigen Organe oder Gewebe betrachtet werden, in welche die Sinnesorgane eingebettet sind, aber auch nicht ohne die Muskeln, an denen die motorischen Nerven angreifen. Dennoch ist es für eine Verständigung zweckmäßig, die einzelnen Funktionen des Nervensystems anhand der Untergliederung in peripheres Nervensystem, Rückenmark und Gehirn zu betrachten und in einem zweiten Schritt die Integration des Nervensystems in den übrigen Körper zu betrachten. Der umgekehrte Weg, die Funktion des Organismus als Ganzes zu betrachten und die konstituierenden Teilfunktionen zu ignorieren, ist mindestens ebenso gefährdet, zu Fehlschlüssen zu führen.

Eine detailliertere Betrachtung des Nervensystems und seiner Funktionen beginnt am besten bei der Aufnahme eines Sinnesreizes und folgt dem Verarbeitungsweg bis hin zu einer Reaktion oder Handlung (Abb. 3.2.3). Beispielsweise kann ein Tastberührungsreiz (z.B. Nadelstich) an einer Fingerspitze über die Tastkörperchen aufgenommen, über die zugehörigen Nervenfasern, über das Rückenmark und den Hirnstamm in die (hintere) Mitte des Großhirns in den Thalamus und von dort in die Hirnrinde geleitet werden. Bereits auf der Ebene des Rückenmarkes

kann auf einen sensiblen Reiz hin eine motorische Reaktion zurück in den Arm und die Hand geleitet werden (spinaler Reflex). Ein schmerzhafter Reiz wird jedoch erst im Thalamus differenziert und von dort mit der Zusatzinformation »schmerzhaft« in die verschiedensten Großhirnrindenregionen geleitet. Daraufhin können wir beispielsweise den Kopf und die Augen wenden und zu der Reizquelle hinblicken, um dieser zu entgehen oder sie zu beseitigen. Die verschiedenen Wahrnehmungen, Wissensvergleiche und Absichtsimpulse werden (u.a. im Stirnhirn) zusammengefasst und in die motorische Hirnrinde geleitet. Von dort geht der entscheidende motorische Impuls über die (vordere) Mitte des Großhirns, das Striatum, mit weiterer Bewegungsfeinabstimmung in das Rückenmark und in die peripheren Nerven bis an die Muskeloberfläche. Dort wird der endgültige Bewegungsimpuls vom Muskel über die Sehnen auf die Knochen und Gelenke geleitet und in eine Bewegung umgesetzt.

Die wesentlichen Funktionsabschnitte des Nervensystems sind also in einem sozusagen umgekehrt U-förmigen Weg angeordnet: Sinneszelle – sensibler Nerv – sensible Fasern des Rückenmarks – Thalamus – sensorische Großhirnrinde – motorische Großhirnrinde – Striatum – motorische Fasern des Rückenmarkes – peripherer Nerv – Muskel (Abb. 3.2.3).

Für eine Betrachtung des Nervensystems als Ganzes sind zahlreiche Hilfsleistungen der verschiedenen Abschnitte des Nervensystems besonders entscheidend. Den Impuls von dem Tastkörperchen in der Fingerspitze bis ins Rückenmark kann die sensible Nervenzelle am Rückenmark verstärken oder abschwächen, so dass wir einen schmerzhaften Reiz kaum oder sehr heftig wahrnehmen, ein Reiz kann im Rückenmark direkt auf einen motorischen Nerven umgeschaltet werden und einen Reflexbogen darstellen. Die sensiblen Bahnen können vom Hirnstamm aus einen Aufmerksamkeits-Weckreiz in weite Bereiche des Gehirns senden. Wenn der Berührungsreiz sehr spezielle Informationen etwa über die Struktur der berührten Oberfläche enthält, dann können Gedächtnisinhalte zum Vergleich aktiviert werden und über die Gleichheit oder Unterschiedlichkeit des aktuell berührten Gegenstandes im Vergleich zu den bekannten beurteilt und danach kann differenziert reagiert werden. Im Gedächtnis

Abb. 3.2.3: Eine Funktion des Nervensystems vereinfacht: sensibler Reiz → motorische Reaktion

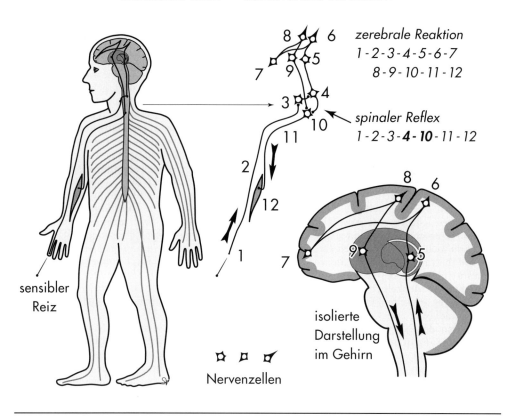

zerebrale Reaktion
1 - 2 - 3 - 4 - 5 - 6 - 7
8 - 9 - 10 - 11 - 12

spinaler Reflex
1 - 2 - 3 - **4** - **10** - 11 - 12

isolierte
Darstellung
im Gehirn

sensibler
Reiz

Nervenzellen

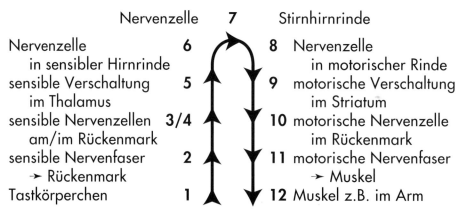

		Nervenzelle	**7**	Stirnhirnrinde
Nervenzelle in sensibler Hirnrinde	**6**		**8**	Nervenzelle in motorischer Rinde
sensible Verschaltung im Thalamus	**5**		**9**	motorische Verschaltung im Striatum
sensible Nervenzellen am/im Rückenmark	**3/4**		**10**	motorische Nervenzelle im Rückenmark
sensible Nervenfaser → Rückenmark	**2**		**11**	motorische Nervenfaser → Muskel
Tastkörperchen	**1**		**12**	Muskel z.B. im Arm

bzw. der Erinnerung können nahe liegende andere Sinnesinformationen aufgerufen und in die dann komplexe Wahrnehmung einbezogen werden. Die schließlich folgende reagierende Handlung kann sowohl mit Rücksicht auf weitere Gedächtnisinhalte, weiteres Wissen abgestimmt, als auch in Bezug auf das Gleichgewicht oder das Ausmaß der Kraftentfaltung beliebig fein abgestimmt werden. So können optische, Geruchs- und Geschmackserinnerungen geweckt und mit dem Tastreiz etwa einer Pfirsichhaut verknüpft werden, so dass wir eine vollreife Frucht von vornherein von einer unreifen oder faulen unterscheiden und unsere Handlungsentscheidung (z.B. Kaufverzichtsentscheidung) abwägen können. Ganz unmittelbar können wir etwa auf den optischen Reiz einer fallenden Frucht reagieren, unsere Hand in die Fangposition bringen, dabei das Gleichgewicht halten und einen Warnruf an eine nebenstehende Person schicken.

In einer wohlabgestimmten Handlung sind also – auf der Basis zahlreicher Hirn-, Rückenmarks- und Nervenfunktionen auf verschiedenen Ebenen – vielfältige Verknüpfungen verschiedener Sinneswahrnehmungen und Gedächtnisinhalte für die letztendliche motorische Verrichtung wirksam.

3.2.4 Gehirn, Gehirnfunktionen, Bewusstsein

Wenn wir Wahrnehmen, Empfinden, Denken und Handlungsimpulse nur mit der einfachsten Selbstbeobachtung betrachten, dann haben wir uns angewöhnt, das Denken gemeinhin etwa an dem Schnittpunkt von Sehen und Hören in der Kopfmitte und das Empfinden in einem sehr unbestimmten Raum zwischen Nacken, Brustraum und Bauchraum wahrzunehmen. Dies entspricht der geläufigen Formel von »Kopf und Bauch« für den Gegensatz des folgerichtig zielstrebigen, egoistischen Denkens auf der einen Seite zu dem Empfinden der momentanen Stimmung und des mitmenschlichen Wir-Gefühls auf der anderen Seite. Wenn wir uns auf unseren Körper konzentrieren, dann können wir Empfindungen, etwa ein Angestrengtheits-Empfinden im Kopf oder eine wohlige Wärme im Bauchbereich, wahrnehmen, welche diese Verteilung des rationalen Denkens im

Kopf und des ganzheitlichen Empfindens im Bauch unmittelbar erlebbar wahr erscheinen lassen.

Von der biologischen, der medizinischen und der neuropsychologischen Wissenschaft müssen wir uns darauf aufmerksam machen lassen, dass diese Vorstellung zwar wichtige Beobachtungen über ein Mitreagieren der inneren Organe bei emotionalem Erleben enthält, dass aber die Interpretation hinsichtlich der Entstehung nicht zu halten ist. Aus zahllosen Untersuchungen an Tieren und am Menschen wissen wir: Wahrnehmung von Sinnesinformationen, Empfindungen und alle Denkfunktionen laufen strikt gebunden an die Funktion der Gehirnzellen – »im Gehirn« – ab und dort wird auch der letztendliche Handlungsimpuls gebildet (49). Für das Verständnis des Hirntodes sind einige Funktionen bestimmter Hirngebiete von Bedeutung, die in einer Abbildung erläutert werden sollen. (Abb. 3.2.4; bei Betrachtung der Abbildung ist zu beachten, dass es sich um eine sehr stark schematisierte Darstellung einiger weniger Hirnregionen und einiger weniger Funktionen dieser Regionen handelt.)

Immer wieder am erstaunlichsten sind Abbildungen solcher Funktionen aus Stoffwechseluntersuchungen unseres Gehirns mit der Positronen-Emissions-Tomographie (PET) oder in den letzten Jahren zunehmend mit der funktionellen Kernspin-Tomographie (fMRT). Die Forschungen können uns anzeigen, welches Hirngebiet bei dem Sehen eines bewegten Pendels oder dem Bewegen eines Fingers besonders aktiv ist. Mittlerweile können wir zeigen, welches Hirngebiet bei unseren stillschweigenden Annahmen über das Denken oder die Absichten anderer Menschen (»theory of mind«, 19) besonders aktiv beteiligt ist.

Der Nachweis, dass alle Wahrnehmungen, alle Empfindungen, alles Denken und alle Handlungsimpulse auf das engste an Funktionen unseres Gehirns gekoppelt sind, ist überwältigend.

Unsere Empfindungen, die wir etwa im Bauch wahrzunehmen meinen (20), können wir gut erklären. Wenn wir etwa beim Anblick einer geliebten Person Herzklopfen bekommen, dann findet die Wahrnehmung selbst immer noch im Gehirn statt. Allerdings funktioniert unser Gehirn in Zusammenhang mit dem peripheren und dem vegetativen Nervensystem unmerklich. Damit wir auf die Begegnung

Abb. 3.2.4: Wichtige Funktionen verschiedener Hirnregionen

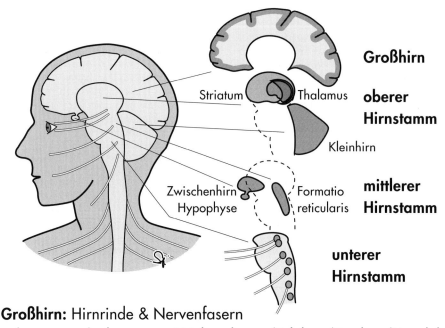

Großhirn: Hirnrinde & Nervenfasern
- *bewusstes/unbewusstes Wahrnehmen/Erleben/Denken/Handeln*

➤ *„mitwissende" Kommunikation* ◄

- *Sehen, Hören, Fühlen ↔ ↔ ↔ Sprache, Mimik, Gestik*

oberer Hirnstamm: Stammganglien (Striatum, Thalamus), Kleinhirn
- *Vorverarbeitung von Sinnesinformationen (Thalamus),*
- *Nachverarbeitung motorischer Impulse (Striatum & Kleinhirn)*

mittlerer Hirnstamm: (Hypophyse/Zwischenhirn, Formatio reticularis)
- *Hormonregulation,*   • *Wachheits-, Aufmerksamkeits-Stimulation*

unterer Hirnstamm: (u.a. Hirnnervenkerne, Atem-Regulation)
- *Hirnnerven-Reflexe (z.B. Blinzel-Reflex),*   • *Atem- / Herzregelung*

Konstitutiv: Hochkomplex rückgekoppelte Integration

stürmisch, aufmerksam oder behutsam reagieren können, wird von unserem Gehirn und unserem vegetativen Nervensystem sofort eine erhöhte Reaktionsbereitschaft hergestellt, die an einem schnelleren Herzschlag und einer erhöhten Durchblutung wiederum über unsere peripheren Nerven und das Rückenmark an das Gehirn mitgeteilt werden, so dass wir das Klopfen dem Herzen oder ein Unbehagen dem Bauchraum zuordnen können. Wenn wir weiterhin glauben wollten, dass die Empfindungen selbst im Herzen oder in der Leber oder der Milz entstehen würden, dann verwechseln wir das Briefpapier mit der Bedeutung der darauf geschriebenen Worte (20).

Unter dem Begriff »Wahrnehmen« ist hier die bewusste oder unbewusste Aufnahme von Sinnesinformationen verstanden, unter Empfindungen sind hier alle durch Sinneswahrnehmungen angestoßenen oder im Verlaufe interner Prozesse auftretenden Gefühlsregungen gefasst. Aus neuropsychologischer und neuropsychiatrischer Sicht ist dabei eingeschlossen, dass diese Empfindungen im oberen Hirnstamm und im limbischen System des Gehirns gebildet werden und dass sie sich lediglich auf das vegetative Nervensystem und die Brust- und Bauchorgane auswirken. Unter dem Begriff »Denken« wird hier die Summe aller bewussten und aller unbewussten gedanklichen Verarbeitungsvorgänge im Gehirn verstanden. Unter dem Begriff des Handlungsimpulses oder besser der Handlungs-Initiation wird das bewusste oder unbewusste gedankliche Ingangsetzen eines Bewegungsimpulses verstanden, der über das Rückenmark und das periphere Nervensystem schließlich eine Muskelkontraktion und damit die Bewegung zu einer Handlung in Gang setzt.

Wenn wir nicht nur unser naives Alltagsverständnis, sondern unser gesammeltes Wissen berücksichtigen, dann können wir Wahrnehmen und Empfinden, Denken und Handlungs-Initiation nur als im Gehirn zustande kommend verstehen. Die Empfindungen, die wir in unserem Körper wahrzunehmen meinen, entstehen durch die Integration unserer Körperorgane mit dem Gehirn mit Hilfe der Vermittlung des peripheren und des vegetativen Nervensystems und des Rückenmarkes.

Der Begriff des »Bewusstseins« wird ebenfalls in der Diskussion um das Verständnis des dissoziierten Hirntodes herangezogen. Dieser Begriff ist ein wichtiger Schlüssel für das Verständnis des menschlichen geistig-seelischen Vermögens. Im hier vorliegenden Zusammenhang wurde dieser Begriff bisher gemieden, weil er ein breites Bedeutungsspektrum umfasst, weil er für die Unterscheidung des lebendigen Menschen von dem im dissoziierten Hirntod überlebenden Körper nur einen Teilaspekt betrifft und deshalb die Diskussion kompliziert (vgl. Kap. 5.4.3).

Zumindest im neuropsychiatrischen Zusammenhang umfasst Bewusstsein wenigstens zwei erheblich verschiedene Bedeutungen: Wenn man sagt, jemand sei »bei Bewusstsein«, dann ist gemeint, jemand sei wach (nicht schlafend, nicht bewusstlos/komatös) und zu einer wenigstens gewissen Aufmerksamkeits-Zuwendung zu seiner Umgebung in der Lage (»Wachbewusstsein«). Wenn man sagt, jemand sei »sich dessen bewusst, dass …«, dann ist gemeint, jemand habe einerseits einen bestimmten Gedanken und zugleich eine Wahrnehmung dafür, dass er diesen Gedanken habe (»Reflexivbewusstsein«) (98, 104). Im ersten Fall ist mit Bewusstsein eine gewisse Aufmerksamkeitsfähigkeit (ebenso bei Tieren), im zweiten Fall eine reflexive Selbstwahrnehmungsfähigkeit (ausschließlich beim Menschen) gemeint.

Bewusstsein als Bereich der einer Selbstwahrnehmung zugänglichen geistig-seelischen Vorgänge umfasst nur einen Teil unserer Wahrnehmungen, Empfindungen, Gedanken und Handlungsimpulse. Wenn wir uns aufmerksam selbst beobachten, dann ist uns geläufig, dass wir in manchen Situationen etwas wahrgenommen haben, das uns erst mit einer zeitlichen Verzögerung bewusst wird. Jeder von uns kennt Situationen, in denen wir erst durch eine zusätzliche Anregung von außen auf eine Einzelheit aufmerksam gemacht werden, die wir vorher nicht beachtet hatten, die uns aber nach der Anregung deutlich vor Augen steht. In manchen Situationen handeln wir sehr prompt oder in anderen sehr zögerlich, ohne uns über die Empfindungen, die uns dazu veranlassen, zu dieser Zeit genau Rechenschaft ablegen zu können. Wenn wir einen guten Einfall haben, dann können wir uns manchmal erst mit sehr großer Verspätung erklären, wieso wir ausgerechnet in diesem Moment auf diesen Gedanken verfallen sind. In vielen Situationen handeln

31

wir – wie wir zu sagen gewohnt sind – spontan oder instinktiv, ohne dass wir über die Begründungen unseres Handelns in diesem Moment Auskunft geben könnten, manchmal bleiben uns Gründe und Motive auf Dauer rätselhaft. In allen diesen Situationen spielt Unbewusstes eine entscheidende Rolle. Dieses Unbewusste hat sehr verschiedene Quellen. Selbstverständlich können prägende frühere Erlebnisse unser Handeln beeinflussen, ohne dass wir uns dessen bewusst sind. Aber auch sehr banale körperliche Einflüsse, z.B. Hunger oder Durst oder hormonelle Einflüsse, können unser Denken in Entscheidungssituationen in die eine oder in die andere Richtung ausfallen lassen, motorische Fertigkeiten können uns die eine oder die andere Tätigkeit bevorzugen lassen. Alle diese unbewussten Einflüsse sind in dem hier gemeinten Begriff der geistig-seelischen Vorgänge mitgedacht.

Für unser Wahrnehmen, Empfinden, Denken und unsere Handlungsimpulse wird – in Ermangelung eines handlicheren oder geeigneteren Begriffes – die Formel »geistig-seelische Vorgänge« oder »geistig-seelisches Vermögen« gebraucht. Darunter werden sowohl bewusste wie unbewusste geistige und seelische Funktionen, also rationale Planungen ebenso wie handlungsbeeinflussende animalische Bedürfnisse verstanden.

3.2.5 Humane Lebendigkeit

Damit stellt sich die Frage, die Lebendigkeit des Menschen von der allgemeinen biologischen Lebendigkeit der Pflanzen und Tiere zu unterscheiden. Diese Frage entscheidet sich wesentlich danach, auf welchen Aspekt wir den Akzent setzen wollen. Wollen wir etwa die Gemeinsamkeit im Verhalten von Hunden, Katzen, Pferden, Menschenaffen und dem Menschen besonders betonen, dann werden wir nicht nur die rasche Bewegungsfähigkeit, sondern auch die Ähnlichkeit der Wahrnehmung, des offensichtlichen Empfindens, der Denkvorgänge und des Handlungsentschlusses betonen. Und wir werden dann nur einen weniger bedeutsamen Unterschied zwischen der biologischen Lebendigkeit der uns vertrauten Tiere und uns selbst sehen. Wenn wir dagegen den Menschen in seiner Unterschiedlichkeit gegenüber einer Ameise, einem Regenwurm oder einer Amöbe betrachten, dann ist der Unterschied der biologischen Lebendigkeit zu einer humanen Lebendigkeit doch deutlich. Die biologische Lebendigkeit umfasst ein weites Spektrum von frischem Aspekt, Wachstum und Vermehrungsfähigkeit der Pflanzen über die rasche Beweglichkeit fast aller Tiere bis zu den kognitiven Fähigkeiten der höheren Tiere. Mit dem Begriff der humanen Lebendigkeit betonen wir demgegenüber unser spezifisch menschliches Wahrnehmen, Empfinden, Denken und Entschließen – die Komplexität unseres individuellen wie besonders unseres interpersonalen Kommunizierens als wesentlich menschliche Besonderheit.

Der allgemeinere Gedanke in dieser Überlegung ist folgender: Wir haben es in unserem Kosmos mit nahezu unendlich vielfältigen verschiedenen Dingen, Lebewesen, Eigenschaften oder Gedanken zu tun. Um uns zurechtzufinden, machen wir Unterscheidungen, die wir als wesentlich, als kategorial betrachten. Immer aber haben wir es in unserem Kosmos auch mit Abstufungen zu tun, die eine kategoriale Unterscheidung in Frage stellen. Der Unterschied zwischen der pflanzlichen und der tierischen und der menschlichen Lebendigkeit ist an typischen Beispielen – wenn man etwa ein Gras, eine Eidechse und einen Menschen nebeneinander betrachtet – offensichtlich und unstrittig. Wenn man dagegen die intellektuellen Leistungen eines Regenwurms, eines Schimpansen und eines Menschen nebeneinander stellt, dann ist die Nähe zwischen dem Schimpansen und dem Menschen eindrucksvoll und der Unterschied zwischen der biologischen und der humanen Lebendigkeit würde diskussionsbedürftig. Andererseits liegt offen zutage, dass Schimpansen keine Zeitungsredaktion unterhalten, keine physikalische Forschung betreiben, keine Konzerte aufführen und kein vergleichbar komplexes intellektuelles und emotionales soziales Interaktionsgefüge aufbauen können wie der Mensch.

Auch wenn wir es uns zu einem Anliegen machen wollen, unseren tierischen Geschwistern ein ihnen gemäßes Lebensrecht und eine ihnen gemäße Würde zugestehen zu wollen, bleibt der Unterschied zwischen unseren nächsten tierischen Verwandten und uns Menschen deutlich, die grundsätzliche Unterscheidung zwischen der biologischen

(»*zoologischen*«) *und der humanen (inter-*
aktiven, konstruktiven und begegnenden)
Lebendigkeit sinnvoll.

3.2.6 Hirntod

Der Begriff des »dissoziierten Hirntodes«
bezeichnet den Krankheitszustand, in dem
das Gehirn durch eine Schädigung in seiner
Funktion zugrunde gegangen ist, während der
übrige Körper unter einer Intensivbehandlung
weiterhin überlebt.

Das klassische Beispiel einer im Gehirn selbst
ablaufenden, »primären« Hirnschädigung ist
der auf eine äußere Gewalteinwirkung, eine Blutung oder eine Durchblutungsstörung
im Gehirn folgende Krankheitsprozess.
Das klassische Beispiel einer das Gehirn in
Mitleidenschaft ziehenden, »sekundären«
Hirnschädigung ist der Herzinfarkt mit einem Herzstillstand und einer nicht ausreichend rasch erfolgreichen Wiederbelebung.
Dann ist das Hirngewebe durch den zu lange andauernden Sauerstoffmangel geschädigt
und stirbt ab.

Das Krankheitsbild des dissoziierten Hirntodes hängt an drei grundsätzlich notwendigen Bedingungen: dem Automatismus
des Herzschlages, der maschinellen Beatmung und der stoffwechselsichernden
Infusionstherapie auf einer Intensivstation.
Den Automatismus des Herzschlages konnten wir als junge Medizinstudenten noch
mit eigenen Augen und unmittelbar erleb-
tem Erstaunen an dem etwa haselnussgro-
ßen Herzen eines Frosches wahrnehmen,
das in einer Schale mit Flüssigkeit nach dem
Herausnehmen noch etwa eine Stunde gleichmäßig schlug. Vom Herzen des Menschen
wissen wir aus den zahllosen Untersuchungen
bei Herzrhythmusstörungen und ihrer Behandlung, dass spezielle Muskelzellen in der
Herzmuskelwand automatisch aus sich selbst
heraus elektrische Impulse an die übrigen
Herzmuskelzellen abgeben, diese damit zum
regelmäßigen Herzschlag anregen und damit
das Blut in den Adern im Fluss halten. Das
Herz schlägt also automatisch weiter, wenn
es mit Sauerstoff versorgt wird und wenn die
notwendigen Stoffwechselbedingungen im
Blut aufrechterhalten werden. Die maschinelle Beatmung sichert die Sauerstoffzufuhr,
die Infusionen werden auf der Intensivstation
so zusammengesetzt, dass die notwendigen

Stoffwechselbedingungen eingehalten werden.

Im Verständnis des Begriffes des Hirntodes
ist eingeschlossen, dass es sich um einen Krankheitszustand handelt, der anders als etwa eine sehr schwergradige Schlafmittelvergiftung oder eine tiefe
Unterkühlung nicht rückbildungsfähig, also
»irreversibel« ist.

Das Krankheitsbild des Hirntodes besteht al-
so in der irreversiblen Dissoziation des Or-
gantodes des Gehirns von dem Überleben des
übrigen Körpers unter Intensivtherapie.

3.2.7 Reflexe, Reaktionen und Handlungen

Die irritierendsten Phänomene im Hirntod
sind spinale Reflexe und Automatismen. Sie
können in wenig offensichtlicher Form nahezu bei jeder Untersuchung zur Feststellung
des Hirntodes beobachtet werden und treten
nur selten in sehr auffälliger, die Beurteilung
erheblich verunsichernder Form auf. Das
Charakteristische an diesen Reflexen ist, dass
sie mit einer gleichförmigen Geschwindigkeit ablaufen, dass sie sich bei rascher
Wiederholung des Reizes nur undeutlich,
bei entsprechend langsamerer Wiederholung
gleichförmig – reflexhaft – auslösen lassen.
Andererseits ist für die spinalen Reflexe
und Automatismen eine nicht unerhebliche
Verschiedenheit des Bewegungsausmaßes
durchaus charakteristisch, was das Erkennen
und die richtige Einordnung schwierig machen kann (vgl. Abb. 2.3b) (103).
Auch wenn man sich als Arzt des Befundes einer schwerstgradigen Hirnschädigung und der
Eindeutigkeit seiner Untersuchungsbefunde
sicher ist, dann denkt man trotzdem über diese Reflexe und Automatismen noch einmal
gründlicher nach. Aus unserem Vorwissen
sind uns die Beobachtungen an Tieren bekannt. In früheren Zeiten hat man solche
Untersuchungen etwa an Fröschen durchgeführt. Auch wenn der Kopf von dem übrigen Körper abgetrennt worden war,
ließ sich beim Berühren der Pfote eine
Wegziehbewegung auslösen, musste also allein über die Nerven im Bein und über das
Rückenmark, »spinal« geleitet werden. Eine
solche Wegziehbewegung läuft automatenhaft gleichförmig ab, anders als die deutlich

komplizierter gesteuerte Wegspringbewegung des Frosches, wenn er – noch vollständig – für ihn selbst unsichtbar etwa an seiner Rückseite berührt wird. Bei Säuglingen, deren Gehirn ja noch nicht ausgereift ist, lassen sich solche spinalen Reflexe während der anfänglichen Lebenswochen in gesetzmäßiger Abfolge nacheinander beobachten, beispielsweise der Moro-Reflex. Wenn man neben dem auf dem Rücken liegenden Säugling auf die Unterlage klopft, werden beide Arme vor dem Körper zusammenbewegt. Die Ähnlichkeit des Lazarus-Phänomens im Hirntod mit dem Moro-Reflex des Säuglingsalters ist augenfällig (vgl. Kap. 4.5).

Man kann sich die spinalen Reflexe als kleine Eigenbewegungsmuster vorstellen, die auf der niedrigeren Entwicklungsstufe des Rückenmarkes bereits eingebaut sind und die von unserem Gehirn bedarfsweise unterdrückt oder geeignet in einen Handlungsablauf eingebaut werden. Wenn das Gehirn entweder wegen seines noch unreifen Entwicklungsstandes beim Säugling oder bei einem Rückenmarksverletzten oder bei einem hirntoten Körper von dem Rückenmark abgekoppelt ist, dann können diese spinalen Reflexe beim Säugling gesetzmäßig oder beim hirntoten Körper gelegentlich ungehemmt beobachtet werden.

Eigentätige, willkürliche Reaktionen/Handlungen müssen sinnvollerweise von diesen Reflexen unterschieden werden. Am deutlichsten lässt sich das an einer geplanten, vom äußeren Ablauf reflexähnlichen Bewegung zeigen, für die wir im sportlichen Bereich die Rede von den »guten Reflexen« kennen. Wenn ich etwa in einem Spiegel sehen kann, wie ein Kind sich von hinten anschleicht und mich in der Handinnenfläche kitzelt, dann kann ich mich entscheiden, ob ich sehr blitzartig, reflexartig zugreifen oder ob ich das Kind durch meine Reglosigkeit verblüffen will. Es ist ganz offensichtlich, bedarf aber in diesem Zusammenhang der besonderen Betonung, dass eine solche von meiner Entscheidung abhängige reflexartige Bewegung eine komplexere Vielfalt von Reaktionsmöglichkeiten enthält, als der monotone Ablauf eines spinalen Reflexes. Der spinale Reflex läuft so oft und so lange völlig gleichförmig ab, wie der Untersucher den Reiz wiederholt, eine willkürliche Handlung wird demgegenüber variabel ausgeführt. Eine solche Gegenüberstellung von

zwei in ihrer Komplexität sehr unterschiedlichen Beispielen soll nicht darüber hinwegtäuschen, dass es in der Biologie und im geistig-seelischen Bereich beim Menschen zahlreiche Zwischenstufen komplexer reflexhafter Bewegungsabläufe gibt, bei denen die Zuordnung zu den Reflexen oder zu den Willkürbewegungen sehr viel schwieriger und unter Umständen strittig sein kann. Zu erinnern ist in diesem Zusammenhang an das sog. Zwangsweinen, das bei manchen Erkrankungen des oberen Hirnstamms auftritt, das von dem Ansprechen eines emotional anrührenden Themas ausgelöst wird und so reflexhaft gleichmäßig wiederholt ausgelöst werden kann, dass ein Gespräch mit dem Patienten über derartige Themen unmöglich werden kann. Wenn man den Patienten selbst nach seinem Erleben dieses Zwangsweinens befragt, dann bezeichnet er es als ihm unbegreiflich, gegen seinen Willen ununterdrückbar automatenhaft ablaufend. Es handelt sich also bei dem Zwangsweinen um eine Zwischenstufe zwischen einem elementaren Reflex und einer stimmungsabhängigen emotionalen Reaktion, die in Ermanglung eines geeigneteren anderen Begriffs als ›motorische Schablone‹ bezeichnet worden ist.

Spinale Reflexe und Automatismen und willkürliche Reaktionen und Handlungen sowie die zu beobachtenden Zwischenstufen lassen sich als entwicklungsgeschichtlich unterschiedlich alte, unterschiedlich hoch entwickelte, unterschiedlich komplexe Bewegungs- und Handlungsmöglichkeiten des Menschen verstehen.

3.2.8 Leichnam

Im Zusammenhang mit Hirntod und Organspende ist von »Leichenspende« gesprochen worden. Nachdem vorstehend die Begriffe des dissoziierten Hirntodes und des überlebenden übrigen Körpers eingeführt wurden, ist der Begriff »Leichnam« zu klären. Die geläufige Vorstellung ist die eines menschlichen Körpers, der nach dem Tode blass, kalt und steif (totenstarr) geworden ist.

Wir wissen oder können zumindest ohne Zögern nachvollziehen, dass ein sehr tief ausgekühlter menschlicher Körper z.B. in einer Schlafmittelvergiftung einem Leichnam zum Verwechseln ähnlich aussehen wird. Wir sind uns also darüber im Klaren, dass wir mit der Beurteilung eines menschlichen Körpers als eines Leichnams vorsichtig sein müssen, um nicht ein Fehlurteil abzugeben. Auch wenn wir also in einer solchen Situation unsicher wären, würden wir doch grundsätzlich an dem fundamentalen Unterschied zwischen einem tief unterkühlten Körper und einem Leichnam festhalten: Zum Begriff des Leichnams gehört also die Endgültigkeit, die Irreversibilität des Todes. Wenn wir die vorstehend erarbeiteten Beurteilungskriterien heranziehen, dann können wir sehr klar feststellen:

Mit dem Begriff des Leichnams verbinden wir den offensichtlichen und irreversiblen Verlust jeglicher geistig-seelischen Regungen des verstorbenen Menschen (Verlust der humanen Lebendigkeit) sowie den Verlust jeglicher eigentätigen Beweglichkeit (Verlust der biologischen Lebendigkeit).

Der eingetretene Tod kann anhand offensichtlicher oder unscheinbarer Todeszeichen erkannt werden oder auch auf den ersten Blick nicht erkennbar sein. Die Todeszeichen werden in der Medizin seit langem in unsichere (frühzeitig auftretende) und sichere (verzögert auftretende) unterschieden, damit irrtümliche Feststellungen vermieden werden. Die offensichtlichen, früh auftretenden, z.B. die Blässe, das Fehlen einer erkennbaren Atmung und eines tastbaren Pulses, sind täuschungsanfällig und die Ursache der immer noch tradierten Furcht vor einer irrtümlichen Todesfeststellung. Als unoffensichtliches, aber zuverlässiges Todeszeichen kann das Erlöschen des EKG auf dem Monitor unter der Überwachung auf einer Intensivstation gezählt werden, zu den verzögert auftretenden sicheren Todeszeichen gehören die Leichenstarre und die Totenflecken. Der Zustand des dissoziierten Hirntodes ist mit den klassischen Todeszeichen nicht zu erfassen. Alle genannten offensichtlichen Zeichen des Todeseintritts fehlen.

Der intuitive Schluss, dass der hirntote, noch überlebende Körper einem lebenden Menschen entspreche, enthält die Implikation, dass der überlebende Körper mit dem lebenden Menschen gleichzusetzen sei. Dieser Punkt muss gesondert bedacht werden.

Zu dem Erscheinungsbild eines Leichnams steht das Erscheinungsbild eines lebendigen Menschen in erheblichem Kontrast. Wenn wir mit einem unmittelbar zuvor verstorbenen menschlichen Körper umgehen müssen, wenn wir etwa liegende Infusionen oder Elektroden entfernen müssen, dann entsteht spontan ein Empfinden der Unsicherheit und der Beklommenheit. Unmittelbar nach dem Todeseintritt ist der Körper zwar blass und reglos, aber noch warm und weich. Damit sind die Kriterien der Irreversibilität noch nicht erfüllt. Obwohl uns der Sachverhalt des eingetretenen Todes etwa auf der Intensivstation anhand des endgültig erloschenen Herzschlages und des erloschenen Blutdruckes unzweifelhaft sein kann, sind wir vorsichtig, den Begriff des Leichnams ohne Weiteres zu gebrauchen. Auch wenn es sich dabei »nur« um ein Empfinden handelt, ist dieses Empfinden doch ernsthaft begründet, da der Verzicht auf etwa mögliche Reanimationsmaßnahmen die Endgültigkeit des Todes besiegelt. Der darin entscheidende sachliche Grund für die Verunsicherung angesichts eines frisch verstorbenen Menschen kann – zumindest für eine kurze Zeit – in dem Verlust der biologischen (und der humanen) Lebendigkeit bei erhaltener Wiederbelebbarkeit liegen.

Der (dissoziiert) hirntote, noch überlebende übrige Körper ist von rosiger Farbe, beim Berühren warm und weich und bewegt sich im Rhythmus des Herzschlages, im Rhythmus der Beatmung und in seltenen Fällen in Form spinaler Reflexe oder Automatismen. Grundsätzlich ähnlich wie der Zustand des Frischverstorbenseins wird das Überleben des Körpers im dissoziierten Hirntod von uns intuitiv, aber doch wohlbegründet mit besonderer (moralischer) Empfindlichkeit beachtet.

Das Erscheinungsbild des dissoziierten Hirntodes kann gekennzeichnet werden als nicht offensichtlicher Verlust der humanen bei offensichtlichem Erhaltensein biologischer Lebendigkeit und ist damit von dem Erscheinungsbild eines Leichnams eindeutig verschieden.

3.2.9 Leib, Seele, Gehirn, Geist

Schließlich haben die Begriffe »Leib« und »Seele«, die in der Medizin weitestgehend ausgeblendet werden, in der Diskussion um Leben und Sterben des Menschen wesentliche Bedeutungen. Mit ausdrücklichem Respekt vor diesem, der Neuropsychiatrie üblicherweise als nicht zugänglich angesehenen spirituellen (metaphysischen) Bereich sollen hier doch einige Gedanken zu diesen Begriffen vorgelegt werden (104). Jeder Leser kann und muss für sich entscheiden, ob er mit diesen Vorstellungen übereinstimmen oder worin er sich unterscheiden will. Wesentlich ist hier, dass die Bedeutungen aller dieser Begriffe in dem vorliegenden Zusammenhang transparent gemacht werden, um über Differenzen des Begriffsverständnisses entscheiden zu können.

Den Begriff des »Leibes« wird man auf den ersten Blick mit dem Begriff des Körpers gleichsetzen (61). Auf den zweiten Blick assoziiert man in der christlich-biblischen Tradition die Formeln von der »Auferstehung des Leibes« und dem »beseelten Leib«. Mit dem Begriff des »Körpers« ist offensichtlich der handgreifliche materiale Körper gemeint. Stillschweigend wird von einer über die materiale Gegebenheit des Körpers hinausgehenden Bedeutung abgesehen. Demgegenüber wird dem Begriff des »Leibes« auch bei Verzicht auf die ausdrückliche Nennung des Attributes »beseelt« wesentlich eine Bedeutung zugerechnet, welche die spirituelle Dimension anspricht.

Neben dieser Bedeutungsfacette kennen wir Zusammenhänge, in denen bei dem Gebrauch des Begriffes »Leib« auch die schon angesprochene Kopf-Bauch-Gegenüberstellung und in diesem Sinne das Gefühlsempfinden wesentlich mitgemeint ist. Auch diese Bedeutungsnuance (›Konnotation‹) muss mitbedacht werden, wenn der Begriff des »Leibes« im Kontext des dissoziierten Hirntodes und des noch überlebenden übrigen Körpers angesprochen wird (31–33, 113).

Wenn man davon ausgeht, dass der menschliche Körper nach dem Tode entweder in der Erde verwest oder verbrannt wird, also unzweifelhaft vergänglicher materialer Gestalt ist, dann stellt sich für den Begriff »Leib« die Frage: Kann man sich den »Leib« vorstellen als eine unvergängliche, körperähnliche figürliche Gestalt der sonst nicht umgrenzten, unsterblich geglaubten Seele des Menschen? *Jedenfalls soll im vorliegenden Zusammenhang diese Unterscheidung der Bedeutungen von weitgehend ausschließlich materiellem »Körper« und Beseeltheits-Konnotation des »Leibes« beachtet werden.*

Über den Begriff der »Seele« kann im vorliegenden neuropsychologischen und neuropsychiatrischen Kontext wenig ausgesagt werden.

Von Bedeutung ist hier der Zusammenhang bzw. die Abgrenzung von den kognitiven, mentalen oder geistigen Fähigkeiten oder Leistungen des Gehirns, die bisher nur als Wahrnehmen, Empfinden, Denken und Handlungs-Initiation (-impuls) eingeführt worden waren. Wenn man wieder auf das unbestimmte Wort- und Begriffsverständnis der Umgangssprache zurückgreift, stellt man fest, dass unter seelischen Regungen doch auch wesentlich Gefühlsempfindungen im Gegensatz zum rationalen Verstand begriffen werden. Wenn man dieses Wortverständnis dem der (unsterblichen) »Seele« gegenüberstellt, dann kann aus neuropsychologischer und neuropsychiatrischer Sicht nur auf die Jahrtausende alte Problemstellung aufmerksam gemacht werden: Können wir die unsterblich geglaubte Seele eines Menschen unabhängig denken von den seelisch-geistigen Fähigkeiten unseres Gehirns, die uns Menschen als individuelle Person entscheidend konstituieren? Diese spirituelle (metaphysische, religiöse) Frage wird zu einem späteren Zeitpunkt eingehender betrachtet.

Im Wissen um diese verschiedenen Wortbedeutungen der Begriffe »Geist« bzw. »geistig« (mental, kognitiv) und »Seele« bzw. »seelisch« werden im vorliegenden Kontext die »seelisch-geistigen Fähigkeiten« (»seelisch-geistiger Bereich«) als die Funktions-Leistungen (das Vermögen) unseres Gehirns verstanden.

Das »Leib-Seele-Problem« wird – das muss nach den vorstehenden Erörterungen besonders betont werden – in der Regel als die Frage nach dem Verhältnis des Organs Gehirn zu dem Bereich der geistig-seelischen Vorgänge und als die Frage nach der wechselseitigen Einwirkung verstanden (8, 104). Die sprachlich präzisere Formulierung würde demnach »Gehirn-Geist-Problem« lauten müssen. Manchmal entscheidet sich der umgangssprachliche wie auch der wissenschaftliche Sprachgebrauch allerdings nicht nach sachlicher Richtigkeit, sondern nach der flüssigen Sprachform. Interessant ist allerdings dann die nächste Frage, ob denn mit der Bevorzugung des Begriffes »Leib-Seele-Problem« vielleicht auch eine etwas andere Bedeutung gemeint ist als mit dem Begriff »Gehirn-Geist-Problem«.

Für den hier zu diskutierenden Zusammenhang wird ausdrücklich auf diese unterschiedlichen Bedeutungen aufmerksam gemacht: Unter den geistig-seelischen Vorgängen wird sowohl das sehr realitätsbezogene Wahrnehmen als auch das mit Stimmungsveränderungen einhergehende Empfinden, sowohl das strikt folgerichtige rationale Denken und Handeln als auch hasserfülltes oder liebevolles Denken und Handeln verstanden, welche nachweislich an die Funktion bestimmter Hirngebiete gebunden sind. Das Gehirn-Geist-Problem bezeichnet daher die Frage, wie denn im Einzelnen die elektrochemischen Vorgänge in den Gehirnzellen zu geistig-seelischen Leistungen führen können und die Frage, wie geistige Vorgänge etwa in Gestalt von sprachlich mitgeteilten Gedanken wiederum auf das Gehirn einwirken können (98).

Das »Leib-Seele-Problem« bzw. das »Gehirn-Geist-Problem« ist im vorliegenden Zusammenhang nicht selbst Thema und soll daher nicht weit ausgeführt werden. Es mag jedoch der Klärung dienen, die eigene Auffassung darzulegen, um diesen wichtigen Hintergrund der Überlegungen zum Hirntod besser überblicken zu können. Die »geistig-seelischen« Fähigkeiten werden als Funktions-Aspekt des Organs Gehirn angesehen, wie die Bewegung eines Fingers als Funktions-Aspekt der Muskel-Knochen-Gelenk-Verbindung im Arm. Die Funktion des Gehirns ist im Gegensatz zu der Funktion eines Fingers oder Arms nicht mechanisch, sondern informationell. (Die Problematik dieser Unterscheidung und dieser Begriffsbildung kann hier nicht diskutiert werden). Von Philosophen und auch von Neurophysiologen ist die Frage fast endlos diskutiert worden, ob es eine geistige Einwirkung auf die Zellen des Gehirns geben könne, die diese erst zu ihrer Funktion anregt. Diese Anschauung vermag ich nur als unsinnig anzusehen, denn jeder geistige Vorgang läuft in strikter Bindung an Nervenzellen des Gehirns ab. Die im Mikroskop sichtbaren Nervenzellen sind der Struktur-Aspekt, die geistig-seelischen Vorgänge sind der Funktions-Aspekt, die Einwirkung der Hirnzellen untereinander geschieht auf chemischem und elektrischem Wege, welche ebenfalls Funktions-Aspekte der Nervenzellen sind und ebenfalls dem geistigen Funktionsaspekt minutiös entsprechen.

Die von Philosophen diskutierte Inkommensurabilität der Gehirn-Geist-Dualität ist ein theoretischer Artefakt, der nur durch die Kategorialität der Trennung der Materie- und Funktions-Aspekte von Gehirn und Geist aufgeworfen worden ist.

In diesem Sinne können wir also das Gehirn-Geist-Problem oder das Leib-Seele-Problem unter einem Substanz-Aspekt (Gehirn) und unter verschiedenen Funktions-Aspekten (elektrochemisch, geistig-seelisch oder psychologisch) betrachten und über die Entsprechungen dieser Aspekte untereinander nachdenken. Auf dem heutigen Stand unseres Wissens ist es unabsehbar, dass jemals eine vollständige Entsprechung dieser Aspekte formuliert werden könnte (49, 104). Das scheint unmöglich, aber auch in jeder Hinsicht unsinnig. Wir sehen, dass jeder dieser Bereiche sich mit zunehmenden Kenntnissen in eine unübersehbare Vielfalt differenziert. Wir dürfen bei dieser Entwicklung in aller Ruhe unsere wissenschaftlich psychologischen wie unsere alltagspsychologischen Kenntnisse und Wahrnehmungsfähigkeiten üben, ohne uns vor einer neurophysiologischen Umformulierung fürchten zu müssen. Solche Diskussionen können wir den Elfenbeinturmbewohnern überlassen. Hier bleibt wesentlich, dass wir aus allen neurophysiologischen bzw. neuropsychologischen Untersuchungen zum Gehirn und zu den geistig-seelischen Vermögen des Menschen eine unendlich detaillierte Entsprechung ablesen können, die mit dem Organtod des Gehirns auf beiden Seiten erlischt.

In dieser Welt beobachten wir geistig-seelische Vorgänge immer nur in Verbindung mit einem menschlichen Gehirn, sei es dem beobachteten Gehirn, sei es dem beobachtenden Gehirn. Andere geistig-seelische Vorgänge sind in dieser Welt nicht zu beobachten.

Der Bereich der interpersonalen Kommunikation ist bei den bisherigen Überlegungen wie überhaupt in Medizin, Neurologie und Neuropsychiatrie sehr weitgehend außer Acht geblieben. Üblicherweise gilt ihm in diesen Untersuchungsbereichen wenig Interesse und er wird im Denken und den Handlungsintentionen als stillschweigend mitgemeint, sozusagen als Untermieter, untergeschoben. In Hinblick auf das Erleben im Umgang mit einem dissoziiert hirntoten, noch überlebenden übrigen Körper und in Hinblick auf die Kontroversen und Konflikte um die anthropologische Interpretation des Hirntodes ist diese Kommunikation jedoch von Bedeutung.

Als interpersonale Kommunikation wird man in einer vordergründigen Betrachtung den interpersonalen Austausch vielfältigster Informationen verstehen. Über diese einfache Kommunikation geht die menschliche Fähigkeit hinaus, in einem beziehungsreichen Gespräch Annahmen über das Wissen und die Denkweise des Gesprächspartners, ein »Mitwissen« (vgl. »theory of mind«) zu berücksichtigen. Sie ermöglichen unser bezugnehmendes, rasches und gezieltes Antworten. Dieses einfache Mitwissen des Sprechenden kann in einer weiteren Verschränkung von dem reagierenden Gegenüber vorausgesetzt und etwa Einverständnis-appellierend oder irreführend-überraschend zu einem Konsens oder zu einem Täuschungsmanöver genutzt werden (19). In diesen Kontext gehört auch die Dimension der verstehend selbstbewussten personalen Begegnung, bei der ein sehr beziehungsreiches, lebens- und leidensgeschichtliches, einfühlendes Mitwissen die tragende Rolle spielt.

In der verständniswerbenden kontroversen Diskussion um den dissoziierten Hirntod als Tod eines Menschen muss die Dimension der interpersonalen Kommunikation mit ihrer komplexen Verschränkung des Erlebens und des Mitwissens in der Begegnung in Betracht genommen werden.

3.3 Drei evolutionäre Ebenen: Anorganik, Biologie, Geistigkeit

In unserem Kosmos können wir unbelebte Gegenstände und Lebewesen unterscheiden. Wenn wir etwa Sandkörner, Steine, Kristalle, Wassertropfen oder einen Lufthauch betrachten, dann sind diese offensichtlich von Bakterien, Pflanzen, Tieren oder dem Menschen verschieden. Die Unterscheidung dieser beiden Bereiche wird von uns offensichtlich als so fundamental angesehen, dass wir es in unserer Sprache nicht einmal zu einem zusammenfassenden Oberbegriff gebracht haben. Wir lernen in der Schule und wissen aus zahllosen Beiträgen in den Medien, dass die Welt des Biologischen und auch der menschliche Körper aus den Elementen dieser anorganischen Welt, den chemischen Elementen, insbesondere in der zusammengesetzten Form der Moleküle aufgebaut ist. Wir wissen, dass der Stoffwechsel in unserem Körper, in den Zellen unseres Körpers prinzipiell in der gleichen Form abläuft, wie in der

unbelebten Natur, einzig dass die Moleküle komplizierter aufgebaut sind. Wir wissen, dass bei diesen Stoffwechselprozessen auch elektrische Vorgänge eine wesentliche Rolle spielen, die ebenfalls prinzipiell gleich sind wie in der unbelebten Welt.

In unserem Kosmos finden wir also einerseits eine Welt des Unbelebten, des Anorganischen, aus deren Bausteinen auch die Welt des Lebendigen einschließlich des menschlichen Körpers zusammengesetzt ist.

Innerhalb der Welt des Lebendigen können wir auf den ersten Blick ebenfalls einleuchtende Unterscheidungen vorweisen: Wir werden Viren, Pflanzen, Würmer und Menschen ohne weiteres als sehr grundsätzlich unterscheidbare Lebewesen ansehen. Auch hier gibt es Zwischenstufen, welche die Willkürlichkeit der Unterscheidung offensichtlich werden lassen. Man kann sehr ernsthaft fragen: Gehören Bakterien sinnvollerweise in größere Nähe zu den Viren oder zu den Pantoffeltierchen, gehören die Pilze in größere Nähe zu den Bakterien oder zu den Pflanzen, gehören Schimpansen zu den Tieren oder doch mehr in die Nähe des Menschen? Bereits an diesen eher bekannten Beispielen, mehr noch an weniger bekannten Beispielen – nicht nur an der Grenze des Unbelebten zum Lebendigen, sondern mindestens ebenso innerhalb der Vielfalt des Lebendigen – lässt sich zeigen:

Kategoriale Abgrenzungen sind im großen Überblick überzeugend, ihre Grenzen willkürlich und kaum verbindlich zu begründen.

Für die hier vorzunehmende Diskussion des Menschen und seiner Lebendigkeit sollen noch einmal Pflanzen und Tiere als andere Beispiele des Lebendigen betrachtet werden. An ihnen können charakteristische Kennzeichen der biologischen Lebendigkeit aufgezeigt werden, die von uns für die Zuordnung oder Ausgrenzung von Individuen gewichtet werden (vgl. Kap. 3.2.2, 3.2.5). Wenn wir uns fragen, anhand welcher Kennzeichen vermuten wir bei einer Pflanze, dass sie noch lebt oder anhand welcher Kennzeichen vermuten wir, dass sie bereits abgestorben ist? Dann sind frische Farbe, straffe Form, auf einen Ernährungsstoffwechsel gestütztes Wachstum und Fortpflanzung (Vermehrungsfähigkeit), Anpassungsfähigkeit an äußere Bedingungen ohne weiteres aufzählbare, typische Kennzeichen dieser »biologischen«, genauer »botanischen« Lebendigkeit. Wenn wir uns fragen, anhand welcher Kennzeichen vermuten wir bei einem Tier, dass es noch lebt oder anhand welcher Kennzeichen vermuten wir, dass es bereits gestorben ist? Wir können ohne weiteres alle vorstehend aufgezählten Eigenschaften wiederum einsetzen. Im Gegensatz zu den Pflanzen ist darüber hinaus für die Tiere die rasche Beweglichkeit das wesentliche Kennzeichen ihrer »biologischen«, genauer »zoologischen« Lebendigkeit. Wenn wir schließlich fragen, was unterscheidet ein einfacheres Tier, etwa einen Wurm von einem Schimpansen, dann ist der offensichtlichste Unterschied ein Zugewinn an Bewegungs- und Entscheidungsfreiheit. Schließlich können wir ebenso fragen: Was unterscheidet den Menschen vom Tier? Wiederum ist klar, dass für den Menschen die gleichen Kriterien der pflanzlichen und der tierischen biologischen Lebendigkeit gelten. Darüber hinaus findet sich beim Menschen eine enorme Zunahme der geistig-seelischen Fähigkeiten mit einer weiteren enormen Zunahme an Bewegungs- und Entscheidungsfreiheit.

Wir finden also, dass evolutionär jüngere Leistungen in der evolutionären Entwicklung nicht abrupt auftreten, sondern dass diese sich in sehr vielfältigen Abstufungen entwickelt haben. Trotzdem scheint es gut begründet, die Welten des Unbelebten, der Pflanzen, der Tiere und des Menschen zu unterscheiden, weil sich neben Übergängen und Überlappungen doch kategoriale Unterschiede zwischen diesen Bereichen aufzeigen lassen (Abb. 3.3).

Die Evolutionstheorie ist für die Unterscheidung dieser verschiedenen Bereiche unseres Kosmos von besonderer Bedeutung (68, 69). Im Verlaufe der Evolution finden wir sowohl bei der Betrachtung in großen Zügen, als auch bei der Betrachtung im Detail an den verschiedensten Stellen ein Auftreten neuer Eigenschaften, die in dem vorherigen Bereich nicht vorhanden waren. Die prominentesten Beispiele sind das Auftreten von (biologischer) Lebendigkeit gegenüber der Welt des Unbelebten und das Auftreten von geistig-seelischen Vorgängen gegenüber der Welt der biologischen Lebendigkeit.

Dieses Auftreten sehr grundsätzlich neuer Eigenschaften im Verlaufe der Evolution hat man mit dem Begriff »Emergenz« herauszuheben versucht (8).

Das wesentliche Kennzeichen emergenter Eigenschaften ist, dass für ihr Verhalten die Gesetze der entwicklungsgeschichtlich älteren Schicht unverändert Gültigkeit haben. So gelten die Gesetze für Kräfte und Geschwindigkeiten, Wärmeentstehung und Molekül-Konfigurationsänderungen in der unbelebten wie in der belebten Welt. Trotzdem lässt sich die Bewegung eines Wurmes nur inadäquat mit der Bewegung und Konfigurationsänderung von Molekülen beschreiben. Die emergenten Eigenschaften sind mit diesen grundlegenderen Gesetzen nicht vollständig und nicht adäquat zu beschreiben, sondern neue Beschreibungen und neue Gesetzmäßigkeiten müssen für diese Eigenschaften zu den alten Gesetzmäßigkeiten hinzugenommen werden. Geistig-seelische Phänomene lassen sich durchaus mit chemischen und elektrischen Vorgängen im Gehirn in eine minutiöse Beziehung setzen. Wenn man aber die interpersonal-interaktiven geistig-seelischen Vorgänge etwa in einer Theateraufführung mit elektrochemischen Vorgängen erschöpfend und adäquat beschreiben wollte, dann wird man an die Verblendung der Menschen im Märchen »Des Kaisers Neue Kleider« erinnert.

Als Emergenz bezeichnen wir das Auftreten neuer Eigenschaften, die auf den Eigenschaften/Gesetzen der evolutionär älteren Schicht beruhen, die mit diesen Eigenschaften/Gesetzen jedoch nicht hinreichend zu beschreiben sind.

Bisher wurde innerhalb des Lebendigen zwischen der pflanzlichen, der tierischen und der geistigen Welt des Menschen unterschieden. Im vorliegenden Zusammenhang geht es jedoch wesentlich um den Menschen in seiner Besonderheit gegenüber der übrigen belebten und gegenüber der unbelebten Welt. Noch einmal ist darauf hinzuweisen, dass die emergenten Phänomene nicht schlagartig von einem Molekül zu einem ähnlichen oder von dem höchstentwickelten nichtmenschlichen Tier zu dem Menschen auftreten, sondern dass bei höher entwickelten Tieren bereits durchaus menschenähnliche geistig-seelische Leistungen zu beobachten sind. Trotzdem ist die Welt des Geistigen beim Menschen in einer so außerordentlichen Vielgestalt entwickelt, dass eine deutliche Unterscheidung von den nächstverwandten Affen offensichtlich begründet ist.

In diesem Sinne wird unter Verzicht auf die weitere Differenzierung die pflanzliche und

Abb. 3.3: Evolutionär begründet unterscheidbare Schichten
Anorganik, Biologie, Geistigkeit

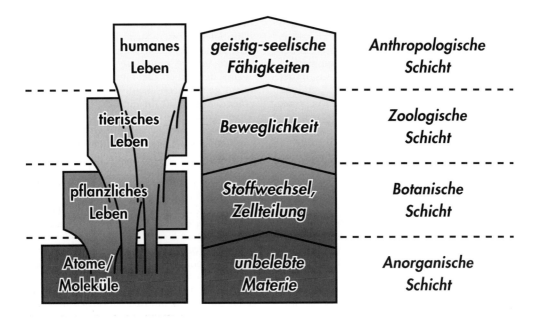

Unbelebtes, biologische (pflanzliche, tierische) und humane Lebendigkeit

kategoriale Gliederungen sind im Überblick plausibel,
Grenzziehungen sind willkürlich und debattierbar

das Auftreten neuer Eigenschaften an den Schichtenübergängen
nennen wir "Emergenz"

die tierische Lebendigkeit zur »biologischen« Lebendigkeit mit den Aspekten u.a. der Beweglichkeit, der Organinteraktivität und der gegenüber dem Menschen weniger komplexen kognitiven Leistungen zusammengefasst und der »humanen« Lebendigkeit gegenübergestellt.

Eine solche Gegenüberstellung ist eine begriffliche Unterscheidung, die den beobachtbaren Phänomenen gegenübersteht. Die geistig-seelischen Phänomene entwickeln sich im Verlaufe der Evolution außerordentlich allmählich von der elementarsten Fähigkeit zu Aktion/Nicht-Aktion über die einfachste Aufmerksamkeit bis hin zu dem differenzierten Wahrnehmungs- und Handlungsvermögen im soziokulturellen Sinne beim Menschen. Nach der begrifflichen Unterscheidung kann in einem darauf folgenden Schritt geprüft werden, inwiefern und inwieweit die für den Menschen herausgestellten Eigenschaften in weniger hoch differenzierter Form auch bei den höher entwickelten Tieren vorzufinden sind. In einem dritten erkenntnistheoretischen Schritt muss dann die begriffliche Abgrenzung erfolgen, bis zu welcher evolutionär niedrigeren Stufe in welchem Sinne noch von geistig-seelischem Vermögen gesprochen werden soll. Es liegt auf der Hand, dass von geistig-seelischen Phänomenen in einem sozialen Sinne auch bei den Menschenaffen gesprochen werden kann. Ob die Formel von dem spezifisch menschlichen ›geistig-seelischen Vermögen im soziokulturellen Sinne‹ ein geeigneter und plausibler ›Paradigmen-Begriff‹ für die Differenzierung der biologischen von der humanen Lebendigkeit ist, muss diskutiert werden. Zweifellos kann auch eine solche Formulierung mit dem Vorwurf der ›Unschärfe‹ oder der mangelnden ›Stichhaltigkeit‹ kritisiert werden (82, S. 65).

Alle begrifflichen Unterscheidungen können nur im Sinne einer wohlwollenden – gemeinsam ein möglichst adäquates Verständnis der Phänomene suchenden – Konvention herausgebildet werden.

Im Hinblick auf später abzuleitende Folgerungen soll bereits hier darauf hingewiesen werden, dass diese faktisch abgeleitete und begründete Unterscheidung auch als Grundlage einer moralischen Unterscheidung genommen werden wird. Die faktische Unterscheidung sollte also von vornherein kritisch

auf ihre Plausibilität überprüft werden, um für die spätere Ableitung der moralischen Unterscheidungen ein genügendes Fundament abgeben zu können.

In diesem Sinne wird sowohl beim Vergleich von Tieren mit dem Menschen als auch für den Vergleich biologischer Leistungen mit geistig-seelischen Leistungen auch im Menschen selbst zwischen biologischer und humaner Lebendigkeit unterschieden (Abb. 3.3).

In dem bisherigen Zusammenhang wurden einige Begriffe, z.B. »höhere« Tiere, verwendet, welche die Vorstellung einer Entwicklungshierarchie in der Evolution enthalten. Bei einer solchen Betrachtung werden rein beschreibende Begriffe sehr leicht mit zugleich bewertenden Begriffen vermengt. Demgegenüber soll ausdrücklich darauf hingewiesen werden, dass hier ausschließlich die beschreibenden Begriffsbedeutungen gemeint sind. Es gibt nun einmal zweifellos einfacher aufgebaute Organismen, z.B. ein Pantoffeltierchen, und komplizierter aufgebaute Organismen, z.B. einen Menschenaffen.

Diese Betrachtung verleitet zu der Frage: Wohin, auf welches Ziel hin entwickelt sich die Evolution? Bei der Betrachtung des Verhaltens der verschiedenen erwähnten Lebewesen kann man ablesen, dass sich diese bis zum Menschen hin zu einer größeren Flexibilität, zu einer größeren Freiheit entwickeln. Die entwicklungsgeschichtlich älteren Lebewesen sind, wenn man es etwas verkürzt ausdrückt, reine Fress- und Vermehrungsorganismen. Der Mensch ist in der Lage, sowohl mit seiner Nahrungsaufnahme als auch mit seiner Fortpflanzung sehr vielfältig umzugehen. Man kann bis zu dem Gedanken gehen, dass das Ausdenken einer neuen erfolgreichen Methode in der Medizin, einer neuen Richtung in der Wirtschaft oder in der Kunst als eine Art geistiger Fortpflanzung von Ideen verstanden werden kann, die weit über die Vermehrung der immer auch noch biologischen Gestalt Mensch hinausgeht.

Als Menschen können wir die Evolution unter der Vorstellung einer Entwicklungsrichtung verstehen und interpretieren. Dabei muss in den Blick genommen werden, dass es in diesem Kosmos evolutionäre Entwicklungen gegeben hat, die in eine Sackgasse geführt und sich nicht bis heute fortgepflanzt haben. Darüber hinaus gibt es Entwicklungen, die nicht zu einer größeren Freiheit für die Tierart oder das Individuum geführt haben. Die Vorstellung einer evolutionären Entwicklungsrichtung darf also nicht zu einfach im Sinne einer Geradlinigkeit oder einer Stetigkeit gesehen, sondern muss einschließlich der Möglichkeit von Spielarten und Abwegen verstanden werden.

Es ist gelehrt worden, dass die Evolution im Wesentlichen aus der Entwicklung von Spielarten und der Anpassung dieser Spielarten an ökologische Nischen oder der Überlegenheit gegenüber konkurrierenden Arten zu interpretieren sei. Ob man die Vorstellung eines Anpassungsvorgangs oder einer Entwicklungsrichtung bevorzugen will, lässt sich wohl nicht mit zwingenden Argumenten entscheiden, sondern ist eher eine Frage der Betrachtungsrichtung.

Für den vorliegenden Zusammenhang soll eine größere Plausibilität für die Vorstellung reklamiert werden, dass dem Menschen mit seinen geistig-seelischen Fähigkeiten eine evolutionär jüngere und zugleich nach dem Maßstab der Flexibilität und Freiheit höhere Entwicklungsstufe zugerechnet wird, als den Pflanzen oder Tieren.

3.4 Eine evolutionäre Gliederung des Nervensystems

In der stammesgeschichtlichen Entwicklung der Tiere bis hin zum Menschen spielt das Nervensystem eine besondere Rolle. Bei verschiedenen Tieren ist es sehr unterschiedlich ausgebildet. Im Vergleich zwischen den verschiedenen Bauprinzipien der Tiere bis zum Menschen und ihrer Organe lässt sich nicht nur für die Entwicklung der verschiedenen Tierarten, sondern auch für den Bauplan des Nervensystems eine evolutionäre Gliederung darstellen (68, 69). In der Entwicklung des menschlichen Körpers im Mutterleib lassen sich für das Gehirn Vergleiche zwischen der stammesgeschichtlichen und der individuellen Entwicklung des Nervensystems anstellen. Eine solche Betrachtung legt eine Gliederung des Nervensystems in ältere und jüngere Teile nahe. Entwicklungsgeschichtlich ältere Anteile weisen grundlegendere, entwicklungsgeschichtlich jüngere Anteile komple-

xere Funktionen auf. Mit diesen komplexeren Funktionen vermehren sich die Freiheitsgrade des Verhaltens.

Hier geht es um das Verständnis des Hirntodes in seiner Bedeutung für den Menschen. Nach unseren Erkenntnissen von der Funktion des Gehirns müssen die Überlegungen vom Gehirn in seinem Zusammenhang mit dem übrigen Nervensystem und dem übrigen Körper ausgehen (Abb. 3.4 a). Hier können in einer ersten Übersicht mit (A), der Außenwelt, wechselwirkende Funktionen und mit (B), der Binnenwelt, den inneren Organen, wechselwirkende Funktionen unterschieden werden. Die Verbindungen des Nervensystems mit der Außenwelt (A) umfassen Wahrnehmung ermöglichende Sinnesorgane (A-Input) und den Handlungen ermöglichenden Bewegungsapparat (A-Output). Bei den Sinnesorganen (A-Input) ist jeweils das an die Außenwelt grenzende Organ mitzubedenken (Riechschleimhaut der Nase, Augapfel, Innenohr, schmeckende Schleimhaut der Zunge, sensible Nervenenden im Muskel und in der Haut). Bei Bewegungen (A-Output) sind Knochen, Gelenke und Muskeln mitzubedenken bis zur Haut, welche als Außengrenze des Körpers bei der Interaktion mit der Umwelt immer das letzte beteiligte körpereigene Organ ist. Die mit der Binnenwelt (B), den inneren Organen, wechselwirkenden Funktionen sind einerseits funktionsrückmeldende und funktionssteuernde vegetative Nervenfaserverbindungen (Sympathicus, Vagus in Verbindung mit dem übrigen peripheren vegetativen Nervensystem = B-vegetativ). Andererseits finden sich vielfältige Wirkungen von Stoffwechselprodukten (z.B. Blutzucker, B-metabolisch) und Hormonen (B-hormonell), die über die Blutbahn verteilt werden (deshalb zusammengefasst: B-humoral). Schließlich darf die gegenseitig steuernde Interaktion der Körperorgane untereinander (I) über das periphere vegetative Nervensystem (I-vegetativ) und mittels Stoffwechselprodukten (I-metabolisch) (z.B. Zuckergehalt des Blutes) oder Hormonen (I-hormonell) (z.B. Schilddrüsenhormone) nicht übersehen werden.

Abgesehen von den Endorganen, den Tastkörperchen in der Haut und motorischen Synapsen am Muskel, können dementsprechend am Nervensystem selbst fünf funktionelle Abschnitte unterschieden werden: periphere Nerven, Rückenmark, Hirnstamm,

Abb. 3.4a: Der Zusammenhang des Gehirns
mit dem Nervensystem und dem Körper

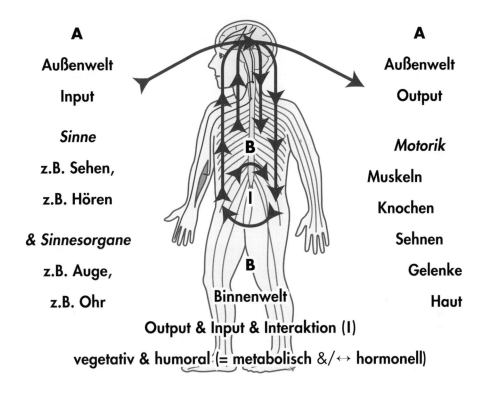

Wechselwirkungen des Gehirns mit der Außenwelt:
mit Sinnesorganen und Muskeln, Gelenken bis zur Haut
vegetative Wechselwirkungen des Gehirns mit der Binnenwelt:
mit inneren Organen (z.B. Weitenregelung von Arterien und Venen)
humorale Wechselwirkungen des Gehirns mit der Binnenwelt:
mit inneren Organen über Blutbahn (z.B. Bauchspeicheldrüse)

vielfältigste hochkomplexe Integration
nur in theoretischer Abstraktion vorstellbar ohne die Endorgane

Faserverbindungen im Gehirn, Hirnrinde (vgl. Abb. 3.2.3). Die peripheren Nerven und die Fasern im Gehirn haben zwar eine entscheidende verbindende Funktion, sind aber ausschließliche Leitungen ohne eigene Schaltfunktionen und können daher hier außer Betracht bleiben. Im Rückenmark sind ausschließlich einfache Schalt- und sehr elementare Bewegungsfunktionen möglich (spinale Reflexe und Automatismen). Im unteren bis mittleren Hirnstamm finden sich einige zentrale Steuerungsinstanzen, die eine bedarfsabhängige Variation interner Körperfunktionen ermöglichen (z.B. Herzfrequenzregelung) (Abb. 3.2.4). Im mittleren Hirnstamm finden sich die Augenbewegungsnerven und die Formatio reticularis (Wachheits-Regelung). Dem mittleren bis oberen Hirnstamm kann man Zwischenhirn und Hypophyse zurechnen (Registrierung hormoneller Einflüsse und die hormonelle Steuerung des internen Milieus). Dem evolutionär jüngeren oberen Hirnstamm kann man den Thalamus und das Striatum zurechnen (Thalamus: bei deutlich vereinfachender Betrachtung einerseits eine Vorverarbeitung hereinkommender Sinnesinformationen z.B. Schmerzhaftigkeits-Kennzeichnung einer Temperaturmeldung von der Haut; Striatum: Bereitstellung motorischer Servo- und Elementarfunktionen für Handlungen, z.B. Bewegungsflüssigkeitsabstimmung). In der evolutionär jüngsten Großhirnrinde erfolgt die eigentliche (kritische) Wahrnehmung, das Empfinden, das Überlegen und der Handlungsentwurf (z.B. vom Fangen oder Durchlassen eines Balls bis zur Wertabwägung bei einer schwierigen moralischen Frage).

Bei einer solchen gliedernden Betrachtung kann man sich nicht nachdrücklich genug vergegenwärtigen, dass erst die Integration all dieser Teilfunktionen die Lebendigkeit des Menschen ausmacht.

Bisher wurde die evolutionäre Gliederung des Nervensystems auf die großen Strukturen bezogen und die entsprechenden Funktionen wurden nur sehr pauschal erwähnt. Man kann die gleiche Betrachtung aber auch umgekehrt an einer evolutionären Betrachtung von Funktionen verdeutlichen und diesen im zweiten Schritt anatomische Strukturen zuordnen. Dies soll an der Gegenüberstellung von Reflexen und Reaktionen illustriert werden (Abb. 3.4 b).

Ein Beispiel für einen Reflex ist der Bizeps-Reflex, bei dem ein Schlag auf die Bizepssehne eine Verkürzung des Muskels bewirkt, die von einer kurzen Muskelzuckung gefolgt wird. Die Muskelverkürzung wird in sensiblen Organen im Muskel rezipiert, über den peripheren Nerven an das Hals-Rückenmark gemeldet, dort von sensiblen auf motorische Nervenzellen umgeschaltet und über den peripheren Nerven wiederum an die Muskelendplatte geleitet, die eine Muskelzuckung auslöst (vgl. sinngemäß Abb. 3.2.3). Ein solcher einfacher Reflex ist durch die Gleichförmigkeit der Reizantwort (immer gleiche einfache Zuckung ausschließlich des gleichen Muskels = sog. Muskeleigen-Reflex) bei gleichem Reiz gekennzeichnet. Durch eine Konzentration bzw. Anspannung im Gehirn kann die Stärke der Reflexantwort beeinflusst werden, was eine übergeordnete Bedeutung des Gehirns illustriert. Die einfachen wie auch komplexere, durch die Gleichförmigkeit der Reiz-Antwort-Koppelung gekennzeichneten Reflexe werden im Rückenmark – dem evolutionär ältesten nervalen Niveau – geschaltet.

Solchen Reflexen kann man als evolutionär junge Nachfolger Reaktionen gegenüberstellen. Man kann hier einfache Wahlreaktionen (z.B. Gasgeben oder Bremsen bei aufleuchtendem gelbem Licht einer Ampel) bis zu sehr komplex begründeten und motivierten Reaktionen bei schwierigen Entscheidungen (z.B. Abwägen zwischen therapeutischem Nutzen und Nebenwirkungen) betrachten. Derartige Reaktionen werden unter Einbeziehung mehr oder weniger ausgedehnter Bereiche des Großhirns gebildet und unterscheiden sich von den Reflexen durch ihre größere Flexibilität, die Möglichkeit der Berücksichtigung vieler Gründe und Motive und dementsprechend auch die Anzahl der Freiheitsgrade. Sie lassen sich dem evolutionär jüngsten nervalen Niveau zurechnen.

Zwischen diesen beiden reizbezogenen Verhaltensantworten auf der evolutionären Skala, den Reflexen und den Reaktionen, gibt es Zwischenstufen, die man als komplexe Reflex-Bewegungen, kurz als Komplexbewegungen bezeichnen kann. Sie sind mangelhaft aufgeklärt und verstanden und werden mangels eines passenderen Begriffs als »motorische Schablonen« bezeichnet. Solche, außerhalb der eigentlichen Hirntod-Diskussion beim Apallischen Syndrom oder der Anenzephalie (vgl. Kap. 4.4) zu betrachtende Phänomene sind unwillkür-

Abb. 3.4 b: Evolutionäre Gliederung
Reflexe – Komplexbewegungen – Reaktionen

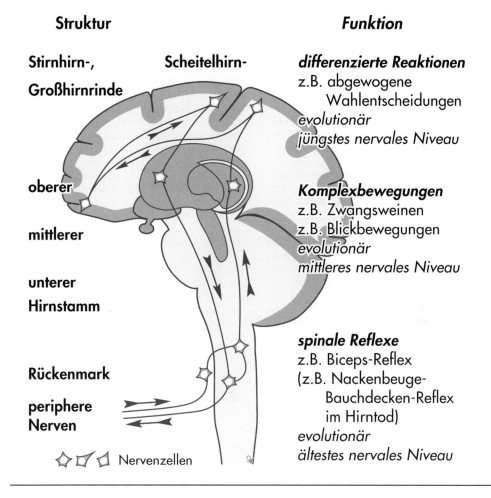

Struktur

Funktion

Stirnhirn-, Großhirnrinde

Scheitelhirn-

differenzierte Reaktionen
z.B. abgewogene
       Wahlentscheidungen
evolutionär
jüngstes nervales Niveau

oberer

Komplexbewegungen
z.B. Zwangsweinen
z.B. Blickbewegungen
evolutionär
mittleres nervales Niveau

mittlerer

unterer Hirnstamm

spinale Reflexe
z.B. Biceps-Reflex
(z.B. Nackenbeuge-
       Bauchdecken-Reflex
       im Hirntod)
evolutionär
ältestes nervales Niveau

Rückenmark

periphere Nerven

⭒ ⬠ ⬠ Nervenzellen

Evolutionäre Gliederung von Strukturen und Funktionen
(nicht beweisbare, aber plausible Interpretation)
illustriert hierarchisches Ordnungsprinzip
auch innerhalb des Zentralnervensystems

liche Blickfolgebewegungen oder das sog. Zwangsweinen und Zwangslachen. Letzteres wird u.a. nach Schlaganfällen im Bereich der vorderen Stammganglien (Striatum) beobachtet. Es besteht in einem durch die flüchtige Erwähnung emotional belastender Themen ausgelöstes, von den Patienten selbst als fremd und unwillkürlich erlebtes Weinen oder Lachen, das in schwer begreiflichem Kontrast zu dem eigenen Empfinden des Patienten stehen kann. Bei entsprechend aufmerksamer Selbstbeobachtung kann man dieses Phänomen in etwa nachempfinden: Wohl jeder Mensch hat die in manchen Situationen fast unmögliche Unterdrückbarkeit eines aufsteigenden Impulses zum Weinen oder Lachen erlebt, der in deutlichem Gegensatz zu dem in der Situation drohenden Peinlichkeitsempfinden stehen kann. Die nur schwierige willkürliche Unterdrückbarkeit dieser Impulse ist Ausdruck des unwillkürlich automatischen Ablaufes. Ausgelöst werden diese Impulse immer durch einen Wahrnehmungs-Anstoß. Zwangsweinen und Zwangslachen oder z.B. auch unwillkürliche Blickfolgebewegungen bei optischen Reizen sind also unwillkürliche, komplexe Reflexbewegungen auf äußere Reize. Die Blickfolgebewegungen sind offensichtlich als evolutionär ältere Funktionen im mittleren Hirnstamm einzuordnen, Zwangsweinen und Zwangslachen sind offensichtlich im Zusammenhang mit affektiven Reaktionsmöglichkeiten und als soziale Signale zu sehen, also evolutionär jüngere Funktionen und im Striatum einzuordnen. Beide motorischen Schablonen, Blickfolgebewegungen und Gesichtsbewegungen des Weinens oder Lächelns, werden später noch einmal erwähnt werden müssen.

Die Verschiedenheit von Reflexen, komplexen Reflexbewegungen und Reaktionen kann also als eine evolutionäre Skala unterschiedlich komplexer, hierarchisch geordnet zu verstehender Funktionen des Nervensystems betrachtet werden (Abb. 3.4 b).

3.5 Gehirn und Geist – somatischer und psychischer Aspekt

Wenn man die Bedeutung des Gehirns für den Menschen in seiner (humanen) Lebendigkeit betrachtet, dann werden einerseits Aussagen zu den Strukturen, andererseits zu den Funktionen des Gehirns getroffen (49). Unter der Explikation der hier gebrauchten Begriffe war im Zusammenhang mit den Begriffen Leib und Seele, Gehirn und Geist bereits auf die Zusammengehörigkeit der beiden Aspekte Materie und Funktion hingewiesen worden.

Wenn im Weiteren eingehend über die Bedeutung des Gehirns und seiner Funktionen für den Gesamtorganismus des Menschen nachgedacht werden soll, dann ist es sehr hilfreich, sich immer wieder die minutiös enge Entsprechung dieser beiden Aspekte der Struktur und der Funktion vor Augen zu führen. Immer wenn von Organen des Körpers oder Strukturen des Gehirns gesprochen wird, dann sind immer zugleich die dort generierten Funktionen mit gemeint, und umgekehrt ist jede Funktion des Gehirns oder der Körperorgane zugleich mit einem gesicherten Wissen oder einer Vermutung über den Ort der Generierung verbunden.

In diesem Sinne werden bei den weiteren Ausführungen nach Möglichkeit immer Struktur- und Funktions-Aspekt gemeinsam benannt. Falls dies einmal nicht offensichtlich ist, sollte der jeweils fehlende Aspekt immer in die Überlegungen einbezogen werden.

3.6 Phänomene, Kategorien und Abgrenzungen

In unserer Umwelt finden wir Phänomene unterschiedlichster Art, die für den vorliegenden Zusammenhang von besonderem Interesse sind: belebte Individuen unterschiedlicher Arten in ihrem charakteristischen Gegensatz zu unbelebten Gegenständen. Wenn wir ein typisches Beispiel einer Art – etwa einen (unbelebten) Stein – mit einem typischen Beispiel einer anderen Art – etwa einem (lebendigen) Hund – vergleichen, ist der Unterschied so offensichtlich, dass über die Unterscheidung von unbelebt und belebt kein Zweifel ist. Bei fast allen Phänomenen unseres Kosmos finden wir auch weniger typische Beispiele, bei denen die Abgrenzung gegenüber einer anderen Kategorie zweifelhaft oder strittig wird.

In unserem Kosmos finden sich also Phänomene mit einer Variationsbreite, für deren Ordnung wir (menschengesetzte) Kategorien und Abgrenzungen benutzen.

Wenn man einzelne Kategorien und die dafür gebrauchten Begriffe, also etwa den Bereich der Gegenstände und den Bereich des Lebendigen, betrachtet, dann gibt es auch innerhalb der Bereiche sehr unterschiedliche Formen. Gase, Flüssigkeiten und Kristalle sind unterschiedliche Formen des Anorganischen. Viren, Bakterien, Pilze, Samenkörner, Pflanzen, Bäume, Würmer, Ameisen, Haifische, Mäuse, Gorillas und Menschen sind außerordentlich verschiedene Formen des Lebendigen. Es ist also von großer Bedeutung, sich dessen bewusst zu sein, dass unsere kategorialen Begriffe einen u.U. sehr breiten Fächer von Bedeutungen haben können: Man kann von einer charakteristischen ›semantischen Dispersion‹ sprechen. Diese Dispersion wird oft nur sehr mangelhaft bedacht und kann dann in Diskussionen Anlass zu Missverständnissen und Kontroversen sein. Im vorliegenden Fall ist die semantische Dispersion der Kategorie des Lebendigen evolutionär begründet.

Man muss prüfen, ob man die Kategorie des Lebendigen in völlig gleicher Weise für Viren, Pflanzen, niedere Tiere, Affen und den Menschen verstehen will oder ob man die Unterschiede herausheben will.

Auf faktenorientierte kategoriale Unterscheidungen werden oft Folgerungen gestützt, z.B. werden mit Unterschieden in den faktenorientierten Kategorien unterschiedliche moralische Urteile begründet. Meinungsverschiedenheiten können dann in zwei verschiedenen Bereichen entstehen. Einerseits kann die Frage der Grenzziehung zwischen den Kategorien strittig sein: Will man den Hirntod bei noch überlebendem übrigem Körper oder erst den Herzkreislaufstillstand oder gar erst das Abgestorbensein auch der übrigen Körperorgane als Tod des Menschen ansehen? Andererseits kann auch die Ableitung von Urteilen und Folgerungen strittig sein: So hängt die Frage der Organentnahme zwar mit der Frage nach dem Todeszeitpunkt zusammen. Die Frage, wann Konsequenzen erlaubt sein sollen, kann immer noch unterschiedlich beantwortet werden. Häufig werden diese beiden Bereiche nicht getrennt, sondern die Kontroversen werden mit Argumenten geführt, die in beiden Bereichen begründet sind. Die Konflikträchtigkeit von Kontroversen kann mit einer entsprechenden Analyse geklärt werden.

Phänomene sind unbestreitbar. Beschreibungsbegriffe haben eine u.U. erhebliche semantische Dispersion und können ungeeignet oder irreführend sein. Kategorisierungen und Abgrenzungen können unter verschiedenen Gesichtspunkten unterschiedlich, auch kontrovers beurteilt werden. Moralische Urteile können stärker an Phänomene und Kategorisierungen geknüpft oder grundsätzlicher gefällt werden.

3.7 Definition, Kriterien, Tests – Verständnis und Konzept

Wenn man den konzeptuellen Rahmen des hier betrachteten Themas insgesamt in den Blick nimmt, kann man bereits auf ein eingeführtes methodisch-theoretisches Begriffsinventar zurückgreifen. Bei der Betrachtung des Hirntodes insbesondere in seinem Verhältnis zum Tod des Menschen, sind die wesentlichen Begriffe (Definition, Attribution, Kriterien, Tests) bereits historisch eingeführt (vgl. Kap. und Tab. 1.5). Hier sollen die verschiedenen Begriffe noch einmal systematisch betrachtet werden (Tab. 3.7).

Unter ›Theorie‹ ist die Gesamtheit der in dem Verständnis des Hirntodes bedeutsamen Gesichtspunkte zu verstehen. Einerseits umfasst sie die medizinischen, spezieller die neuropsychiatrischen Gesichtspunkte der Entstehungsursachen, die Erklärungen aller beobachteten Phänomene, die Verfahrensregeln für alle verschiedenen Situationen und schließlich die Beurteilungsregeln. Andererseits sind unter die Theorie auch die Überlegungen zur Deutung des Krankheitszustandes für die Lebendigkeit des Menschen sowie die Ableitung von Folgerungen zu rechnen.

Unter ›Konzepte‹ sind zweckmäßigerweise die drei verschiedenen Varianten der Theorie zu

Tab. 3.7: Die methodentheoretische Systematik
zum dissoziierten Hirntod des Menschen

◆ **Die Theorie**

Gesamtheit aller bedeutungsvollen Gesichtspunkte

◆ **Die Konzepte**

Gesamt-Hirntodes-, Großhirn-, Hirnstamm-Todes-Konzept

◆ **Die Definition**

Der Hirntod wird definiert als Zustand der irreversibel …

◆ **Die Attribution der Bedeutung**

Mit dem Hirntod ist naturwissenschaftlich-medizinisch …

◆ **Die Begründung der Attribution**

Die biologische versus anthropologische Argumentation

◆ **Die Kriterien**

Hirnschädigung, klinisches Syndrom, Irreversibilität

◆ **Die einzelnen Tests**

z.B. Reflexprüfungen, Atemstillstandstest, EEG …

◆ **Die abzuleitenden Folgerungen**

➡ Therapie-Beendigung ohne / mit Organentnahme

Die Elemente (◆) der Theorie und ihre Konsequenzen (➡)

verstehen, das Gesamtfunktions-Hirntodes-Konzept, das Großhirn-Todes-Konzept und das Hirnstamm-Todes-Konzept (vgl. Kap. 5.1.5).

Unter ›Definition‹ wird die abgrenzende und festlegende Formulierung der Bedeutung des Begriffes Hirntod verstanden: »Der Hirntod wird definiert als Zustand der irreversibel erloschenen Gesamtfunktion des Großhirns, des Kleinhirns und des Hirnstamms. Dabei wird durch kontrollierte Beatmung die Herz- und Kreislauffunktion noch künstlich aufrechterhalten« (vgl. Kap. 1.5) (118). Diese Formulierung in zwei getrennten Aussagesätzen verdeutlicht nur wenig, dass die zweite Aussage die unersetzlich notwendige Bedingung für den in dem ersten Satz formulierten Zustand darstellt: Nur unter der Bedingung der maschinellen Beatmung auf einer Intensivstation schlägt das Herz nach dem Eintritt des Hirntodes weiter und hält die Durchblutung der Lunge und der übrigen Körperorgane aufrecht, so dass diese weiter lebend erhalten bleiben.

Unter der ›Attribution‹ wird die Interpretation der Bedeutung des Hirntodes für die Lebendigkeit des Menschen verstanden (45, 109, 110). Diese Attribution ist in den Verlautbarungen bzw. den Richtlinien der Bundesärztekammer nur statuiert, nicht ausführlich begründet. Von den Kritikern der orthodoxen Hirntodes-Theorie wurden verschiedene Interpretationen und Begründungen diskutiert, kritisiert und mit eigenen Begründungsansätzen konfrontiert. Hier wird der Versuch einer anthropologischen Begründung der Bedeutungs-Attribution unternommen.

Unter ›Kriterien‹ werden die Bedingungen verstanden, die für die Feststellung des Hirntodes erfüllt sein müssen. In den Richtlinien der Bundesärztekammer finden sich in der Formulierung: »Die Diagnose des Hirntodes erfordert:
- die Erfüllung der Voraussetzungen,
- die Feststellung der klinischen Symptome Bewusstlosigkeit (Koma), Hirnstamm-Areflexie und Atemstillstand (Apnoe) sowie
- den Nachweis der Irreversibilität der klinischen Ausfallsymptome.«

Ganz entscheidend an der Gültigkeit des Konzeptes ist diese Drei-Gliederung der Kriterien, welche erst in ihrem Zusammenkommen die Verlässlichkeit der Hirntodesfeststellung ermöglichen.

Unter ›Tests‹ sind die einzelnen Untersuchungen zu verstehen, mit denen die Kriterien erfüllt werden können. In den Richtlinien der Bundesärztekammer finden sie sich unter der Überschrift: »Praktische Entscheidungsgrundlagen«. Hier sind unter den drei den Kriterien entsprechenden Unterkapiteln (Voraussetzungen, klinische Symptome, Irreversibilitätsnachweis) die jeweils notwendigen Tests aufgeführt, wobei auf weitere, im Einzelnen ausgeführte Detailvorschriften hingewiesen wird.

Mit der ausführlichen Diskussion der Theorie und ihrer Begründung wird die Grundlage gelegt, auf der weitere erkenntnis- und wissenschaftstheoretische Fragen (vgl. Kap. 6.12) bis hin zu der spirituellen Dimension des menschlichen Sterbens und Todes diskutiert werden können.

3.8 Wissenschaftliche Erkenntnis und gesellschaftliche Akzeptanz

Wir leben in einer Zeit gewaltigen wissenschaftlichen Fortschritts und zugleich in einer Zeit eines immer noch weiten Auseinanderklaffens wissenschaftlicher Erkenntnis und gesellschaftlicher Bildung. Keineswegs kann man in allen Gesprächssituationen über die Bedeutung des Hirntodes für die Lebendigkeit des Menschen an ein allgemeines Vorwissen von Hirnfunktionen oder von der Evolution anknüpfen, sondern man muss oft bei sehr einfachen, lebensnahen Beispielen beginnen und die Grundlagen für ein genaueres Verständnis legen.

Auch im Gespräch mit Wissenschaftlern anderer Fachgebiete finden sich recht unterschiedliche Anschauungen; keineswegs immer sind diese mit den nicht wegzudiskutierenden neurobiologischen Gegebenheiten und den Erkenntnissen der Neurowissenschaften, der Neurologie, der Neuropsychiatrie kompatibel; keineswegs sind mögliche Widersprüchlichkeiten regelhaft erkannt und durchdacht. Neben einer sehr verständlichen Unsicherheit auf fremdem wissenschaftlichem Terrain findet sich dann auch großzügiges Positionsbestimmen oder auch rigides Beharren auf dem einmal eingenommenen Standpunkt und ein Abwehren des anderen Standpunktes.

3 Begriffe und Bedeutungen: Der theoretische Rahmen

In den Geisteswissenschaften findet sich manchmal ein mangelhaftes neurobiologisches und neuropsychiatrisches Verständnis. Das dort eher bildhaft metaphorische oder konstruktivistisch abstrakte Denken kann mit einem geringen Verständnis für das Einfordern eines Beweises oder einer an den faktischen Befunden orientierten plausiblen Argumentation auf Seiten der Medizin einhergehen. Von Erfolg und Enttäuschung in der Therapie herkommend, ist die Medizin von einem sehr nüchternen Beurteilen der Wirksamkeit als maßgeblichem Kriterium von Richtigkeit geprägt. Andererseits ist die mangelhafte Wahrnehmung des eigenen widersprüchlichen, unlogischen oder inkonsequenten Denkens bei Ärzten manchmal erschreckend, wenn sie mit der strengen, formal logischen Denkschulung geisteswissenschaftlicher Methodenkritik nicht vertraut sind.

Sowohl bei Laien als auch bei wissenschaftlich geschulten Menschen stößt man nicht nur auf einfache Unkenntnis, sondern auch auf widersprüchliche Wissensinhalte. So können differenzierte Kenntnisse von Gehirnfunktionen durchaus unaufgelöst widersprüchlich neben sehr konkreten, manchmal konkretistischen Glaubensanschauungen stehen, die durchaus im Widerspruch zu dem vielleicht doch sehr klugen biblischen Gebot stehen: Du sollst dir kein (zu konkretistisches) Bildnis machen!

Ein sinnvoller Weg kann nur darin bestehen, dass sich Philosophen und Theologen mit Ärzten ins Gespräch begeben und dass Ärzte sich mit der Gedankenwelt der Philosophen und Theologen beschäftigen, um allzu einfache Missverständnisse zu vermeiden und zu einem kritischeren Verständnis auch der eigenen Denkwelt zu gelangen.

4 Die Fakten: Medizinische/neuropsychiatrische Gesichtspunkte

In den hier vorzulegenden Betrachtungen soll es – auch in dem medizinischen Kapitel – nicht maßgeblich um die Erläuterung praktisch-technischer Einzelheiten, etwa einzelner Untersuchungstechniken und der dabei erhobenen Befunde gehen. Dazu kann auf einschlägige Publikationen verwiesen werden (66, 80). Hier soll in erster Linie ein Verständnis der Bedeutung der erhobenen Befunde für das Sterben und den Tod des Menschen erarbeitet werden. Dafür muss der Sterbeprozess mehr im Detail betrachtet und die Unterschiedlichkeit im Hirntod und im Herzkreislauftod herausgearbeitet werden. Zur besseren Einführung werden einige Befunde aus eigenen Untersuchungen vorangestellt.

4.1 Eigene Untersuchungen

In den Jahren von 1983 bis 2002 wurden von Mitarbeitern unserer Klinik insgesamt über 500 Untersuchungen mit der Frage einer Hirntodes-Feststellung durchgeführt. In den Tabellen (Tab. 4.1a, 4.1b, 4.1c) sind einige Angaben zu den durchgeführten Untersuchungen zusammengestellt.

In erster Linie sind sicherlich die Ursachen, aus denen heraus es zur Entwicklung eines dissoziierten Hirntodes kommt, von Interesse. In der Tabelle (Tab. 4.1a) sind Ursachen und medizinische Diagnosen in getrennten Rubriken dargestellt. Diese Unterscheidung lässt sich am besten an der Zahl der Schädel-Hirn-Traumen (n=143) verdeutlichen, die sich einerseits aus Unfallfolgen (meist Verkehrs- aber auch häusliche Unfälle) und andererseits aus den Suiziden (Schussverletzungen) zusammensetzt. Bei den inneren Ursachen (n=253) überwiegen die Blutungen aus den Gefäßfehlbildungen (Aneurysmen) und infolge hohen Blutdrucks. Die Therapie-Komplikationen umfassen einerseits Blutungen unter Marcumar-Therapie, andererseits negative Verläufe nach bei ungünstiger Ausgangssituation dennoch versuchten Hirntumor-Operationen.

In der zweiten Tabelle (Tab. 4.1b) sind die Feststellungen der Untersuchungen aufgeführt. Dabei ist zu berücksichtigen, dass von den 500 Untersuchungen 438 einmalige Untersuchungen mit endgültigen Feststellungen des Hirntodes oder nachfolgendem Herzkreislaufstillstand waren. Wenn in der ersten Untersuchung der Hirntod nicht festgestellt werden konnte, wurden in 55 Fällen zwei Untersuchungen und in 7 Fällen drei Untersuchungen durchgeführt, bis entweder der Hirntod festgestellt war oder ein Herzkreislaufstillstand eine weitere Untersuchung ausschloss. An dieser Tabelle ist von Interesse, dass die klinische Beurteilung des Zustandes des Patienten so sicher war, dass immerhin in 80% aller Untersuchungen der Hirntod auch tatsächlich festgestellt werden konnte, dass andererseits die sorgfältige formale Untersuchung in vier Fällen doch noch nicht erfüllte Voraussetzungen aufdeckte. In 26 Fällen wurde ein Untersuchungsbefund, in 39 Fällen ein EEG-Befund erhoben, der mit der Feststellung des Hirntodes nicht vereinbar war. Aus diesen Fällen rekrutiert sich die Mehrzahl der zweiten und dritten Untersuchungen.

In der dritten Tabelle (Tab. 4.1c) sind die weiteren Verläufe nach den Untersuchungen zusammengestellt. Hier ist einerseits die recht kleine Zahl der Verläufe bemerkenswert, in denen der Hirntod noch nicht festgestellt werden konnte, und in denen vor einer geplanten Nachuntersuchung ein Herzkreislaufstillstand eintrat – ein Zeichen, dass der Krankheitszustand des Patienten bereits extrem schlecht war. Hier sind auch diejenigen Fälle aufgezählt, in denen bei der Untersuchung beispielsweise wegen außergewöhnlich lebhafter spinaler Reflexe eine Verunsicherung über die Feststellbarkeit des Hirntodes aufkam und in denen um dieser Unsicherheit willen eine Hirntodes-Feststellung aus Sicherheits-Erwägungen

Tab. 4.1a: Untersuchungen zur Feststellung des Hirntodes

Auswahl: Die jeweils **letzte Untersuchung** eines Patienten

Allgemeine Charakteristik des ausgewählten Kollektivs	
Anzahl der letzten Untersuchungen	441 **von gesamt** 500
Alter (Mean)	48,0 (Spanne 2 – 84) Jahre
Geschlechtsverhältnis	240 ♂ / 201 ♀
Gesamter Untersuchungs-Zeitraum	27.1.1983 – 26.4.2002

Erkrankungs-Ursachen und Krankheits-Diagnosen

Ursachen		Diagnosen	
innere Ursachen	253	Schädel-Hirn-Trauma (SHT)	143
Unfälle	124	Blutungen in Gehirn (ICB)	100
Suizide	23	Blutungen an Gehirn (SAB)	95
Therapie-Komplikationen	29	Schlaganfall (ICI)	44
ø Angabe & unklar	8	Sauerstoffmangel-Folgen	33
		Hirntumor (nach Operation)	11
		andere	12
Alle Ursachen Σ	437	Alle Diagnosen Σ	436

Abkürzungen: ICB=intrazerebrale Blutung, SAB=Subarachnoidal-Blutung, ICI=ischämischer zerebraler Insult (Schlaganfall), HKV=Herzkreislaufversagen; **Anmerkung:** Alle Subdural- (SDH) und Epidural-Blutungen (EDH) waren operiert Die Differenz zwischen der Anzahl der letzten Untersuchungen und "Allen Ursachen" bzw. "Allen Diagnosen" erklärt sich aus unvollständigen Daten

Tab. 4.1b: Untersuchungen zur Feststellung des Hirntodes

Auswahl: Alle Untersuchungen

Allgemeine Charakteristik des ausgewählten Kollektivs			
Anzahl	500	davon 1x untersucht	438
Alter (Mean)	47,9 Jahre	2x untersucht	55
Altersspanne	2 – 84 Jahre	3x untersucht	7
Zeitraum	27. 1.83 – 26. 4.02	Berechnungs-Datum	4.7.2002

Feststellungen

Definitive Feststellungen des eingetretenen Hirntodes	**399**
Beendigung aktueller Untersuchung: ›noch nicht hirntot‹	**74**
aufgrund nicht erfüllter Voraussetzungen	**4**
aufgrund Untersuchungs-Befund	**26**
aufgrund EEG-Befund	**39**
aufgrund eines unzulässigen Laborwertes	**1**
aufgrund Angio-/DSA-Befund*)	**4**
Endgültig keine Feststellung des Hirntodes, weil zuvor HKV	**10**
HKV während Untersuchung	**1**
HKV vor Nachuntersuchung	**1**
HKV vor EEG-Ableitung	**8**
ausschließlich (orientierende) Untersuchung beabsichtigt	**12**
Kein Abschluss der Untersuchung aus sonstiger Ursache	**5**
Untersuchungen zur Feststellung des Hirntodes (Protokolle) Σ	**500**

*) Hirntod-Feststellung mit angiographischer Darstellung der Hirngefäße (Angio/DSA)
Frühere interne Richtlinie erforderte neben Untersuchung und EEG *auch* Angiographie
letzte dementsprechende Angio/DSA: **16.7.92**   bis dahin Angio/DSA: **n = 62**

Abkürzungen: HKV = Herzkreislauf-Versagen, HT = Hirntod

Tab. 4.1c: Untersuchungen zur Feststellung des Hirntodes

Auswahl: Die jeweils **letzte Untersuchung** eines Patienten

Allgemeine Charakteristik des ausgewählten Kollektivs

Anzahl der letzten Untersuchungen 441 **von gesamt** 500

Alter (Mean) 48,0 **(Spanne** 2 – 84 **) Jahre**

Geschlechtsverhältnis 240 ♂ / 201 ♀

Gesamter Untersuchungs-Zeitraum 27.1.1983 – 26.4.2002

Die weiteren Verläufe

„noch nicht hirntot' und HKV 29

vor geplanter NU > HKV 18

nach diagnost. UnS > HKV 11

keine Organ-Entnahme 53

medizinische Gründe 11

nicht in Betracht gezogen 36

vor Entnahme > HKV 3

keine Angehörigen 3

ø Angabe (wohl ø Entnahme) 26

Ablehnungen *) 128

durch Spender 20

durch Angehörige 102

durch Staatsanwalt 6

Organ-Entnahmen 200

Spender (Ausweis) 5

Spender (mündlich) 5

Zust Angehörige 188

Zust Betreuer 1

Zust Staatsanwalt 1

Anzahl aller Verlaufsangaben nach letzter Untersuchung 436

Abkürzungen: NU = Nachuntersuchung, HKV = Herzkreislauf-Versagen,
UnS = Unsicherheit, Zust = Zustimmung,
Anmerkungen: *) zum Teil vor der Feststellung des Hirntodes

nicht vorgenommen wurde. Schließlich ist hier das Verhältnis von Ablehnungen zu Zustimmungen zur Frage der Organspende zu ersehen.

Auf diese Erfahrungen stützt sich dieses Buch.

4.2 Der Sterbeprozess in seinem zeitlichen Ablauf

Wenn man die Besonderheiten des Sterbens im Hirntod gegenüber anderen Sterbeverläufen herausarbeiten will, lässt sich dies am besten im Vergleich zu einer anderen Todesursache darstellen. Viele Menschen sterben in einem Herzversagen, beispielsweise an einem Aussetzen des Herzschlages als Folge einer Durchblutungsstörung der Herzkranzgefäße. Wegen der besonders klaren Übersichtlichkeit wird hier der Hirntod als Folge eines Kopfunfalles oder einer Blutung aus einem Aneurysma (Fallgeschichte 1 und 2, Kap. 2.2/ Abb. 2.2) mit dem Herzkreislauftod infolge eines Herzstillstandes bei einem Herzinfarkt verglichen. Hier soll die vergleichende Beschreibung der Verläufe im Vordergrund stehen (Abb. 4.2a und b). Die Systematik unterscheidbarer Phasen wird in Kap. 5.12 besprochen.

Wenn man den gesamten Ablauf des Sterbeprozesses in den Blick nimmt, dann steht am Ausgangspunkt der gesunde Mensch und am Ende der Leichnam. Der erste wesentliche Schritt eines solchen Prozesses ist die Erkrankung, die sich über einen längeren Zeitraum hinziehen oder sich innerhalb von Minuten zusammendrängen kann. Hier ist allerdings nur die Betrachtung der unmittelbar zum Hirntod oder zum Herzkreislauftod führenden lebensbedrohlichen Erkrankung von Belang.

Im Falle eines primären Herzkreislauftodes infolge eines Herzinfarktes kann das Herz plötzlich still stehen. Das Blut wird nicht mehr durch die Adern gepumpt und alle Organe, auch das Herz und das Gehirn, stellen infolge des Sauerstoffmangels ihre Funktion ein. Aus vielen Untersuchungen ist bekannt, dass das Gehirn am empfindlichsten von allen Organen auf Sauerstoffmangel reagiert, seine Funktion erlischt also bei Sauerstoffmangel als erstes – der Mensch wird bewusstlos. Manchmal werden Wiederbelebungsmaßnahmen eingesetzt und der Herzinfarkt ist nicht schwerwiegend, so dass die Herzfunktion und der Kreislauf wieder in Gang kommen. Dann hängt es von der Zeitdauer der Hirnmangeldurchblutung ab, ob das Gehirn eine Schädigung erlitten hat oder nicht. Der Funktionsverlust des Herzens ist gleichbedeutend mit einem Herzstillstand, der Funktionsverlust des Gehirns gleichbedeutend mit einer Bewusstlosigkeit (einschließlich des Ausfalls aller anderen Hirnfunktionen). In beiden Fällen ist also in einer unterschiedlich längeren oder kürzeren Zeit Wiederbelebung möglich. Bei prompter Wiederherstellung des Kreislaufs ist eine vollständige Erholung möglich, bei etwas späterer Wiederherstellung ist mit Teilschäden zu rechnen – etwa einem Herzinfarkt oder einem Sauerstoffmangelschaden des Gehirns. Bei einem länger anhaltenden Kreislaufstillstand ist eine Erholung des Gehirns und etwas später auch des Herzens überhaupt nicht mehr möglich.

Wiederbelebbar ist also nicht nur das Herz – innerhalb mehrerer Minuten – wiederbelebbar ist auch das Gehirn – innerhalb weniger Minuten. Wenn keine Wiederbelebung einsetzt, dann ist zwar der Organtod des Gehirns eine Folge des Herzstillstandes, beide Vorgänge des Absterbens verlaufen aber zeitlich so eng aufeinander folgend, dass kein Auseinanderklaffen, keine ›Dissoziation‹ der Organ-Sterbeprozesse eintritt. Auch beim Herzkreislauftod kommt es also zu einem Absterben des Gehirns, von dem ausschließlich der Beginn an Bewusstlosigkeit und Reglosigkeit erkennbar ist. Der weitere Organ-Sterbevorgang des Gehirns bis zum Hirntod ist unsichtbar. Beim primären Herzkreislauftod bleibt der Hirntod hinter dem deutlicher erkennbaren Herzstillstand und hinter dem Erblassen und Erkalten des Körpers im Kreislaufstillstand verborgen und ist früher nicht wahrgenommen worden.

Im Sterbeprozess bis zu einem primären Hirntod infolge eines Unfalles oder einer Aneurysmablutung entwickeln sich die Symptome langsamer als bei einem Herzinfarkt mit Herzstillstand. Wenn ein solchermaßen erkrankender Mensch allein lebt und keine Hilfe bekommt, dann wird sich diese Erkrankung über Stunden bis allenfalls wenige Tage hinziehen. In dieser Zwischenzeit

Abb. 4.2a: Der Verlauf des körperlichen Absterbens im Herz-Kreislauf-Stillstands-Tod

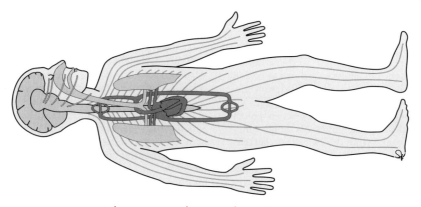

(ohne Intensivtherapie bzw. Beatmung)

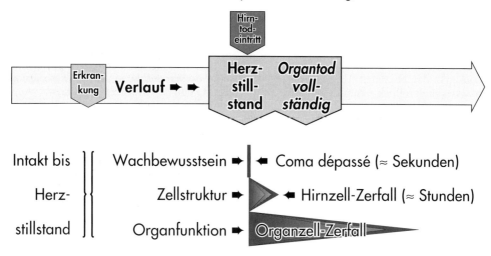

Keine merkbare Zeitdifferenz (Dissoziation)
von Herzstillstand und Hirnfunktionsverlust
➡ Gleichzeitigkeit von Herztod und Hirntod

Abb. 4.2b: Der Verlauf des körperlichen Absterbens
im dissoziierten Hirntod

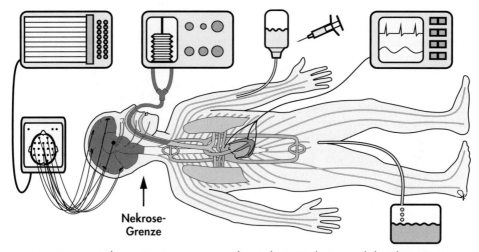

Nekrose-
Grenze

(mit Intensivtherapie: Beatmung, Flüssigkeit, Kalorien, Elektrolyte etc.)

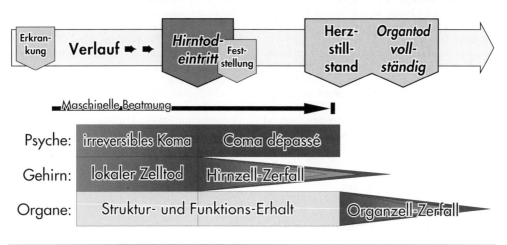

Deutliche Dissoziation (Zeitdifferenz)
von Hirnfunktionsverlust und Herzstillstand
➡ Ungleichzeitigkeit von Hirntod und "Herzkreislauftod",
die Irreversibilität des Komas liegt vor dem Coma dépassé

tritt eine Schwellung des Gehirns ein, welche die Blutzufuhr von den Halsschlagadern unterdrückt, so dass dadurch der Organtod des Gehirns eintritt. Ohne künstliche Maßnahmen kommt es als Folge dieses Organtodes zum Herzkreislaufstillstand und der gesamte Körper verstirbt.

Wenn ein Patient mit einer solchen primären Hirnerkrankung in ein Krankenhaus eingeliefert wird und sich sein Zustand so weit verschlechtert, dass die Atmung unregelmäßig wird, dann wird er an eine maschinelle Beatmung angeschlossen. Unter der maschinellen Beatmung (und weiteren unterstützenden Intensivbehandlungsmaßnahmen) schlägt das Herz automatisch weiter. Dann – nur unter dieser Bedingung der maschinellen Beatmung – kann der Hirntod eintreten und es kommt nicht so bald zu einem Herzkreislauf- und Atemstillstand. Damit ist der dissoziierte Hirntod mit Überleben des übrigen Körpers eingetreten. Bei äußerlicher Betrachtung ist der Körper weiterhin rosig, warm, bei Berührung weich und bewegt sich unter der Beatmung und dem (meist sichtbaren) Herzschlag – er sieht also völlig genau so aus, wie der Körper eines beatmeten, bewusstlosen oder narkotisierten Patienten. Unter weitergeführter Beatmung schlägt das Herz in der Regel nur wenige Tage, unter Umständen aber auch sehr lange weiter, in einem in der medizinischen Literatur veröffentlichten Fall 14 Jahre (92).

Bereits mehrfach wurde darauf hingewiesen, dass sich das Erscheinungsbild eines hirntoten Körpers von dem Aspekt eines einfach bewusstlosen oder narkotisierten Patienten äußerlich nicht unterscheidet. Ersterer ist nach gültiger Meinung gleichbedeutend mit dem Tod des Menschen, Letztere sind gleichbedeutend mit zumindest potentieller Erholungsfähigkeit. Dieser Unterschied wird mit dem Begriff der Irreversibilität des Hirntodes bezeichnet. In der zeitlichen Abfolge der Ereignisse beim Sterben im Hirntod ist der Verlauf nach dem eingetretenen Hirntod sicherlich irreversibel und mit der Untersuchung zur Feststellung des Hirntodes wird diese Irreversibilität festgestellt. Auch der Begriff der Irreversibilität kann unterschiedlich verstanden werden und ist in den kritischen Diskussionen nicht immer ausreichend definiert (31–33). Man sollte sich vergegenwärtigen, dass der Krankheitsverlauf bereits zu einem früheren Zeitpunkt als

dem Eintritt des Hirntodes therapeutisch nicht mehr beeinflussbar, also irreversibel ist. Es ist also zu fragen, ob der Eintritt der Irreversibilität als ein geeignetes Kriterium für die Berechtigung einer Organentnahme vertreten werden kann (Abb. 4.2b).

Die Zeitdifferenz zwischen Eintritt und Feststellung des Hirntodes bedarf der Betrachtung (vgl. Kap. 2.1). Bis heute gibt es keine praktikable Methode, den Zeitpunkt (besser: den umschriebenen Zeitraum) des Eintritts des Hirntodes zuverlässig zu bestimmen. Im Verlaufe einer schwerwiegenden Hirnerkrankung kommt es zu einem anfangs einseitigen, später doppelseitigen Ausfall der Lichtreaktion der Pupillen. Dies ist ein bedrohliches Alarmzeichen und nicht in allen Fällen sind weitere Therapiemaßnahmen erfolgreich. Im weiteren Verlauf kommt es häufig, aber nicht immer zu einer Erhöhung der Urinausscheidung (Diabetes insipidus) und zu erheblichen Schwankungen des Blutdruckes. Manchmal können sie mit Medikamenten ausgeglichen werden, manchmal nicht. Schließlich kommt es zu einem Ausfall des beim Absaugen ausgelösten Hustenreflexes. Dies ist nur noch sehr selten erholungsfähig. Letztendlich kann es zum Ausfall des Atemantriebes kommen, was unter maschineller Beatmung allerdings nicht ohne Beatmungspause festzustellen ist. Alle diese einzelnen Zeichen sind also unzuverlässig im Anzeigen des Zeitpunktes bzw. Zeitraumes des Hirntodeseintritts. In der nach der klinischen Erfahrung eine Zeit später angesetzten Untersuchung zur Feststellung (oder Noch-Nicht-Feststellung) des Hirntodes wird also nicht der Eintritt, sondern das zurückliegende Eingetretensein des Hirntodes untersucht.

Auch apparative Verfahren, die Untersuchung der Durchblutung des Gehirns mit Ultraschall oder Szintigraphie, die Untersuchung der elektrischen Funktionen des Gehirns mit dem EEG oder den elektrisch ausgelösten Potenzialen liefern nur einen annähernd genauen Anhalt für den Eintritt des Hirntodes. Eine neuere sehr informative Methode zur Untersuchung der Hirnfunktion ist die Magnetenzephalographie. Dabei wird in einer gegen das Erdmagnetfeld völlig abgeschirmten Kammer mit Magnetspulen die minimale Magnetaktivität im Gehirn gemessen. Ob diese Methode jemals zur Feststellung des Hirntodeseintritts eingesetzt worden ist, kann aus der derzeit verfügbaren medizinischen Fachliteratur nicht entnommen werden. Man muss sich auch einmal den Aufwand verdeutlichen, der für eine solche Untersuchung erforderlich ist. Dies bei einem Sterbenden durchzuführen, um diesen Ablauf genauestens beobachten zu können, wird wohl kaum vertretbar sein.

4.3 Hirnfunktion, Hirnerkrankungen und Koma

Krankheitsbedingte Einschränkungen der Hirnfunktion können mit sehr unterschiedlichen Erscheinungsbildern einhergehen. Wenn man diese in eine übersichtliche Ordnung zu bringen versucht, dann kann man örtlich begrenzte oder globale (das gesamte Gehirn betreffende), sowie akute (plötzlich eintretende) oder chronische (langzeitig entstehende) krankhafte Funktionsstörungen unterscheiden. Beispiele für örtlich begrenzte, akute Krankheitsbilder sind kleine Schlaganfälle infolge einer umschriebenen Durchblutungsstörung. Sie können beispielsweise ausschließlich mit einer Beinlähmung einhergehen, weil alle anderen Gehirngebiete unbeeinträchtigt geblieben sind. Beispiel für eine akute globale Hirnschädigung ist etwa ein Sauerstoffmangel-Folgezustand nach einem Herzinfarkt mit Herzstillstand, bei dem die Wiederbelebung nicht rasch genug erfolgreich war und der in eine Bewusstlosigkeit eingemündet ist.

Symptome von Hirnschädigungen können demnach Lähmungen, Gefühlsstörungen, Sehstörungen, Sprachstörungen bei erhaltenem Bewusstsein und erhaltener Erlebnis- und Reaktionsfähigkeit, andererseits auch Bewusstseinsstörungen mit unterschiedlich schwergradiger Schläfrigkeit oder Koma (Bewusstlosigkeit) sein. Komata können durch globale Hirnschäden (wie nach Sauerstoffmangel), durch Vergiftungen oder Medikamente (Schlafmittelvergiftung oder Narkose) oder durch recht umschriebene Krankheitsbilder (im oberen Hirnstamm) verursacht werden. Verschiedene Schweregrade werden danach unterschieden, ob der Kranke bei energischem Ansprechen, Schütteln oder schließlich nachdrücklichen Schmerzreizen noch minimale Lautäußerungen (ohne ver-

ständliche Worte), Abwehrbewegungen, unwillkürliche Verkrampfungen oder schließlich gar keine Regungen mehr zeigt.

Nach einer Schlafmittelvergiftung kann ein Koma so tief sein, dass auch durch heftigste Schmerzreize keine Reaktion mehr ausgelöst werden kann. Trotzdem kann es völlig rückbildungsfähig sein. Ein solches Krankheitsbild muss also vor der Feststellung des Hirntodes mit unzweifelhafter Sicherheit ausgeschlossen sein. Ein Koma infolge der Hirnschädigung nach einem den Kopf betreffenden Unfall kann nach anfänglicher Ansprechbarkeit des Patienten infolge der zunehmenden Hirnschwellung mit einer zeitlichen Verzögerung eintreten. Anfangs können noch Abwehrbewegungen bei leichtgradigen, dann erst bei stärkeren Schmerzreizen auslösbar sein, die schließlich auch bei stärksten Schmerzreizen ausbleiben. Auch danach sind anfangs bestimmte Reflexe noch vorhanden. Ein auch nach Verlust des Hustenreflexes noch rückbildungsfähiges Koma ist von dem Hirntod-Syndrom mit den Mitteln der einfachen Untersuchung nicht zu unterscheiden. In einigen Fällen kann man mit dem EEG oder mit elektrisch ausgelösten Hirnpotentialen noch eine verbliebene Hirnfunktion nachweisen. In anderen Fällen wird die Beurteilung schwieriger. Dann kann man den Krankheitszustand nur noch mit sehr sorgfältiger Prüfung aller durchgeführten Untersuchungsmethoden beurteilen.

Die Sicherheit der Beurteilung eines vollständig areaktiven Komas liegt in der Erfahrung des Neurologen, Neurochirurgen oder spezialisierten Anästhesisten, der die Irrtumsmöglichkeiten in Betracht ziehen kann und überprüft. Falls er eine mögliche Besserung nicht mit Sicherheit ausschließen kann, wird er sich immer sicherheitshalber zu einer weiteren Therapie und Verlaufsbeobachtung entschließen.

4.4 Ähnliche, abzugrenzende Krankheitsbilder

Abgrenzungsbedürftige Krankheitsbilder sind in erster Linie das apallische Syndrom (Wachkoma), die frühkindliche Fehlbildung der Anenzephalie (101) und das totale Locked-In-Syndrom (102).

Das Krankheitsbild eines apallischen Syndroms (»vegetative state«) (vgl. Kap. 5.1.3) kann man sich am besten vergegenwärtigen, wenn man einen typischen Verlauf z.B. nach einem Kopfunfall betrachtet. Andere Krankheitsprozesse bewirken teilweise andersartige Verläufe, die hier jedoch nicht von entscheidender Bedeutung sind.

Nach einem schwergradigen Kopfunfall, einem Schädel-Hirn-Trauma (SHT) kann der Patient anfangs noch kurzzeitig bei Bewusstsein sein, dann jedoch bewusstlos werden und sich unter Ausbildung verschiedener neurologischer Symptome über bestimmte Krankheitsstadien (sog. Mittelhirnsyndrom, Bulbärhirnsyndrom) verschlechtern. In diesen Stadien ist der Patient tief komatös. Je nach Schwere des Traumas kann der Patient sich weiter bis in den dissoziierten Hirntod verschlechtern oder sich bessern und in diesem Besserungsprozess verschiedene Stufen durchlaufen, beispielsweise das apallische Syndrom und das postapallische Remissions-Syndrom (Abb. 4.4a) (104).*

Im strengen Wortsinne bedeutet das apallische Syndrom einen Zustand, in dem bei den Patienten Schlafen und Wachen an den geschlossenen oder geöffneten Augen zu unterscheiden sind, in dem aber keine weitere Reaktion auf Anregung oder Anrede von außen erfolgt. Die Patienten atmen sehr häufig spontan, müssen aber künstlich ernährt und vollständig gepflegt werden. Ein apallisches Syndrom kann stunden-, tage-, monate- oder jahrelang anhalten. Nach drei bis sechs Monaten eines unveränderten Verlaufes spricht man von einem chronischen oder permanenten apallischen Syndrom (»persistent vegetative state, PVS«) Nach einem längeren Verlauf werden die Besserungsaussichten immer geringer, so dass sich Therapiebegrenzungs-Entscheidungen nahelegen. Weil Besserungen auch nach jahrelangen Verläufen noch beobachtet werden, sind solche Entscheidungen problematisch (Abb. 4.4b).

Eine Besserung zeigt sich an beginnenden Reaktionen auf Zuwendung von außen. Eindeutige Reaktionen kennzeichnen das postapallische Remissions-Syndrom.

Der Übergang ist jedoch allmählich, und die Abgrenzung kann dementsprechend unterschiedlich vorgenommen werden. Das typische postapallische Remissions-Syndrom ist durch beginnende erkennbare Reaktionen auf die Umgebung, zaghafte unsichere, noch ungezielte Blickwendung, minimale unruhige Bewegungen der Arme oder des Körpers oder mimische Bewegungen gekennzeichnet. Die Entwicklung kann langsamer oder schneller verlaufen, aber auch stehen bleiben und therapeutische Resignation aufkommen lassen. Wenn postapallische Remissionsstadien mit bereits beginnenden Reaktionen auf Zuwendung undifferenziert zum apallischen Syndrom gerechnet und in dieser Situation Therapiebegrenzungs-Entscheidungen erwogen werden, sind Missverständnisse und Konflikte verständlich (20, 101).

Wenn man das apallische Syndrom mit dem Begriff des Bewusstseins charakterisieren will, kann man von einer (zeitweise) erhaltenen Wachheit (Wachbewusstsein?) bei ausgefallenem Reflexivbewusstsein sprechen. Diese einfache Dichotomie ist jedoch problematisch, weil sie bereits zur Charakterisierung des postapallischen Remissions-Syndroms nicht mehr zu gebrauchen ist: In diesem wird man nur mit einer sehr erheblichen Bedeutungsausweitung von einem beginnend wiedererwachenden Reflexivbewusstsein sprechen können. Dies zeigt die Problematik, wenn man den mit einer sehr erheblichen semantischen Dispersion behafteten Bewusstseinsbegriff zur Charakterisierung und Differenzierung (vgl. »Paradigmen-Begriff«, Kap. 5.4.2) von Krankheitszuständen, etwa des Hirntodes oder des apallischen Syndroms gebrauchen will.

Wenn Gehirne von Patienten nach einem mehr oder weniger langen Verlauf eines apallischen Syndroms nach dem Tode neuropathologisch untersucht werden, finden sich unterschiedlich verteilte Hirnschäden. Die Nervenzellausfälle betreffen teilweise mehr die Hirnrinde (»kortikaler Typ«), teilweise mehr die Stammganglien (»thalamischer Typ«), teilweise mehr das Mittelhirn (»mesenzephaler Typ«). Schließlich stehen bei einem Teil der Fälle auch Schädigungen der weißen Substanz, der Faserverbindungen des Großhirns im Vordergrund. Der kortikale Typ des apallischen Syndroms ist in der Diskussion um den Hirntod deshalb von

---

* Nach Fertigstellung des Manuskriptes erschien die folgende wichtige Monographie: Jennett, B. (2002): The Vegetative State – Medical facts, ethical and legal dilemmas. Cambridge University Press, Cambridge

Abb. 4.4a: Zusammenfassung unterscheidbarer Stadien
z.B. nach einem Kopfunfall mit Schädel-Hirn-Trauma
Verläufe von Bewusstseinsstörungen bei akuten
Hirnschädigungen

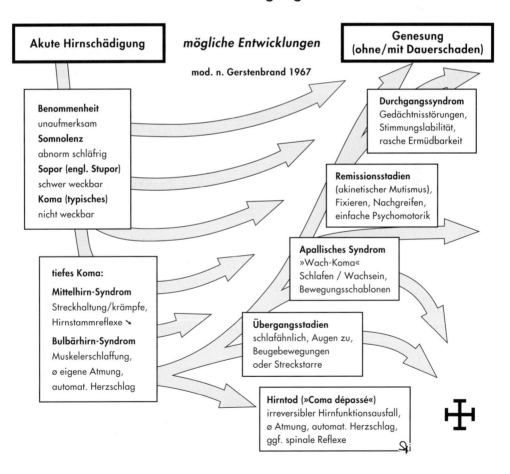

Akute Hirnschädigung

mögliche Entwicklungen

**Genesung
(ohne/mit Dauerschaden)**

mod. n. Gerstenbrand 1967

Benommenheit
unaufmerksam
Somnolenz
abnorm schläfrig
Sopor (engl. Stupor)
schwer weckbar
Koma (typisches)
nicht weckbar

tiefes Koma:
Mittelhirn-Syndrom
Streckhaltung/krämpfe,
Hirnstammreflexe ↘
Bulbärhirn-Syndrom
Muskelerschlaffung,
ø eigene Atmung,
automat. Herzschlag

Durchgangssyndrom
Gedächtnisstörungen,
Stimmungslabilität,
rasche Ermüdbarkeit

Remissionsstadien
(akinetischer Mutismus),
Fixieren, Nachgreifen,
einfache Psychomotorik

Apallisches Syndrom
»Wach-Koma«
Schlafen / Wachsein,
Bewegungsschablonen

Übergangsstadien
schlafähnlich, Augen zu,
Beugebewegungen
oder Streckstarre

Hirntod (»Coma dépassé«)
irreversibler Hirnfunktionsausfall,
ø Atmung, automat. Herzschlag,
ggf. spinale Reflexe

Abb. 4.4b: Apallisches Syndrom und Remissions-Syndrom

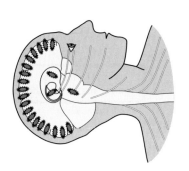

Reines Apallisches Syndrom (selten)
z.B. kortikaler Typ (idealisiert)

erhaltenes Wachsein oder Schlafen
Unruhe / Entspannung bei Zuwendung,
definitiv keine antwortende Reaktion,
kein Blickkontakt
schwergradige unterschiedliche Schäden

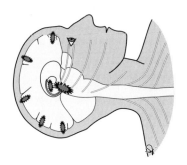

Post-Apallisches Remissions-Syndrom
z.B. mesenzephaler Typ (idealisiert)

erhaltenes Wachsein oder Schlafen
Unruhe / Entspannung bei Zuwendung,
beginnendes Antwort-Bemühen,
vage suchender Blickkontakt
mäßiggradige unterschiedliche Schäden

 funktions-
fähig
 beatmungs-
pflichtig
 herdförmige
Schädigung
 Großhirn-
Schädigung

Bedeutung, weil schwerstgradige Formen dieses Typs unter dem Aspekt des »neocortical death« (am besten zu übersetzen mit »Großhirntod«) diskutiert worden sind (vgl. Kap. 5.1.3, 5.4.6).

Einem apallischen Syndrom können unterschiedliche Ursachen zugrunde liegen. Die wichtigsten Ursachengruppen sind Schädel-Hirn-Traumen, Sauerstoffmangelzustände (Hypoxien) beispielsweise bei einem Herzinfarkt mit verzögerter Wiederbelebung oder degenerativ-demenzielle Syndrome, beispielsweise Spätstadien einer Alzheimer-Erkrankung. Auch wenn es zweifellos vergleichbare Krankheitszustände nach diesen verschiedenen Ursachen gibt, wird man sehr vorsichtig sein müssen, aus der Ähnlichkeit der Erscheinungsbilder pauschale Konsequenzen bezüglich einer eventuellen Therapiebegrenzung abzuleiten. In jedem Falle sind diese Krankheitsbilder so eindeutig vom Hirntod-Syndrom verschieden, dass ein Vergleich die Offensichtlichkeit der Unterschiede und nicht etwa eine Zusammengehörigkeit deutlich macht.

Bei dem Fehlbildungssyndrom der Anenzephalie fehlt das Großhirn weitgehend oder vollständig und Neugeborene mit dieser Fehlbildung leben nur wenige Stunden bis zu einer Reihe von Tagen (Abb. 4.4c). Auch hier gibt es unterschiedliche Formen. Im typischen Fall findet sich ausschließlich ein normal aufgebauter Hirnstamm bis zur Höhe des Mittelhirns, während die Stammganglien und das gesamte Großhirn fehlen. Solche Neugeborene können in der Regel spontan atmen und einen Saugreflex haben. Wenn ihre Lippen die Mutterbrust berühren, reagieren sie mit Saugbewegungen. Dies macht die Problematik im Erleben eines solchen, abgesehen von dem fehlenden Gehirn sonst häufig wohlgestalteten Neugeborenen aus.

Hier zeigt sich die Schwierigkeit im Gebrauch der Begriffe ›Reflex‹, ›motorische Schablone‹ und ›Reaktion‹. Ihre Unterscheidung ist besonders dringlich und angesichts der stufenlosen Übergänge biologischer Phänomene von Fall zu Fall unter Umständen strittig. Prinzipiell sollte man als ›Reflexe‹ sehr einfache automatenhaft sich wiederholende Antworten auf jeweils den gleichen auslösenden Reiz bezeichnen, als ›motorische Schablone‹ komplexere aber immer noch relativ stereotype Bewegungen und als ›Reaktionen‹ solche Antworten, die wenigstens gewisse reizab-

hängige Unterschiede je nach den weiteren Randbedingungen aufweisen. Demnach ist eine bei Berührung der Mundregion sehr gleichförmig auftretende Saugbewegung bei dem anenzephalen Neugeborenen am ehesten als motorische Schablone, und weder als einfacher Reflex noch als Reaktion im eigentlichen Sinne zu verstehen. (Die Üblichkeit des Begriffes Saugreflex begründet sich sicherlich eher aus der sprachlichen Griffigkeit als aus der semantischen bzw. neurophysiologischen Präzision.) Solche komplexen motorischen Schablonen sind also nicht als geistig-seelische Reaktionen einzuordnen. Andererseits wird hier die Schwierigkeit unterscheidender und kategorisierender Begriffe für beobachtbare Phänomene besonders deutlich und konfliktträchtig. Wenn man, wie in der Vergangenheit geschehen, solche anenzephalen Neugeborenen als Organspender heranziehen will, ist ein Verständnis in unserer Gesellschaft nur bedingt zu erhalten. Nach deutschem Recht erlauben die bei ihnen erhaltenen Hirnstammfunktionen ohnehin keine Feststellung des Hirntodes, eine Organentnahme ist damit nach deutschem Recht nicht zu rechtfertigen (101).

Es gibt sehr ähnliche, weniger schwergradige Fehlbildungssyndrome (meist Hydranenzephalien) mit einem unvollständigen Fehlen des Großhirns und einem mehr oder weniger vollständigen Erhaltensein der Stammganglien (94). Solche hochgradig hirngeschädigten Säuglinge können bis in das Kindesalter oder sogar länger überleben und unterschiedliche Reaktionen auf die Zuwendung verschiedener Personen zeigen, also differenzierte Reaktionen und in diesem Sinne ein gewisses geistig-seelisches Vermögen. Die Diskussion der medizinischen und moralischen Gesichtspunkte im Umgang mit diesen Kindern ist im Kontext des Hirntodes nur insofern von Bedeutung, als diese Kinder keinesfalls als hirntot zu bezeichnen sind. Andererseits sind Kinder mit so schwerwiegenden Fehlbildungssyndromen für den Gebrauch der Begriffe »Mensch« oder »Person« von Bedeutung. Sie zeigen einfachste geistig-seelische Regungen, sind demgemäß keinesfalls hirntot, können andererseits beim fast vollständigen Fehlen geistig-seelischen Vermögens nicht als Personen im eigentlichen Wortsinne bezeichnet werden. Solche und ähnliche Zustandsbilder sind die Begründung, weshalb in der Diskussion um

Abb. 4.4c: Anenzephalie und Hydranenzephalie

Anenzephalie (selten)

erhaltenes Wachsein oder Schlafen
keine Zuwendung,
   erhaltener Saug-Reflex,
sicher kein Reflexiv-Bewusstsein
vollständiges Fehlen des Großhirns
   Überleben: Tage

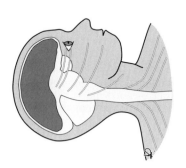

Hydranenzephalie (selten)
(unterschiedliche Formen)

erhaltenes Wachsein oder Schlafen
minimale differenzierende
   Zuwendungs-Reaktionen
?!? eher kein Reflexiv-Bewusstsein !?!
weitestgehendes Fehlen des Großhirns

 funktions-
fähig
 beatmungs-
pflichtig
 herdförmige
Schädigung
 Großhirn-
Schädigung

den Hirntod der Begriff »Mensch« (für ein menschengeborenes Wesen) gegenüber dem Begriff »Person« bevorzugt wird.

Die schwerstgradige frühkindliche Hirnschädigung einer Anenzephalie betrifft typischerweise das gesamte Großhirn einschließlich der Stammganglien, nicht jedoch den Hirnstamm. Insofern ist die Anenzephalie nur mit dem theoretischen Konstrukt des Großhirntodes, dem »neocortical death«, nicht jedoch mit dem dissoziierten Hirntod i.S. der deutschen Richtlinien gleichzusetzen.

Das Locked-In-Syndrom ist ein im mittleren bis späteren Leben auftretendes Krankheitsbild des mittleren bis oberen Hirnstamms, bei dem infolge einer Blutung oder eines Durchblutungsmangels im typischen Fall sämtliche Bewegungen im Bereich des gesamten Körpers bis auf die vertikalen Augenbewegungen ausgefallen sind (Abb. 4.4d) (102). Es ist am besten als ein extrem hohes Querschnittssyndrom mit vollständiger Lähmung der Arme und Beine, der Atmung, der Gesichtsbewegungen und der Augenbewegungen zu verstehen. Im (a) klassischen Locked-In-Syndrom sind die senkrechten Augenbewegungen noch möglich, die seitlichen Augenbewegungen nicht mehr. Fühlen, Hören und Verstehen sind intakt. Eine gesprochene Aufforderung kann also mit dem Schließen der Augen befolgt werden, eine Verständigung über Ja/Nein mit einmal/zweimal Augenöffnen/-schließen ist dementsprechend manchmal möglich, manchmal nicht. Von diesem klassischen Locked-In-Syndrom, das keinesfalls dem Hirntod-Syndrom entspricht, kann man das (b) totale Locked-In-Syndrom unterscheiden, bei dem auch die senkrechten Augenbewegungen aufgehoben sind. Dann ist eine Verständigung, selbst wenn es ein bewusstes, verständigungsbereites Wahrnehmen und Erleben geben sollte, nicht mehr möglich. Es sind Zweifel angebracht, ob ein totales Locked-In-Syndrom mit erhaltenem Denkvermögen und vollständigem Bewegungsausfall als Folge einer Durchblutungsstörung des Hirnstamms (›vaskuläres Locked-In-Syndrom‹) tatsächlich vorkommt. Bei Ausfall der senkrechten Augenbewegungen ist dabei aller Wahrscheinlichkeit nach auch die Formatio reticularis (Abb. 3.2.4) mit betroffen und ein Wachsein und damit ein Bewusst-Sein

nicht mehr möglich. Nur wenn ein solches Erscheinungsbild bei völlig intaktem Gehirn durch eine Muskel- oder Nerv-Muskelkrankheit imitiert wird, dann kann eine Verständigung mit einem solchen Patienten über ein Training der willkürlichen Beeinflussung der elektrischen Hirnströme erreicht werden (44).

Ein solches totales Locked-In-Syndrom (vgl. Kap. 5.1.3) würde nach dem britischen Recht als Hirntod eingeordnet, weil dort das Hirnstamm-Todes-Konzept eingeführt ist. In der Bundesrepublik Deutschland würde ein solches totales Locked-In-Syndrom nicht als Hirntod eingeordnet, weil hier das Gesamthirn-Todes-Konzept gilt und weil bei einer primären Hirnstammschädigung als Irreversibilitäts-Nachweis ein EEG zwingend vorgeschrieben ist.

In der Bundesrepublik Deutschland kann der Hirntod im totalen Locked-In-Syndrom nur festgestellt werden, wenn mit dem Ausfall der bioelektrischen Aktivität im EEG auch der Funktionsausfall des Großhirns nachgewiesen ist.

4.5 Lebendigkeitszeichen im dissoziierten Hirntod

Im dissoziierten Hirntod lassen sich an dem noch überlebenden Körper Zeichen der Lebendigkeit beobachten. Deren Kenntnis und angemessene Interpretation ist für das Verständnis ihrer Bedeutung für Lebendigkeit oder Tod des Körpers oder des Menschen wichtig. Zur besseren Übersicht lassen sich fünf Bereiche von Lebendigkeitszeichen unterscheiden: der äußere, lebensfrische Aspekt, spinale Automatismen und Reflexe, spinal-vegetative Reflexe, hormonelle Steuerungsvorgänge und organinteraktive Stoffwechselvorgänge.

Der äußere Aspekt eines noch überlebenden Körpers im dissoziierten Hirntod ist – wie bereits erwähnt – von dem Aspekt eines komatösen oder eines narkotisierten Patienten nicht zu unterscheiden. In allen diesen Situationen ist der Körper von rosiger Farbe und warm, Haut und Muskeln sind keineswegs leichenstarr, sondern weich; unter der maschinellen Beatmung hebt und senkt sich der Brustkorb

Abb. 4.4d: Typisches und totales Locked-In-Syndrom

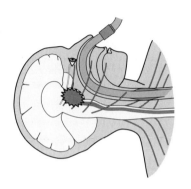

Typisches Locked-In-Syndrom

*erhaltenes Sehen, Hören, Fühlen
und vertikale Augenbewegungen,*
Bewegungsunfähigkeit
        des übrigen Körpers,
*erhaltenes kommunikatives Bewusstsein
(durch vertikale Augenbewegungen)*

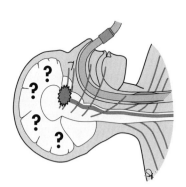

Totales Locked-In-Syndrom

??? Sehen, Hören, Fühlen ???
Bewegungsunfähigkeit
        des gesamten Körpers, auch
        der vertikalen Augenbewegungen
??? internes Bewusstsein ???
(keine Kommunikation möglich)

 funktions-
fähig
 beatmungs-
pflichtig
 herdförmige
Schädigung
 Hirnstamm-
Schädigung

genauso wie der eines noch spontan atmenden Patienten; Brustkorb und Bauchdecke beben leicht im Rhythmus des Herzschlages. Es ist nur zu leicht verständlich, dass der dissoziierte Hirntod allein aus dem äußeren Anblick des Patienten nicht zu begreifen ist. Nur unter Zuhilfenahme unseres Wissens können wir uns die Bedeutung des Funktionsausfalls des Gehirns für den Menschen bewusst und verständlich machen.

Spinale Automatismen und Reflexe sind minimale bis ausfahrende Bewegungen (ein oder wenige Millimeter bis gelegentlich den ganzen Bewegungsraum von Armen oder Beinen durchmessend) (vgl. Kap./Abb. 2.3, 3.2.7) (103). Sie treten entweder mit einer gleichförmigen Regelmäßigkeit ohne erkennbaren äußeren Reiz sich wiederholend als »Automatismen« oder durch immer den gleichen Reiz ausgelöst als »Reflexe« auf. Im Verlaufe vieler Untersuchungen kann man eine große Vielfalt verschiedener Automatismen und Reflexe beobachten, deren gemeinsamer Nenner die jeweilige Gleichförmigkeit des Bewegungsablaufes ist. Spinale Reflexe und Automatismen können als entwicklungsgeschichtlich sehr alte, im Rückenmark selbst geschaltete Reflexe verstanden werden, die durch den Wegfall der vom Gehirn ausgeübten Kontrolle enthemmt werden.

In der Interpretation dieser spinalen Automatismen und Reflexe als ausschließlich im Rückenmark geleitet darf man sich deshalb sicher sein, weil derartige Reflexe ebenso bei hohen Querschnittslähmungen (im Halsbereich) oder bei isolierten Hirnstamm-Erkrankungen beobachtet werden können und weil sie zum Teil Ähnlichkeit mit den bei Säuglingen zu beobachtenden Reflexen haben. So entspricht z.B. die Umarmungsbewegung bei Bestreichen der Brustkorbwand dem Moro-Reflex des Säuglings (vgl. Kap. 3.2.7). Dieser Reflex kann als eine aus unserer tierischen Vorfahrenreihe erhalten gebliebene Klammerbewegung verstanden werden, die das Festklammern an der Mutter ermöglichte. Beim ausgereiften Kind oder Erwachsenen können diese Reflexe als einfache, vom Rückenmark bereitgestellte und vom entwicklungsgeschichtlich jüngeren Gehirn in absichtsvolle Bewegungen integrierbare, entwicklungsgeschichtlich uralte Bewegungsformen verstanden werden.

Das Lazarus-Phänomen ist ein sehr seltener Bewegungsautomatismus, der nach dem endgültigen Abstellen der Beatmung auftritt (vgl. Kap. 2.3). Das ist etwa der Zeitraum, zu dem sich aus der rosigen Farbe allmählich entwickelnde bläuliche Verfärbung in die Blässe übergeht und den endgültigen Sauerstoffverbrauch im Körper anzeigt. Das Lazarus-Phänomen tritt also offensichtlich in diesem Sauerstoffmangel als enthemmte Entladung vieler Rückenmarkszellen auf und besteht in einer Beugung der Beine in den Hüft- und Kniegelenken und in einer Vorwärtsbewegung beider Arme, die wie eine Umarmung aussehen kann und sicherlich auch wie der Moro-Reflex des Säuglingsalters interpretiert werden muss. Ein ausgedehnter Automatismus ist sehr selten. Kleinere derartige Bewegungen sind beim Abstellen einer maschinellen Beatmung nach Eintritt des Hirntodes als Anhebungen der Schultern oder einer Hand oder Zucken eines Beines häufiger zu sehen und es ist ratsam, anwesende Angehörige auf das eventuelle Auftreten solcher Automatismen nach Abstellen der Beatmung vorzubereiten. Es ist nur zu verständlich, dass die Beobachtung eines Lazarus-Phänomens – besonders wenn sie die Beteiligten unvorbereitet trifft – Ärzte und Schwestern etwa im Operationssaal nach der Organentnahme auf das Höchste erschreckt und Zweifel an der Diagnose aufkommen lässt. So ist eine solche Beobachtung von einer Krankenschwester unter der Überschrift veröffentlicht worden: »Nachdem die Ärzte den Patienten für tot erklärt hatten, wollte er mich noch einmal umarmen«.

Auch wenn eine solche gedankliche Assoziation auf den ersten Blick sehr abwegig erscheinen mag, kann man unsere Sehnsucht, einen anderen Menschen zu umarmen, als ein evolutionär uraltes Bewegungsmuster, als einen Jungschen Archetypus wie auch als unser urältestes soziales Bedürfnis verstehen. Wir müssen nur unser intellektuelles Befremden gegenüber einem solchen Gedanken ablegen und den Weg zu einem gelassenen Verständnis für uns selbst finden. Vor einem solchen Hintergrund ist um so besser verständlich, dass die spinalen Reflexe und Automatismen im Hirntod als Zeichen von Lebendigkeit zugleich eine besonders eindringliche Irritation für unser Erleben bedeuten.

Spinal-vegetative Reflexe sind solche Veränderungen, die über die vegetativen Nervenfasern außerhalb und auch innerhalb des Rückenmarkes geleitet werden und beispielsweise in der Ausbildung einer Gänsehaut mit Aufrichtung der Haare, in fleckigen Hautrötungen oder in Veränderungen des Blutdruckes oder der Herzfrequenz bestehen können und beispielsweise durch den Schnitt mit dem Operationsskalpell bei der Organentnahme ausgelöst werden (12, 21, 46, 111).

Hormonwirkungen (1, 40) finden über den Blutkreislauf sowohl zwischen Hormondrüsen (beispielsweise Schilddrüse, Bauchspeicheldrüse, Nebennieren) und den inneren Organen als auch zwischen der Hirnanhangsdrüse (Hypophyse) und den anderen Hormondrüsen statt. Diese wechselseitigen Steuerungs- und Rückkoppelungsvorgänge haben insbesondere deshalb in der Hirntod-Diskussion zeitweilig eine Rolle gespielt, weil die Hirnanhangsdrüse aus einem vorderen und einem hinteren Anteil besteht und weil der hintere Anteil aus Hirngewebe besteht (41). Die Produktion von Hypophysen-Hinterlappen-Hormonen im Hirntod ist sicherlich noch nicht so weit ausreichend untersucht, dass eine abschließende Beurteilung der Hypophysen-Hinterlappenfunktion im Hirntod möglich ist. Da die Hypophyse ihre Blutversorgung teilweise von außerhalb der Hirndurchblutung erhält, ist ein wahrscheinlich nur kurzes Überdauern der Hormonproduktion im Hirntod denkbar.

Organ-interaktive Stoffwechselvorgänge finden sich im dissoziierten Hirntod insbesondere in dem Bereich der Sauerstoffaufnahme in der Lunge sowie im Bereich der Nahrungsaufnahme aus dem Darm über Verarbeitungsvorgänge durch die Bauchspeicheldrüse und die Leber bis hin zu den Ausscheidungsvorgängen in Niere und Dickdarm. Die Bedeutung dieser Lebendigkeits-Zeichen für das Verständnis des Hirntodes für den Tod des Menschen wird in Kap. 5.2.2/5.2.3 noch weiter diskutiert.

Vegetative, hormonelle und organinteraktive Stoffwechselvorgänge finden sich insbesondere sehr offensichtlich in der Möglichkeit eines hirntoten mütterlichen Körpers, eine Schwangerschaft auszutragen. Sicherlich muss man sich in das Gedächtnis rufen, dass eine solche Fortführung einer bestehenden Schwangerschaft ausschließlich unter der maschinellen Beatmung und unter intensiver Behandlung mit stoffwechselausgleichenden Therapiemaßnahmen stattfinden kann. Trotzdem ist die vegetativ-hormonell-stoffwechsel-interaktive Steuerung in dem hirn-

toten Körper immer noch ein biologisches Wunder, das wir bei weitem noch nicht erfolgreich »im Reagenzglas« nachahmen können.

An der besonderen Situation einer Schwangerschaft eines hirntoten mütterlichen Körpers wird eine beklemmende Frage besonders deutlich: Ist dieser hirntote mütterliche Körper noch eine weiterhin lebendige Mutter, ein weiterhin lebendiger Mensch? Dahinter steht die unser bisheriges Verständnis der Mutter-Kind-Beziehung in einer Schwangerschaft fundamental irritierende Frage: Ist für den Fortbestand und das Austragen einer Schwangerschaft nur noch das biologische Funktionieren des mütterlichen Körpers notwendig, nicht mehr ein mütterliches geistig-emotionales Erleben und Leben?

In der Zusammenschau dieser Lebensvorgänge im hirntoten Körper besteht kein Zweifel: Ein hirntoter Körper ist als noch lebendiger Körper anzusehen und kann nicht angemessen als Leichnam bezeichnet werden.

4.6 Wahrnehmung und Erleben im Hirntod?

In der Betrachtung des Sterbeprozesses und des Erlebens im Sterben werden die Todesnähe-Erlebnisse (near-death experiences, NDE) als eine besondere Kategorie von Phänomenen verstanden (42, 48, 74, 79). Sie werden eher nur andeutungsweise im Zusammenhang mit dem Hirntod berührt. Als eigentliches Argument zum Verständnis des Hirntodes werden sie noch weniger gebraucht, wohl weil ihre Deutung so unterschiedlich ist. Sie werden hier besprochen, weil sie als Argument für unser Nichtwissen im Umkreis des Todes angeführt werden.

Als Todesnähe-Erlebnisse werden Wahrnehmungen von Menschen bezeichnet, welche beispielsweise bei einem Herzstillstand wiederbelebt worden sind und danach über ein außerordentliches Erleben während der Wiederbelebung berichtet haben. Fasst man viele Schilderungen zusammen, dann werden häufig ähnliche Wahrnehmungen berichtet: einerseits das Erleben eines Lebensfilms, in dem wichtige Ereignisse des vergangenen Lebens in gedrängter Form noch einmal rasch am inneren Auge vorbeiziehen, andererseits ein Erleben wie in einem Tunnel, an dessen Ende ein helles Licht erscheint, schließlich ein Erleben, die medizinische Behandlung des Körpers von außerhalb dieses Körpers beobachten zu können. Diese Erlebnisse werden von den Betroffenen teilweise als außerordentlich bedeutungsvoll wahrgenommen und teilweise im Stillschweigen behalten. Es wird berichtet, dass diese Menschen anschließend ihr Leben bewusster gelebt hätten.

An den Berichten über Todesnähe-Erlebnisse muss man wenigstens drei verschiedene Aspekte unterscheiden und getrennt betrachten: die Schilderung der Wahrnehmungen, die interpretierende Wiedergabe und das subjektive Erleben der Bedeutung. Für alle drei Aspekte lässt sich ein Bereich des Faktischen in einer relativ nüchternen Sprache angeben, aber auch in einer Bedeutung-überhöhenden Sprache. Bereits die Schilderung der Wahrnehmungen, das Lebensfilm-Erleben, das Tunnel-Erleben und das Außerkörper-Erleben können darauf hin betrachtet werden, inwieweit die jeweiligen Bezeichnungen (Bezeichnung als ›Lebensfilm‹ und nicht als das Auftauchen von Erinnerungen) schon weiterreichende Interpretationen sind, als es die ursprüngliche Wahrnehmung dargestellt haben mag.

Wenn wir bei wachem ungestörtem Bewusstsein eine Reihe von Erinnerungen aufrufen, dann können wir uns auf die einzelnen Ereignisse konzentrieren oder aber auf die unser späteres Leben prägende Bedeutung dieser Erlebnisse. Wir haben also in unserer Erinnerung sowohl Bilder als auch sehr komplexe Bedeutungs-Konnotationen dieser Bilder, vielfältige Verknüpfungen zu anderen Erinnerungen oder Erinnerungselementen. Wir wissen zu wenig darüber, ob die Bilder in unserem Gehirn an einer anderen Stelle gespeichert sind als die Bedeutungskonnotationen, aber das ist sehr wahrscheinlich.

Dementsprechend ist es wahrscheinlich, dass Bedeutungskonnotationen auch zumindest teilweise unabhängig von den Bildern aufgerufen werden können. Wir wissen, dass wir – mit etwas eingehenderem Nachdenken – fast immer unterscheiden können, ob wir etwas geträumt oder im Wachzustand erlebt haben. Auch dieses Wissen greift auf eine entsprechende Realitätskonnotation zurück. Es gibt auch Krankheiten des Gehirns, in denen sowohl die Bildwahrnehmungen als auch diese Bedeutungskonnotationen krankhaft verän-

dert sind, Psychosen mit Halluzinationen und Psychosen mit der wahnhaften Vorstellung des Bedrohtwerdens (die Schizophrenien). Es ist also begründet und sinnvoll, das Erleben der Bilder und das Erleben ihrer Bedeutung als unterscheidbar zu betrachten. Dass ein Erleben beispielsweise in der Situation einer Reanimation – insbesondere bei durch die Situation erzwungener weitgehender Bewegungsunfähigkeit – eine sehr besondere Bedeutung bekommen kann, ist verständlich. Ein Mensch kann sich hier als relativ unbeteiligt erleben, als sich selbst von außen beobachtend. Dieser Denkvorgang ist unter der Bezeichnung »Spaltung« von psychischen Störungen und als ein Selbstschutz in belastenden Erlebnissituationen bekannt.

Schließlich gibt es eine sehr interessante experimentelle Untersuchung, die eigentlich mit der Absicht konzipiert war, ohnmachtsähnliche Bewusstlosigkeiten im Kontrast zu epileptischen Anfällen näher aufzuklären. Dabei wurden Versuchspersonen auf einfachem Wege (vermehrte Atmung und plötzliches Aufrichten aus der Hocke) in einen Blutdruckabfall und damit in einen Kreislaufkollaps gebracht, gefilmt und eingehend zu ihrem Erleben befragt. Eine überraschend hohe Zahl von Versuchspersonen berichtete dem Todesnähe-Erleben sehr ähnliche Wahrnehmungen (48). Man kann sich also fragen, ob diese experimentell ausgelösten Erlebnisse ebenso wie die Todesnähe-Erlebnisse durch ein ganz bestimmtes Ausmaß eines Sauerstoffmangels des Gehirns ausgelöst werden, weil Kontrollstrukturen unseres Gehirns die richtige Einordnung unseres Erlebens oder den richtigen Abruf unserer Erinnerungen nicht ermöglichen können.

Wenn wir das Wahrnehmen in den Todesnähe-Erlebnissen mit diesem Wissen betrachten, dann hat sowohl das rein sinneseindrückliche Erleben wie auch das Bedeutungs-Erleben eine sehr gut verständliche neuropsychologische Erklärung.

Ein halbbewusstes derartiges Erleben in einer lebensbedrohlichen Situation kann verständlicherweise in einem ein gesamtes Lebenskonzept verändernden Sinne verarbeitet werden. Wir Menschen haben – eindeutig anders als selbst die höchstentwickelten Tiere – die Möglichkeit, unserem Leben ein Ziel, einen Sinn zu setzen und diesen Sinn abhängig von unserem Erleben zu gestalten. Wir können das Erleben einer lebensbedrohlichen Erkrankung und das Auftauchen von für uns wichtigen Erinnerungen so verarbeiten, dass wir die Ziel- und Sinn-Definition in unserem Leben vielleicht sogar sehr grundsätzlich verändern. So, wie ein derartiges Erleben in unserer Gesellschaft angesehen ist, werden von einem solchen Erleben betroffene Menschen unterschiedlich reagieren, vielleicht häufig ihr Erleben ausschließlich mit sich selbst oder nur sehr wenigen anderen Menschen teilen. Manche Menschen werden ihren normalen Alltag bewusster gestalten, manche Menschen werden eine bewusstere Einbindung in eine religiöse Gemeinschaft suchen, andere werden mit einer Aura des Außerordentlichen von ihrem Erleben berichten. Wir anderen müssen darüber entscheiden, ob wir eine solche Veränderung eines Lebenskonzepts als sehr beeindruckend oder eher als nicht überzeugend empfinden wollen.

In verschiedenen Veröffentlichungen ist ein solches Todesnähe-Erleben als ein Erleben von jenseits des Todes interpretiert worden oder eine solche Interpretation wird in der Art der Schilderung angedeutet. Diese interpretierende Wiedergabe durch Andere kann vielleicht eine Rolle gespielt haben, wenn körperliche Lebendigkeitszeichen im Hirntod beobachtet und als Lebendigkeitszeichen des als noch lebend verstandenen Menschen angesehen wurden. In der hier gewählten Darstellung des Todesnähe-Erlebens sind bewusst die plausiblen Erklärungen des Phänomens in den Vordergrund gestellt und darüber hinaus gehende Interpretationen als solche gekennzeichnet worden. Im hier zu besprechenden Zusammenhang sollen solche Überzeugungen ausdrücklich respektiert und geachtet werden. Sinnsetzungen und Glaubensüberzeugungen in einem menschlichen Leben gehören zu den höchstgeachteten menschlichen Vermögen. Wenn sie von der Welt der Wissenschaft, der Erkenntnistheorie oder der Wissenschaftstheorie als nicht beachtenswert, weil nicht wissenschaftlich untersuchbar, ignoriert werden, dann werden diese sonst hochgeachteten menschlichen Fähigkeiten in einen peinlich privat zu behaltenden Bereich gedrängt.

Nach diesen Überlegungen ist deutlich, dass Todesnähe-Erlebnisse als Vorgänge in einem lebenden Gehirn zu verstehen sind. Wenn sie in einem weitergehenden Sinne gedeutet werden, sind diese Deutungen mit einem nüch-ternen Verständnis möglicherweise nicht verträglich. Im Hirntod können sie nicht vorkommen.

4.7 Erleben und Würde des Sterbens

Das Krankenlager auf einer Intensivstation und das Sterben im Hirntod haben viele Aspekte, solche, die ausschließlich mit der medizienischen Behandlung auf einer Intensivstation verbunden sind, und solche, die mit der besonderen Situation des Versterbens im Hirntod zusammenhängen.

Die Behandlung auf einer Intensivstation bedeutet immer Beunruhigung und Beängstigung im Umgang mit einem schwerwiegenden Krankheitsbild, das in den Tod eines Menschen münden kann. In der medizinischen Behandlung dieses Menschen muss ein erheblicher Aufwand mit notwendiger Aktivität, manchmal Hektik, getrieben werden. Für Ruhe und Nachdenklichkeit bleibt oft wenig oder keine Zeit. Ärzte konzentrieren sich auf das sachgerechte Handeln und haben manchmal zu der Vergeblichkeit ihres Handelns und zu der Endgültigkeit menschlichen Sterbens keine ausgereifte eigene Haltung. Dementsprechend sind sie kaum gerüstet, Angehörige bei dem Annehmen des Sterbens hinführend zu begleiten. Sicherlich glücklicherweise ist der Patient selbst in der Entwicklung des Hirntodes bewusstlos und leidet nicht unter den Ereignissen um ihn herum.

Für die Angehörigen hat ein solcher Krankheitsverlauf eine weitere belastende Auswirkung. Wenn sich nach dem Eintritt des Hirntodes die Frage nach einer eventuellen Organspende stellt, dann folgt der Mitteilung des Hirntodes sehr unmittelbar die Frage nach der Zustimmung zur Entnahme. Diese Erlebnisfigur ist typisch für viele Situationen der heutigen Medizin. Der wissenschaftliche Fortschritt hat Handlungsmöglichkeiten gebracht, bei denen das weitere Handeln wie das Nicht-Handeln erhebliche Konsequenzen für den Kranken haben. Im Falle des Hirntodes ist selbstverständlich jedem Arzt die Möglichkeit gegenwärtig, dass mit entnommenen Organen Krankheiten anderer Menschen wesentlich gelindert oder dass sogar bedrohtes Leben gerettet werden kann.

Die Frage nach der Organspende bedeutet für die von der Todesnachricht betroffenen Angehörigen eine Belastung, die nur teilweise durch die Überzeugung besänftigt werden kann, dass das als sinnlos erlebte Sterben mit der Organspende wenigstens für andere noch einen Sinn bekommen kann. Der pietätvolle oder konfliktängstliche Verzicht auf eine Frage nach der Entnahme-Erlaubnis verlängert das Leiden potenzieller Empfänger und lässt sie in manchen Fällen auf der Warteliste versterben. Der Zeitraum für eine solche Frage an die Angehörigen ist eng; für einen schonend allmählichen Bewältigungsprozess bleibt wenig Zeit.

Die Situation des Hoffens auf eine Besserung ist von der ängstlichen oder auch selbstverständlichen Erwartung geprägt, dass für die Heilung des Krankheitsbildes alles medizinisch Mögliche getan wird. Die Beobachtung psychologischer Fehler hat zu der Verfahrensempfehlung geführt, die Frage nach einer eventuellen Zustimmung zur Organentnahme nicht vor der Feststellung des Hirntodes zu stellen. Selbstverständlich werden damit keine Befürchtungen eines vordergründigen, die Behandlung des Kranken vernachlässigenden Organgewinnungs-Interesses geweckt. Dieses Verfahren hat jedoch den Nachteil, dass Angehörige, die von der Möglichkeit einer Organentnahme wissen, von dem Vermeiden dieses Themas eher beunruhigt werden können. Insgesamt kommt es durch dieses Verfahren zu der sehr engen zeitlichen Abfolge der Todesmitteilung und der Frage nach einer Entnahme-Zustimmung.

Das gegenteilige Vorgehen könnte ein frühzeitiges Ankündigen des allmählich absehbar ungünstigen Verlaufes und ein Erklären der Besonderheit des Hirntodes einschließen. Dieser Weg mit dem gleichzeitigen allmählichen Informieren über die sich daraus ergebende Möglichkeit einer Organentnahme hat sich als durchaus gangbar erwiesen. Man kann die im Vordergrund stehende Behandlung des Patienten bis zu den eindeutigen Zeichen der definitiven Verschlechterung und die dann erst einmal notwendige formale Untersuchung verständlich erklären. Dann steht für die Angehörigen das Wissen des Arztes, sein Verständnis für ihre Sorgen und seine Offenheit im Vordergrund. Das ist eine Vertrauensbasis, auf der auch die sich abzeichnende Möglichkeit einer Organspende angesprochen werden kann. Selbstverständlich muss bei dieser Frage die Verschiedenheit der Menschen und ihrer Ängste beachtet werden. Das Verständnis für die Ängste in dieser vital verunsichernden Situation trägt zu dem angemessenen Ton im Gespräch bei.

Ein nachdenkliches Selbstverständnis des Arztes schafft ein Vertrauen, das den betroffenen Angehörigen das Bewältigen ihres belastenden Verlusterlebens in der aktuellen Situation und auch im weiteren Verlauf erleichtern kann.

5 Die Begründungen zum Hirntodes-Konzept

Nachdem die »Werkzeuge«, die Begriffe und ihre Bedeutungen, geschärft und eine Reihe von medizinischen Fakten und Annahmen dargestellt worden sind, kann als Nächstes die Ebene der Begründung des zu erarbeitenden Verständnisses mit der Bedeutung für den Menschen in Angriff genommen werden.

5.1 Bio- und neurophiloso-phische Grundlagen

Für die Betrachtung biologischer und spezieller neurologischer Befunde und Zustände unter dem Aspekt ihrer Deutung in Bezug auf Lebewesen oder den Menschen als Menschen und Person haben sich die Begriffe Biophilosophie und im engeren Sinne Neurophilosophie eingebürgert (10, 104). In diesem Kapitel sollen also nicht so sehr die klinischen Befunde im Hirntod, sondern die Begründungen zum Verständnis des dissoziierten Hirntodes in Bezug auf den Menschen betrachtet werden.

5.1.1 Evolutionäres Schichtenmodell

In Kap. 3.3 war ein evolutionäres Modell aufgezeigt worden. Den Schichten Anorganik, Botanik, Zoologie und Geistigkeit entspricht das Auftreten der entsprechenden emergenten Eigenschaften Wachstums- und Vermehrungsfähigkeit, rasche Beweglichkeit und geistig-seelisches Vermögen (vgl. Abb. 3.3) (68, 69). An dieser Stelle geht es wesentlich um ein Verständnis des Todes eines Menschen und auch um das Verständnis der Kontroversen um den dissoziierten Hirntod. Für ein solches Verständnis ist der Rückgriff auf das evolutionäre Schichtenmodell hilfreich, das der Vereinfachung halber auf ein dreischichtiges Modell reduziert wurde (Abb. 5.1.1). Man kann den Tod eines Lebewesens unter dem

Blickwinkel des Verlustes seiner emergenten Eigenschaften betrachten. Auch in einem solchen Modell lässt sich der Dissens um die orthodoxe Hirntodes-Theorie und die kritische ›organismische‹ Hirntodes-Theorie verdeutlichen. Die orthodoxe Hirntodes-Theorie vertritt nach dieser modellhaften Betrachtung den Standpunkt, dass mit Verlust der anthropologischen Schicht das Lebewesen Mensch nicht mehr sinnvoll als Mensch angesprochen werden kann. Die Kritik vertritt demgegenüber den Standpunkt, dass für den Tod des Menschen auch der Verlust der biologischen Lebendigkeit mit den entsprechenden Kennzeichen gefordert werden müsse. Dieser Verlust der biologischen Lebendigkeit ist zweifellos ein intuitiv überzeugenderes Bild des Todes als der äußerlich unsichtbare Hirntod. Trotzdem bleibt auch bei Zuhilfenahme eines solchen evolutionären Schichtenmodells die entscheidende Frage: Was ist der Mensch ohne ein lebendiges Gehirn?

5.1.2 Struktur und Funktion

Bei der Betrachtung des Gehirns und seiner Funktionen stehen immer Aspekte der Struktur und der Funktion, die Gehirnsubstanz mit ihren Schädigungen und das geistig-seelische Vermögen einander gegenüber, so auch bei der Frage des Organtodes und der Untersuchung zur Feststellung dieses Organtodes. (Dies entspricht einer ›substanz-monistischen und aspekt-dualistischen‹ oder in anderen Worten einer ›funktionalistischen‹ Grundposition). In der Definition des Hirntod-Syndroms und des Konzeptes in den jüngsten Richtlinien der Bundesärztekammer (118) ist der Verlust der Funktion des Gehirns in den Vordergrund gestellt (»Gesamtfunktions-Hirntodes-Konzept«). Die diesem Funktionsverlust zugrunde liegende Substanzschädigung ist in der Prüfung der Voraussetzungen enthalten. Da das gesamte Konzept auf der Voraussetzung beruht, dass sich Hirnstruktur und bioelektrochemische und geistig-seelische Funktion

Abb. 5.1.1: Evolutionär begründetes Begriffsverständnis
Leben, Sterben und Tod

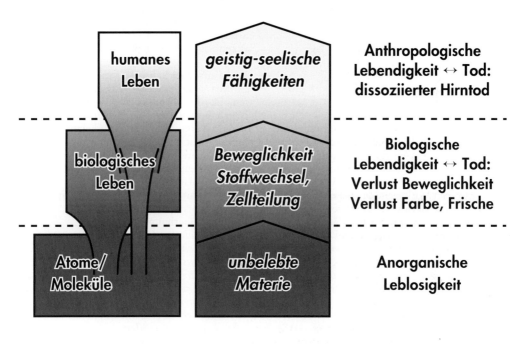

'evolutionär begründete, semantische Dispersion'
der Begriffs-Bedeutungen:

Unser intuitives Verständnis der Begriffe 'lebendig' / 'tot'
betrifft vordergründig bei Tieren die sichtbare Beweglichkeit,
bei Pflanzen die frische Form, Farbe und Größenwachstum,
beim Menschen entscheidend die seelisch-geistigen Funktionen

entsprechen, ist eine Hirntod-Feststellung im Prinzip sowohl mit strukturuntersuchenden wie mit funktionsuntersuchenden Methoden denkbar, allerdings jeweils nur bedingt praktikabel. Da letztlich für den Menschen und seine Lebensvollzüge in erster Linie die Funktion von Bedeutung ist, wurde die Definition des Hirntod-Syndroms sinnvollerweise an die Funktion geknüpft.

Das Konzept des dissoziierten Hirntodes, die Kriterien seiner Feststellung und die Bestimmung seiner Bedeutung für den Menschen, sind in der Definition und den Kriterien an den Funktions-Aspekt geknüpft. In der Prüfung der Voraussetzungen schließen sie aber auch Kriterien des Struktur-Aspektes ein.

5.1.3 Die »orthodoxe« Hirntodes-Theorie

Im Verlaufe der vergangenen 50 Jahre wurde aus den klinischen Beobachtungen das Konzept des Hirntodes entwickelt und entsprechend der jeweiligen Entwicklungen in verschiedenen Ländern etwas unterschiedlich formuliert. Für den vorliegenden Zusammenhang steht der internationale Vergleich nicht im Vordergrund. Deshalb wird im Wesentlichen nur das in der Bundesrepublik Deutschland in den verschiedenen Veröffentlichungen des Wissenschaftlichen Beirates der Bundesärztekammer entwickelte Konzept diskutiert (114–117). Nach Inkrafttreten des Transplantationsgesetzes wurde dieses Konzept in der entsprechend formulierten Richtlinie der Bundesärztekammer festgeschrieben (118). Die wesentlichen Gesichtspunkte der orthodoxen Hirntodes-Theorie (64) sind als Einleitung der Begründungen nachfolgend noch einmal zusammengefasst (vgl. Kap. 1.5).

Die zentrale Aussage zur Bedeutung des dissoziierten Hirntodes (die Bedeutungs-Attribution) gemäß der orthodoxen Hirntodes-Theorie ist: »Der Hirntod ist der Tod des Menschen.« Oder »Mit dem Hirntod ist naturwissenschaftlich-medizinisch der Tod des Menschen festgestellt.« Die Bedeutung des Hirntodes für den daran erkrankten Menschen wurde von Mollaret/Goulon (62) sowie von Tönnis/Frowein (107) ausformuliert. Die Definition des Hirntodes ist in der Bundesrepublik festgelegt auf den Ausfall der Ge-

samtfunktion des Gehirns mit seinen drei Regionen: Großhirn, Kleinhirn und Hirnstamm. Drei Kriterien begründen die Definition des Hirntodes: die Erfüllung der Voraussetzungen, der entsprechende klinische Untersuchungsbefund und der Nachweis der Irreversibilität. Die einzelnen Tests entscheiden über die Erfüllung der Kriterien. Die Detailfragen zu den Voraussetzungen (Überprüfung der Diagnose, Ausschluss verschiedener möglicher Differenzialdiagnosen) können als solche Tests verstanden werden. Die einzelnen Prüfungen der Hirnstamm-Reflexe und die verschiedenen apparativen Untersuchungsmethoden (EEG, evozierte Potenziale, Doppler-Sonographie der Hirnarterien, Perfusionsszintigraphie) mit den zugehörigen Einzelvorschriften sind solche Tests.

Nicht ausdrücklich in diesen Richtlinien aufgeführt, aber in den Voraussetzungen enthalten, ist die entscheidende Absicherung der Beurteilung durch die Betrachtung des gesamten Verlaufes. Unstimmigkeiten einzelner Befunde mit der Diagnose würden im Verlauf zu erkennen sein und zu einer Überprüfung Anlass geben. Die Eindeutigkeit des Verlaufes geht in die Überprüfung der Voraussetzungen und die Beurteilung des klinischen Syndroms ein, ist aber eine entscheidende Stütze der Diagnose überhaupt.

Die orthodoxe Hirntodes-Theorie beruht auf einer zentralen, das Verständnis begründenden Anschauung: Das Gehirn ist das (einzige) für den Menschen unverzichtbare Organ, ohne das er nicht mehr sinnvoll als Mensch angesprochen werden kann. Diese Grundannahme soll nachfolgend systematischer begründet werden.

5.1.4 Sterbeprozess und Todeszeitpunkt

Der Sterbeprozess eines Menschen kann sehr unterschiedlich extensiv betrachtet werden. Von manchen Philosophen und Theologen ist das ganze Leben eines Menschen als ein Sein zum Tode betrachtet worden. Eine solche Betrachtung sieht von Krankheitsprozessen im medizinischen Sinne weitgehend ab und zielt sehr weitgehend oder fast ausschließlich auf den metaphysischen Erlebensaspekt. Eine Betrachtung des Sterbeprozesses im vorliegenden Zusammenhang muss demgegenüber von dem körperlichen Krankheitsgeschehen ihren Ausgang nehmen (99). Dieses Geschehen ist in Kap. 4.2 beschreibend dargestellt worden. Hier soll mehr die systematische Übersicht herausgearbeitet werden, in der einzelne unterscheidende ›Ereignisse‹, ›Verlaufs-Phasen‹ und der jeweils unterscheidbare Zustand der ›epistemologische Status‹ herausgestellt werden sollen (Abb. 5.1.4).

In diesem Sinne beginnt das Sterben eines Menschen mit derjenigen Erkrankung, die direkt oder indirekt den Tod bedingt. In der Zeit zuvor war sein ›Status‹ der eines lebendigen, gesunden Menschen. Eine Koronarsklerose mit gelegentlichen Angina-pectoris-Attacken, die dem letztendlich tödlich verlaufenden Herzinfarkt um Jahre vorausgehen kann, wird man vielleicht nicht als den Beginn eines Sterbeprozesses ansehen. Bei der Diagnose einer Krebserkrankung wird dies eher der Fall sein, weil viele Krebserkrankungen immer noch weitgehend unausweichlich zum Tode führen. Als Beginn eines Sterbeprozesses eines Menschen wird also üblicherweise der Beginn einer Erkrankung gesehen, die in einem eher offensichtlichen Sinne zum Tode führt. In diesem Sinne kann man solche Erkrankungen als die erste Phase des Sterbeprozesses, die Erkrankungsphase, ansehen, der Status ist der eines Kranken.

Eine solche Erkrankung beginnt gelegentlich sehr akut und verläuft rasch, in anderen Fällen ist ein anfangs nicht eindeutig bedrohlicher Verlauf von einer Verschlechterung und einer dann kritischen Phase gefolgt, in der eine Besserung noch möglich erscheint, aber bereits zunehmend zweifelhaft wird. Eine solche Phase ist bei vielen Kopfunfällen zu beobachten, wenn die Patienten Tage, manchmal Wochen bewusstlos auf der Intensivstation liegen und eine Besserung allmählich weniger wahrscheinlich erscheint. Diese zweite Phase könnte man als die kritische Verschlechterungsphase bezeichnen.

Falls die Schädigung ausgeprägter ist, dann kann es zu einer weiteren Verschlechterung kommen. Manchmal eher allmählich und zeitlich nicht eindeutig festzulegen, kommt eine Zeit, in der die Therapiemaßnahmen weniger Wirksamkeit zeigen und weitere Zeichen der Verschlechterung hinzutreten. Schließlich zeigen alle Therapiemaßnahmen nur noch sehr geringe oder keine positiven Auswirkungen, manchmal halten sie den momentanen Zustand noch für einige Zeit stabil, bewirken aber keine entscheidende Besserung mehr. Dies ist eine Phase, in welcher der Krankheitsverlauf bereits irreversibel zum Tode führt und in welcher der Eintritt des Hirntodes oder des Herzkreislaufstillstandes absehbar näher rückt, in der aber der Hirntod noch keineswegs eingetreten ist. Diese eindeutig vor dem eventuellen Eintritt des Hirntodes liegende Phase ist also im medizinischen Sinne als die eigentlich irreversible Verschlechterungsphase zu bezeichnen.

Diese irreversible Verschlechterungsphase ist in vielen Krankheitsverläufen nur schwierig zu bestimmen. Das Unwirksamwerden der Therapiemaßnahmen kann sich allmählich bemerkbar machen und ebenso allmählich kann die Erkenntnis klar werden, dass die Therapie aussichtslos wird. In der Kontroverse um das Verständnis des Hirntodes ist die Irreversibilität des Sterbeprozesses als das entscheidende Kennzeichen angesehen worden. Diese Sicht ist insofern richtig, als die Irreversibilität nach Feststellung des Hirntod-Syndroms unzweifelhaft feststeht, aber insofern unrichtig, als der Krankheitsprozess bereits vorher in einen therapeutisch nicht mehr beeinflussbaren irreversiblen Verlauf einmündet. Von den Kritikern der orthodoxen Hirntodes-Theorie ist der Eintritt der Irreversibilität als das entscheidende Kriterium für die Erlaubtheit einer Organentnahme angesehen worden. Wenn man dieser Argumentation folgen wollte, müsste man die begriffliche Ungenauigkeit ins Auge fassen.

In der Sicht der orthodoxen Hirntodes-Theorie ist der Hirntod der Endpunkt dieser Verschlechterungsphase und der eigentliche Todeszeitpunkt des Menschen, der den Sterbeprozess des Menschen abschließt. Wegen der nicht eindeutigen Nachweisbarkeit des Hirntodes-Eintritts wird der eindeutige zeitlich bestimmbare Abschluss der letzten Untersuchung zur Hirntodes-Feststellung als der amtlich maßgebliche Todeszeitpunkt des Menschen angesehen. Unter der maschinellen Beatmung auf der Intensivstation schlägt das Herz weiter und hält den Blutkreislauf aufrecht, die übrigen Organe werden damit lebend erhalten. An den Eintritt des Organtodes des Gehirns schließt sich also im Sterbeprozess die Phase des dissoziierten Hirntodes an.

Tab. 5.1.4: Sterbeprozess und Todeszeitpunkt
im dissoziierten Hirntod

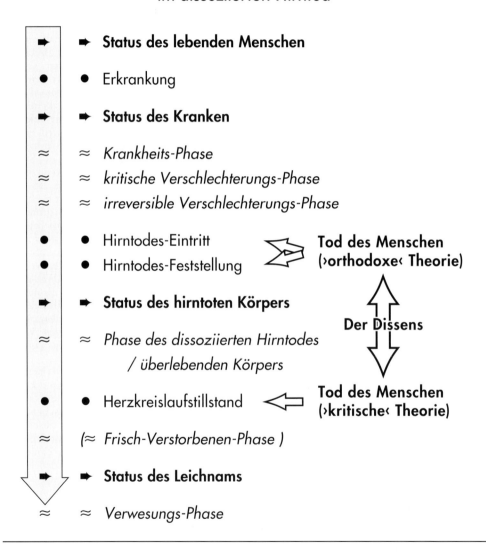

Differenzierung in: (•) Ereignis-Zeitpunkte, (≈) Verlaufsphasen
und unterscheidbare (➡) Zustände (»epistemologischer Status«)

Der epistemologische Status ist der eines hirntoten, noch überlebenden übrigen Körpers.
Die Phase des dissoziierten Hirntodes endet mit dem Herzkreislaufstillstand, der von den Kritikern des orthodoxen Hirntodes-Konzeptes als der eigentliche Todeszeitpunkt des Menschen angesehen wird. In den unmittelbar anschließenden wenigen Minuten wird der Körper blass und die Gesichtszüge werden im typischen Falle etwas spitzer, weil das Blut aus der Haut und dem Unterhautgewebe in die weiter unten gelegenen Körperpartien absinkt. Anfangs ist der Körper noch warm, kühlt aber allmählich aus. Erst im weiteren Verlauf bildet sich innerhalb weniger Stunden die Leichenstarre aus und der Körper nimmt das typische Aussehen eines Leichnams an. Ob man die anfängliche Frischverstorbenen-Phase vor dem eigentlichen Eintritt der Leichenstarre und damit vor dem Leichnamsstatus noch mit einem solchen gesonderten Begriff belegen will, kann unterschiedlich gesehen werden.
In den durch die verschiedenen Ereignisse getrennten Phasen ist ein unterschiedlicher (epistemologischer) Status des Menschen vom Status des lebendigen, gesunden Menschen, dem Status des Kranken, dem Status des hirntoten Körpers und dem Status des Leichnams zu unterscheiden (Abb. 5.1.4).

5.1.5 Die unterschiedlichen Hirntodes-Konzepte

In der Biologie ist immer Anlass zu der weiterführenden Diskussion, wo denn für eine diagnostische, eine therapeutische oder eine ethische Entscheidung die letztlich kritische Grenze anzusetzen sei. Krankheitsprozesse können bestimmte Regionen des Gehirns unterschiedlich betreffen. Dementsprechend ergibt sich die Frage, welche Hirnregion für die geistig-seelischen Funktionen und damit für das Menschsein entscheidend sei. Eine solche Diskussion hat auch für das Hirntodes-Konzept stattgefunden und zum Entwurf dreier unterschiedlicher Konzepte geführt: Gesamtfunktions-Hirntodes-Konzept, Großhirntodes-Konzept und Hirnstammtodes-Konzept (Abb. 5.1.5a).
In Großbritannien ist bis heute das Hirnstamm-Todes-Konzept (brainstem death) eingeführt. Dieses sehr pragmatische Konzept erlaubt die Feststellung des Hirntodes bei einem entsprechenden Krankheitsverlauf und Überprüfung der Voraussetzungen ausschließlich mit der Feststellung des Ausfalls aller Hirnstammreflexe. Eine Überprüfung oder Berücksichtigung einer eventuellen restlichen Funktion des Großhirns ist nicht erforderlich. Das Konzept begründet sich damit, dass eine intakte Funktion des obersten Hirnstamms unverzichtbare Voraussetzung für ein Funktionieren des Großhirnes ist. Diese Annahme ist aller Wahrscheinlichkeit nach für alle denkbaren Krankheitsverläufe richtig. An diesem Konzept ist heftige Kritik geäußert worden mit dem Argument, dass ein Fortbestehen einer minimalen restlichen Großhirnfunktion denkbar sei.
Im Zusammenhang mit dem Hirnstamm-Todes-Konzept ist das Locked-In-Syndrom zu diskutieren, das die Begründung für die Kritik geliefert hat. Bei dem Locked-In-Syndrom (vgl. Kap. 4.4) sind infolge einer Blutung oder eines Durchblutungsmangels im typischen Fall sämtliche Bewegungen im Bereich des gesamten Körpers bis auf die vertikalen Augenbewegungen ausgefallen, Sehen, Hören und Verstehen sind jedoch erhalten. Wenn auch die vertikalen Augenbewegungen ausgefallen sind – im sog. totalen Locked-In-Syndrom – ist eine Verständigung auf keinem Wege mehr möglich. Über elektrische Potentialveränderungen kann man in einigen wenigen Fällen erhaltene Funktionen des Gehirns nachweisen. Ob diese Funktionen einer Wahrnehmung oder einem Verständnis entsprechen, ist prinzipiell nicht feststellbar (Abb. 5.1.5b).
In einem solchen Zustand als Folge einer Durchblutungsstörung kann in Großbritannien der Hirntod festgestellt und als Konsequenz die Beatmung beendet werden. Da eine Fallgeschichte eines Überlebens in einem solchen totalen vaskulären Locked-In-Syndrom (vgl. Kap. 4.4) bisher nicht berichtet worden ist, kann nicht entschieden werden, ob ein Erleben möglich ist. Nach allen denkbaren Überlegungen ist ein bewusstes Erleben nicht möglich, allenfalls ein kurzzeitiges, nicht begreifendes Entsetzens-Erleben. Angesichts dieser schrecklichen Möglichkeit kommen einem zwei verschiedene Gedanken. Einerseits erscheint die Feststellung des Hirntodes mit der Konsequenz der Beatmungsbeendigung bei nicht auszuschließender Erlebnismöglichkeit erschreckend, andererseits

Abb. 5.1.5a: Die verschiedenen Hirntodes-Konzepte

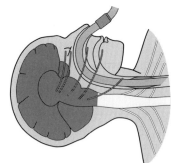

Gesamtfunktions-Hirntodes-Konzept
In der Bundesrepublik Deutschland gültig:
»Ausfall der Gesamtfunktion von Großhirn,
Kleinhirn und Hirnstamm« ...
»naturwiss.-medizinisch der Tod des Menschen«
funktionell (und strukturell) gut definiert
abgrenzungs-un-kritisch!

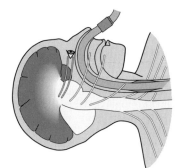

Großhirntodes-Konzept (»neocortical death«)
›eigentlichstes‹ anthropologisches Konzept,
theoretisch betrachtet, nicht isoliert vorkommend,
nicht trennscharf/sicher diagnostizierbar
funktionell und strukturell mangelhaft definiert
abgrenzungskritisch: *Apallisches Syndrom*

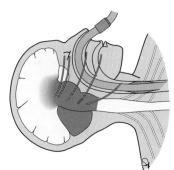

Hirnstammtodes-Konzept (»brainstem death«)
In Großbritannien gültiges Konzept:
Großhirn-Rest-Funktion (z.B. EEG) unbeachtlich,
(wohl ø seelisch-geistigen Funktionen möglich)
funktionell und strukturell gut definiert
abgrenzungskritisch: *Totales Locked-In-Syndrom*

 **funktions-fähig**    **beatmungs-pflichtig**    **diffuse Schädigung**

Abb. 5.1.5b: Das totale Locked-In-Syndrom im Vergleich
zum Hirnstammtodes-Konzept

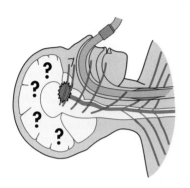

Totales Locked-In-Syndrom

??? Sehen, Hören, Fühlen ???
Bewegungsunfähigkeit
     des gesamten Körpers, auch
     der vertikalen Augenbewegungen
??? internes Bewusstsein ???
(keine Kommunikation möglich)

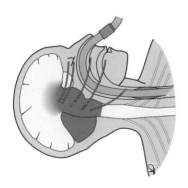

Hirnstammtodes-Konzept
(»brainstem death«)

In Großbritannien gültig:
Ausfall aller Hirnstammreflexe
Großhirnfunktion nicht beachtlich,
weil ohne oberen Hirnstamm
keine seelisch-geistigen Funktionen

 funktions-
fähig    beatmungs-
pflichtig   herdförmige
Schädigung   Hirnstamm-
Schädigung

erscheint das Aushaltenmüssen eines solchen Zustandes selbst für Minuten oder Stunden bis zu dem ohnehin immer eintretenden Bewusstseinsverlust und Tod entsetzlich.

Das totale Locked-In-Syndrom ist also ein Krankheitszustand, in dem ein Wahrnehmen und Erleben zwar sehr unwahrscheinlich, aber nicht auszuschließen ist. Aus systematischer Sicht wäre ein solcher Mensch als potenziell bei Bewusstsein und lebendig anzusehen. Gegenüber dem Behandlungsgebot im Zweifelsfall wäre ein Beenden der Beatmung Euthanasie. Aus pragmatischer (britischer) Sicht wird beim Hirnstammtodes-Konzept die Restunsicherheit eines möglichen totalen Locked-In-Syndroms hingenommen und die Therapie beendet. Man muss sich der Frage stellen, ob die weitere Therapie oder die Therapie-Beendigung menschenfreundlicher und gnädiger ist. Eine Organentnahme vor der Beatmungsbeendigung scheint mir in einer solchen Situation nicht vertretbar.

Das Großhirn-Todes-Konzept (neocortical death) ist als eine Denkmöglichkeit diskutiert worden. Es ist nicht bekannt geworden, dass es (außer in der Form der Anenzephalie, vgl. Kap. 4.4, 5.4.6) in irgendeinem Land praktiziert worden wäre. Das Konzept geht von dem Wissen aus, dass ein vollständiger Ausfall der Großhirnrinde sicherlich auch mit dem vollständigen Verlust jeglichen Wahrnehmens, Erinnerns, Wollens und Handeln-könnens einhergeht. Ein davon Betroffener kann demnach nicht mehr als ein lebendiger Mensch angesehen werden. In diesem Sinne ist das Großhirnrinden-Todes-Konzept sozusagen das »eigentlichste anthropologische« Hirntodes-Konzept und in diesem Sinne das richtigste. Das Konzept ist jedoch mit zwei Problemen behaftet. Einerseits kommt es in dieser reinen Form wohl kaum vor, allenfalls in Kombination mit nur sehr schwer abgrenzbaren ausgedehnteren Schädigungen. Andererseits ist es nicht mit befriedigender Sicherheit diagnostizierbar. Eine Funktionsstörung der Großhirnrinde ist mit dem EEG oder den evozierten Potenzialen nachweisbar. Beide Methoden lassen einen isolierten Großhirnrinden-Ausfall kaum vollständig zuverlässig und trennscharf nachweisen. Zuverlässig nachweisbar wäre der Funktionsausfall der Großhirnrinde mit der Perfusionsszintigraphie, einem Verfahren, mit dem der Ausfall der Durchblutung der Großhirnrinde nachgewiesen werden kann. Das wesentliche Problem dürfte in der man-

gelhaften Eindeutigkeit der Abgrenzung liegen. Das Großhirnrinden-Todes-Konzept ist demnach auf der Ebene der Kriterien und der Tests nicht ausreichend eindeutig und trennscharf definierbar (45).

Im Zusammenhang mit dem Großhirnrinden-Todes-Konzept ist der kortikale Typ des apallischen Syndroms (Abb. 5.1.5c) zu diskutieren (vgl. Kap. 4.4), der Ausgangspunkt für diese konzeptionellen Überlegungen gewesen ist. Auch bei schwerstgradigen Verläufen ist ein vollständiger Untergang der Großhirnrinde bei weitgehender Erhaltung der anderen Hirngebiete extrem selten. Untersuchungen zur Sicherheit des Großhirnrinden-Funktionsausfalls im apallischen Syndrom sind (dem Autor) nicht bekannt. Neben diesen medizinischen Argumenten bleibt zu fragen, ob es überzeugend sein könnte, bei einem Patienten den Hirntod festzustellen, der – selbst ohne Bewusstsein – mit zeitweise geschlossenen und zeitweise offenen Augen liegt. Weil es zugleich isolierter und vollständiger Großhirnrinden-Ausfall auch bei den schwerstgradigen Formen des kortikalen Typs des apallischen Syndroms nicht vorkommt, ist der Vergleich zum Großhirnrinden-Todes-Konzept nicht sinnvoll zu diskutieren.

Ferner sind im Zusammenhang mit dem Großhirnrinden-Todes-Konzept die Fehlbildungssyndrome der Anenzephalie bzw. Hydranenzephalie (Abb. 5.1.5d) zu diskutieren (vgl. Kap. 4.4). Zumindest die typische Form der Anenzephalie und die ausgedehnteren Formen der Hydranenzephalie erfüllen die Bedingung des vollständigen Großhirnrindenausfalls und sind somit der Prototyp dieses Hirntodes-Konzepts. Auf die Diskrepanz zwischen dem theoretischen Konzept und den sich daraus anbietenden Konsequenzen und dem Empfinden und Wahrnehmen der Eltern eines betroffenen Säuglings und ihrer emotionalen Abwehr solcher Konsequenzen war bereits in Kap. 4.4 hingewiesen worden.

Das Großhirn-Todes-Konzept kann zwar bei rein theoretischer Betrachtung als das »eigentlichste anthropologische« Todes-Konzept des Menschen betrachtet werden. Weil es in der Realität nur bei dem Fehlbildungssyndrom der Anenzephalie in reiner Form vorkommt, bleibt es hier sehr problematisch. Weil es bei älteren Kindern oder Erwachsenen in reiner Form nicht vorkommt und kaum nachweisbar wäre, bleibt es hier Theorie.

Abb. 5.1.5c: Das apallische Syndrom im Vergleich
zum Großhirntodes-Konzept

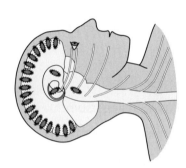

**Reines Apallisches Syndrom
z.B. kortikaler Typ (idealisiert)**

*erhaltenes Wachsein oder Schlafen
Unruhe / Entspannung bei Zuwendung,*
definitiv keine antwortende Reaktion,
kein Blickkontakt
schwergradige unterschiedliche Schäden

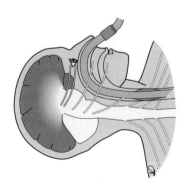

Großhirntodes-Konzept

theoretisches Diskussionsthema:
(so nicht vorkommend / diagnostizierbar)
Ausfall aller Großhirnfunktionen
Hirnstammfunktionen nicht beachtlich,
weil ohne Großhirnrinde
keine seelisch-geistigen Funktionen

 **funktions-
fähig**  **beatmungs-
pflichtig**  **herdförmige
Schädigung** **Großhirn-
Schädigung**

Abb. 5.1.5d: Anenzephalie und Hydranenzephalie
im Vergleich zum Großhirntodes-Konzept

Anenzephalie (selten)

erhaltenes Wachsein oder Schlafen
keine Zuwendung,
*   erhaltener Saug-Reflex,*
sicher kein Reflexiv-Bewusstsein
vollständiges Fehlen des Großhirns
Überleben: Tage

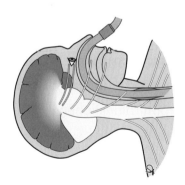

Großhirntodes-Konzept

theoretisches Diskussionsthema:
(so nicht vorkommend / diagnostizierbar)
Ausfall aller Großhirnfunktionen
Hirnstammfunktionen nicht beachtlich,
weil ohne Großhirnrinde
keine seelisch-geistigen Funktionen

 funktions-
fähig    beatmungs-
pflichtig   Großhirn-
Schädigung

Abb. 5.1.5e: Das Todes-Konzept des »Non-Heart-Beating-Donor« als Entnahme-Kriterium ↔ orthodoxes Konzept

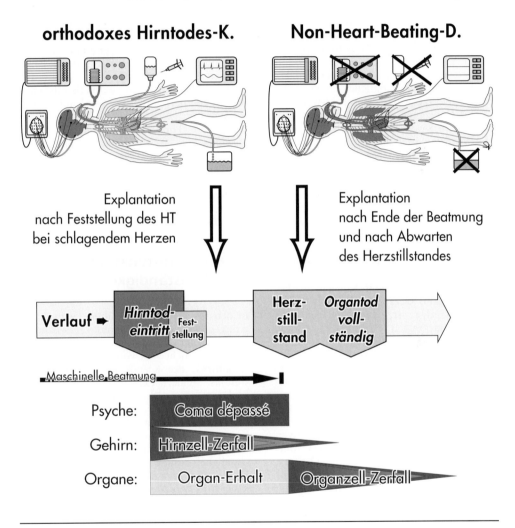

orthodoxes Hirntodes-K.   Non-Heart-Beating-D.

Explantation
nach Feststellung des HT
bei schlagendem Herzen

Explantation
nach Ende der Beatmung
und nach Abwarten
des Herzstillstandes

Verlauf ➤ **Hirntod-eintritt** Feststellung **Herz-stillstand** **Organtod vollständig**

Maschinelle Beatmung

Psyche: Coma dépassé

Gehirn: Hirnzell-Zerfall

Organe: Organ-Erhalt Organzell-Zerfall

Das Todes-Konzept des »Non-Heart-Beating-Donor« vermeidet
das unintuitive Erleben der »organismischen« Lebendigkeit
des hirntoten, noch überlebenden übrigen Körpers
zum Zeitpunkt der Organ-Explantation

Das Gesamthirn-Todes- oder Gesamtfunktions-Hirntodes-Konzept umfasst sowohl das Großhirnrinden- als auch das Hirnstamm-Todes-Konzept und geht damit über das allzu enge »eigentliche« Großhirnrinden-Todes-Konzept und das allzu pragmatische Hirnstamm-Todes-Konzept hinaus. Dieses Konzept liegt der Mehrzahl der in den verschiedenen Staaten akzeptierten und insbesondere dem in Deutschland akzeptierten Hirntodes-Konzept zugrunde. Indem das Gesamthirn-Todes-Konzept über die beiden Teilhirn-Todes-Konzepte des Großhirnrinden- und des Hirnstamm-Todes-Konzeptes hinausgeht, bedingt es eine größere Sicherheit gegenüber möglichen Fehlurteilen. Es bedeutet auch, dass die beiden diesen Minimal-Konzepten nahe kommenden problematischen Krankheitszustände, das apallische Syndrom und das totale Locked-In-Syndrom, eindeutig abzugrenzen sind. Diese beiden Krankheitszustände können damit bezüglich moralisch schwieriger Entscheidungen nicht im Rahmen des Hirntod-Syndroms abgehandelt werden und müssen je für sich diskutiert werden. Durch diese weite Fassung des Hirntodes-Konzeptes wird die Sicherheit gewonnen, die das Gesamthirn-Todes-Konzept aus neurologischer Sicht so überzeugend macht (45).

Schließlich ist ein weiteres Konzept zu besprechen, das als Organentnahme-Kriterium erwogen worden ist, das Abwarten des Herzstillstandes nach Hirntod-Feststellung und Beatmungs-Beendigung (»non-heart-beating donor«) (Abb. 5.1.5e) (18, 121). Dies ist ein Konzept, das ganz zweifelsfrei dem Zweck der theoretisch unbelasteten Organentnahme dient und nicht aus dem Bemühen um ein Verständnis des Hirntod-Syndroms heraus entstanden ist. Die gesellschaftliche Kritik an der intuitiven Unverständlichkeit des Hirntod-Syndroms und der Bedarf an transplantierbaren Organen haben zu der Überlegung geführt, die maschinelle Beatmung nach der regulären Hirntod-Feststellung vor der Organentnahme zu beenden, den Herzstillstand abzuwarten und erst dann die Organe für die Transplantation zu entnehmen. Dies würde den Bedenken der Hirntodes-Konzept-Kritiker entgegenkommen, indem vor der Organentnahme auch der Herzkreislaufstillstand als äußerlich sichtbares, sozusagen konventionelles Todeszeichen abgewartet würde. Bei diesem Vorgehen nimmt man in Kauf, dass die unmittelbar letzte Phase dieses menschlichen Sterbens auch nicht für die Angehörigen offensteht, sondern mit dem Skalpell in der Hand abgewartet wird. Von einem menschenwürdigen Sterbeprozess und einem möglichen Moment des Innehaltens kann für den Eintritt des Herzstillstandes nur schwerlich die Rede sein. Darüber hinaus beantwortet dieses Konzept mit seinem Respektieren gesellschaftlicher Widerstände gegen den früheren Zeitpunkt der Organentnahme in keiner Weise die Frage, wie denn eigentlich der Zustand des dissoziierten Hirntodes in Bezug auf den Menschen verstanden werden sollte. Schließlich muss ein nochmals schlechterer Organerhaltungszustand in Kauf genommen werden.

Unter der Voraussetzung, dass das Verständnis des Gesamtfunktions-Hirntodes-Konzeptes als des Todes des Menschen als überzeugend anerkannt werden kann, ist das Abwarten des Herzstillstandes nach Beatmungsbeendigung als Entnahme-Kriterium (›non-heart-beating-donor‹) ein unnötig vorsichtiges Vorgehen.

5.1.6 Gesamtfunktion und Vollständigkeit

In den für die Bundesrepublik Deutschland gültigen Richtlinien der Bundesärztekammer wird in der Definition des dissoziierten Hirntodes nicht nur von der Funktion des Großhirns, des Kleinhirns und des Hirnstamms, sondern explizit von der ›Gesamtfunktion‹ gesprochen. In den Richtlinien anderer Länder wird teilweise das ›vollständige‹ Erloschensein aller Hirnfunktionen zum Kriterium des Hirntodes erhoben. Damit ist die Dialektik von Gesamtfunktion und Vollständigkeit aufgeworfen.

Die von Kritikern des orthodoxen Hirntod-Konzeptes aufgestellte Forderung, der Hirntod könne nur mit dem Nachweis des vollständigen Ausfalls aller Hirnfunktionen akzeptiert werden, ist nicht begründet worden und entgegen stehende Beobachtungen von im Gesamthirntod erhaltenen wesentlichen Einzelfunktionen sind nicht berichtet worden. Zur weiteren Kritik mit dem Vorwurf der Unvollständigkeit des Nachweises des Hirntodes vgl. Kap. 5.2.3.

Die in der Bundesrepublik Deutschland gültigen Richtlinien zur Feststellung des Hirntodes sprechen von der ersten Formulierung 1982 bis zur derzeit gültigen Formulierung 1998 in allen Fällen vom Ausfall der Gesamtfunktion des Gehirns (in den späteren Formulierungen vollständiger: des Großhirns, des Kleinhirns und des Hirnstamms). In der Bundesrepublik Deutschland ist also das maßgeblich entscheidende Kriterium nicht der vollständige Ausfall aller Hirnfunktionen, sondern der Ausfall der Gesamtfunktion. Damit muss in der Hirntodesfeststellung danach gefragt werden, ob diese Gesamtfunktion ausgefallen ist oder nicht. Soweit erkennbar existiert keine ausführliche Diskussion darüber, was unter der Gesamtfunktion zu verstehen ist. Wenn man hier Mängel der Definition kritisieren will, dann sollte man berücksichtigen, dass ein Handeln nach dem Sinn einer Formulierung ausreichend richtig sein kann und dass der Versuch einer maximalen Festschreibung aller möglichen Aspekte undurchführbar sein kann. Zwei Fragen bleiben damit offen:

(1) Was sollte zweckmäßigerweise und sinnvollerweise unter der Gesamtfunktion verstanden werden?

(2) Ist die Feststellung des Ausfalls dieser Gesamtfunktion mit den vorgeschriebenen Untersuchungen gewährleistet?

Für die Beantwortung der ersten Frage kann man danach fragen, was denn die Funktion des Gehirns in Bezug auf den Gesamtorganismus ist. Nach unserem heutigen sehr umfangreichen Wissen über die Hirnfunktion kann man folgende Antwort geben: Das Gehirn ermöglicht uns Menschen das gesamte geistig-seelische Vermögen im weitesten Sinne: Wahrnehmen, Empfinden, Erinnern, Überlegen, intuitives und abwägendes Entscheiden, Handlungs-Konzeption und Handlungs-Impuls. Der Ausführung dieser Funktionen dient einerseits das übrige Nervensystem, der Ermöglichung dieser Funktionen dient die bedarfsangemessene Steuerung des übrigen Körpers über das vegetative Nervensystem und die Hormone. Wenn die geistig-seelischen Funktionen in ihrer Gesamtheit ausgefallen sind, dann sind die der Ermöglichung dieser Funktionen dienenden vegetativen und hormonellen Funktionen sinnlos geworden und sie sind vernünftigerweise für die Diagnose des Hirntodes als unwesentlich zu bezeichnen.

Für die Beantwortung der zweiten Frage ist es entscheidend, sich noch einmal ins Gedächtnis zurückzurufen, dass die vollständige Untersuchung zur Feststellung des Hirntodes aus drei unverzichtbaren Teilschritten besteht, der Prüfung der Voraussetzungen (der Diagnose und dem Ausschluss von möglichen Differentialdiagnosen), der Untersuchung des klinischen Syndroms mit Prüfung des Komas, des Hirnstamm-Reflexverlustes und des Atemstillstandes sowie der weiteren Untersuchung zur Sicherung der Irreversibilität (entweder Untersuchungs-Wiederholung oder apparative Zusatz-Untersuchungen). Man sollte sich vergegenwärtigen, dass der zweite und dritte Teilschritt nur unter der Voraussetzung des ersten Teilschritts und die Sicherung der Irreversibilität nur unter der Voraussetzung der beiden vorherigen Teilschritte durchgeführt werden kann. Erst die voraussetzende Kombination der drei Teilschritte ergibt die Feststellung. Aus prinzipiellen Gründen werden wir in dieser Welt niemals einen unzweifelhaft zwingenden Beweis antreten können (89), dass die Untersuchung in der Kombination dieser drei Teilschritte den Hirntod mit Sicherheit festzustellen gestattet. Andererseits sind doch alle bisherigen Untersuchungen einschließlich bekannt gewordener, vermeintlich gegenteiliger Befunde mit der Zuverlässigkeit der Untersuchung zur Feststellung des Hirntodes vereinbar (vgl. Kap. 6.1.3).

In der Zusammenschau der verschiedenen Hirntodes-Konzepte ist das Gesamtfunktions-Hirntodes-Konzept das überzeugendste. Der Ausfall der Gesamtfunktion von Großhirn-, Hirnstamm- und Kleinhirn bedeutet den vollständigen Verlust jeglichen Wahrnehmens, Erinnerns, Empfindens, Wollens und jeglicher Handlungsmöglichkeit, also für den Menschen als Menschen entscheidend konstitutiver Vermögen. Durch dieses Konzept werden weder langdauernde erlebbare Leidenszustände noch eine vorzeitige Verkürzung des Sterbeprozesses erzwungen.

5.1.7 Reflexe und Reaktionen, Wahrnehmen und Erleben

In manchen Diskussionen um das Verständnis des Hirntodes wird die Vermutung vorgebracht, dass im Hirntod noch eine Wahrnehmung möglich sei. Schließlich seien noch Bewegungen zu beobachten, die als Reaktionen auf äußere Reize verstanden werden. Als Argument wird die Beobachtung der spinalen Reflexe als Zeichen eines Reagierens des Sterbenden angeführt. Wenn man diese Sätze noch einmal kritisch überprüft, dann sind vier Stichworte darin enthalten, die der genaueren Betrachtung bedürfen: ›Wahrnehmung‹, ›Bewegungen‹, ›Reaktionen‹ und ›äußere Reize‹. Die Begriffe, die biologischen Sachverhalte und die Bedeutungs-Unterscheidungen wurden hier bereits so weit dargelegt, dass die Frage von Wahrnehmen und Reagieren jetzt neu formuliert werden kann (vgl. Kap. 3.2.4). Zu dem Vorwurf der Unhaltbarkeit des Hirntodes-Konzepts wegen erhaltener Wahrnehmung und differenzierten Reaktionen lassen sich zwei Teilaspekte unterscheiden (vgl. Kap. 4.5).

Einerseits ist hier noch einmal die Frage zu betrachten, ob die spinalen Automatismen und Reflexe und spinal-vegetativen Reflexe als Zeichen einer Wahrnehmung und eines Reagierens interpretiert werden können. Spinale Reflexe wurden als solche stereotypen, reizabhängigen Bewegungen verstanden, deren Reiz in einem sensiblen Hautnerven zum Rückenmark geleitet, dort über eine kürzere oder auch längere Strecke übergeleitet und dann als motorischer Impuls über einen motorischen Nerven zu einem Muskel geleitet wurden.

Für die Begriffe Wahrnehmen und Reagieren muss man überprüfen, ob sie nach unserem allgemeinen Verständnis in einer so weitgehenden Bedeutung verstanden werden, dass sowohl eine sich auf einen Reiz hin automatenhaft zwangsläufig wiederholende, gleichförmige Bewegung als auch eine differenzierte Variation der Reizantwort und differenziert überlegungsabhängiges Handeln als solches verstanden werden sollen. Zweifellos wird man in angesehener wissenschaftlicher Literatur einen Begriffsgebrauch in dieser weiten Bedeutung nachweisen können. Wenn man Missverständnisse vermeiden will, muss man sich aber entweder auf ein so breites Bedeutungsspektrum verständigen und dann darauf hinweisen, dass diese umfassten Bedeutungen verschieden sind. Oder man muss die Begriffe eindeutiger und enger definieren, damit Missverständnisse beim Gebrauch in anderen Zusammenhängen vermieden werden oder schnell aufgeklärt werden können.

Hier soll der Weg einer engeren Definition gewählt werden, um wichtige Unterschiede deutlicher zu manchen. Die spinalen Reflexe sind mit Absicht als Reflexe bezeichnet worden, weil sie in sehr fester Koppelung an den Reiz sehr ›mechanisch‹ gleichförmig ausgelöst werden können. Dem Rückenmark steht keine Wahl- oder Entscheidungsmöglichkeit – kein Freiheitsgrad – für eine differenzierte Anpassung der Reizantwort an unterschiedliche Reizstärken oder etwas variierte Reizorte zur Verfügung. Wenn wir einen zum Beispiel schmerzhaften Reiz wahrnehmen, dann können wir darüber entscheiden, ob wir ihn aushalten oder vermeiden wollen, wir haben eine Wahlfreiheit darüber zur Verfügung. Wir werden diese wählende Entscheidung beispielsweise von unserer Erinnerung und unserem Wissen abhängig treffen, beispielsweise davon, dass wir wissen, dass an dem Aushalten des Schmerzes das Fallenlassen und Zerbrechen einer kostbaren Teetasse hängen kann. Wahrnehmen und Reagieren hängen also an unserem Erinnern und an unserem Wissen, beide sind in unserem Gehirn gespeichert.

Wahrnehmen und Reagieren werden hier in dem Sinne von erinnerungs- und wissensabhängigen, mit der Bedingung wahlermöglichender Freiheitsgrade verknüpften Lebensvollzügen verstanden, die uns nur in unserem Gehirn möglich sind. Daraus folgt, dass Wahrnehmen und Reagieren nur mit lebendem Gehirn möglich sind und dass im Hirntod Wahrnehmen und Reagieren nicht mehr möglich sind.

Es darf nicht übersehen werden oder undiskutiert bleiben, dass das hier vertretene Begriffsverständnis natürlich immer auch die dargelegte Interpretation enthält, so dass gezogene Schlussfolgerungen sich immer auch aus den Definitionen ergeben. Wenn man demgegenüber die sehr breite Bedeutung von Wahrnehmen und Reagieren als richtiger ansehen will, dann muss man entscheiden, ob man auch das reizabhängige richtungsverändernde Rudern eines Pantoffeltierchens als Wahrnehmen und Reagieren verstehen will. Dieser Gedanke ist keineswegs grundsätzlich falsch, er ist sogar für die hier zu führende Diskussion von sehr grundsätzlicher Bedeutung. Man muss sich allerdings fragen, wie viele Wahlmöglichkeiten das Pantoffeltierchen bei einem bestimmten äußeren Reiz hat. Und man muss sich im folgenden Schritt fragen, ob man das Reagieren des Pantoffeltierchens und das Reagieren eines Menschen vergleichen oder unterscheiden will. Um die Weitläufigkeit der Diskussion zu begrenzen, wird vorgeschlagen, das Reagieren des Pantoffeltierchens oder auch eines Regenwurmes als ein biologisches Reagieren mit wenigen Freiheitsgraden anzusehen und das Wahrnehmen und Reagieren des Menschen als ein humanes Reagieren mit der charakteristisch großen Zahl von Freiheitsgraden davon zu unterscheiden.

Diese implizit deutende Formulierung muss mit Rücksicht auf das bereits zur evolutionären Entwicklung und über höhere Tiere Gesagte für zwei besondere Situationen näher erläutert werden: für die höheren Tiere, etwa Menschenaffen, und für extrem geistig behinderte Menschen. Menschenaffen haben zweifellos mehr Freiheitsgrade für ihr Wahrnehmen und Reagieren zur Verfügung als Pantoffeltierchen und Regenwürmer. Die soeben getroffene Unterscheidung in die beiden – sehr extremen – Alternativen Pantoffeltierchen/Regenwurm mit biologischem Reagieren und dem Menschen mit humaner Willensfreiheit ist bei weitem zu einfach und in ihrer Einfachheit für viele Situationen falsch. Es ist aber daran zu erinnern, dass der Mensch mehr Freiheitsgrade, mehr unterschiedliche Handlungsmöglichkeiten zur Verfügung hat als die intelligentesten Menschenaffen, man denke allein an die Vielfalt von Sportarten, Spielen, wirtschaftlicher oder kultureller Entwicklungen. Man kann also den Unterschied des Wahrnehmens und Reagierens zwischen Menschenaffen und Menschen nicht ignorieren. Zum anderen ist daran zu erinnern, dass auch Menschenaffen in den Zustand des dissoziierten Hirntodes kommen könnten, wenn sie bei einer schwergradigen Erkrankung ihres Gehirns beatmet werden würden. Dies dokumentiert die biologische Nähe zwischen Mensch und Menschenaffen gegenüber Regenwurm und Pantoffeltierchen.

Es gibt extremste Schädigungen des Gehirns, die mit schwerstgradigen geistigen Behinderungen einhergehen, in denen Wahrnehmen und Reagieren in keiner Weise mehr den hier als Kriterien des lebendigen Menschen angeführten entsprechen. Solche extrem geistig Behinderte können auf schmerzhafte oder unangenehme Reize nur noch mit einem greinenden Gesicht-Verziehen reagieren oder auf behagliche Situationen oder menschliche Zuwendung nur noch zu einem eigentlich nur verzerrt lächelnden Gesicht-Verziehen in der Lage sein. Oder es gibt die anenzephalen Neugeborenen, bei denen nur noch der Saugreflex und ein langsameres, ruhigeres oder ein heftigeres, unruhigeres Bewegen der Arme und Beine auf behagliche oder missbehagliche Situationen zu beobachten ist. Man wird diese Reaktionen nicht mit dem Wahrnehmen und Reagieren eines gesunden Menschen vergleichen können. Die Frage, ob man aus dieser Unterschiedlichkeit Folgerungen etwa für das Ausmaß einer medizinischen Behandlung zieht, soll hier nicht diskutiert werden. Hier soll nur darauf hingewiesen werden, dass Erkrankungen des Gehirns beim Menschen derartige Einschränkungen seines Wahrnehmens und Reagierens bedingen. Die an dieser Stelle diskutierte Frage der Bedeutung des Gehirns ist also ganz uneingeschränkt so zu beantworten, dass Wahrnehmen und Reagieren des Menschen an ein lebendes Gehirn gebunden sind und im Hirntod kein Wahrnehmen und Reagieren im humanen Sinne mehr möglich ist.

Die biologischen Lebendigkeitszeichen des hirntoten, noch überlebenden Körpers, die spinalen Automatismen und Reflexe (vgl. Kap. 4.5) sind vom humanen Wahrnehmen und Reagieren unterscheidbar und mit dem Verständnis des Hirntodes als des Todes des Menschen gut vereinbar.

5.2 Biophilosophie organismischer Lebendigkeit

Gemäß der »orthodoxen« Hirntodes-Theorie war der Hirntod im Wesentlichen von Neurochirurgen, Neurologen und Anästhesisten als Tod des Menschen und als Begründung für eine Therapie-Beendigung verstanden worden (Tab. 5.2). Aus diesem Verständnis folgend war der Hirntod im Dialog mit den an einer Organentnahme interessierten Chirurgen als Voraussetzung für eine Entnahme erkannt und in Gestalt des Berichtes der Harvard-Kommission erstmals als Statement und Richtlinie für eine Organentnahme ausformuliert worden.

Als Begründung für diese Sicht wurden verschiedene Argumentationsfiguren vertreten, unter anderem die, dass der hirntote Organismus im Hirntod seine zentrale Organisation verloren habe und diesen Verlust auch bezüglich seiner Herzkreislauffunktionen nicht überleben könne.

Gegen das Statement der Harvard-Kommission und gegen diese Begründung wurde vehemente Kritik geäußert, für die im Verlaufe der Jahre von verschiedener Seite eingehender ausformulierte Begründungen vorgebracht wurden. Nachfolgend werden die von Hans Jonas, D. A. Shewmon, M. Klein und G. Roth formulierten Kritiken diskutiert (Tab. 5.2).

5.2.1 Das Argument der organismischen Organ-Interaktivität (Jonas)

Das wichtigste Argument gegen das Verständnis (die Deutung, die »Attribution«) des Hirntodes als des Todes des Menschen besteht in dem Einwand, auch im dissoziierten Hirntod sei der menschliche Organismus noch lebendig und das Gehirn bzw. der Hirntod sei für den Menschen und seinen Tod nicht von entscheidender Bedeutung.

Im Einzelnen wird diese »Lebendigkeit des menschlichen Organismus« mit dem fortwährenden Zusammenwirken der Organe, der »systemischen Organinteraktion« begründet (vgl. Kap. 3.2.2). Unter systemischer Organinteraktion wird das Wechselwirken und das Zusammenwirken der verschiedenen Körperorgane verstanden, die damit ein größeres Ganzes, einen lebendigen Organismus als Ganzheit konstituierten. Diese »organismische Lebendigkeit« (Diese eher systemtheoretische Beschreibung ist mit dem Begriff der ›biologischen‹ Lebendigkeit gleichbedeutend) sei an dem weiteren offensichtlichen Lebendig-bleiben der Organe und des ganzen (richtiger: übrigen) Körpers und insbesondere an der Möglichkeit abzulesen, dass ein hirntoter mütterlicher Körper eine Schwangerschaft bis zur Geburt eines lebenden Kindes austragen könne.

Dieses Argument der organismischen Lebendigkeit enthält zwei gedankliche Schritte. Der erste Schritt besteht in der Feststellung, dass wegen der systemischen, organismischen Organ-Interaktivität noch Lebendigkeit in dem hirntoten menschlichen Körper zu finden sei. Das kann man als den ›biologischen Befund‹ bezeichnen. Der zweite Schritt besteht in der Folgerung, dass mit der in dem menschlichen Körper erhaltenen organismischen Lebendigkeit auch noch eine Lebendigkeit des Menschen festzustellen sei. Das wäre dann als die ›anthropologische Interpretation‹ zu bezeichnen. Wegen ihrer zentralen Bedeutung für das Verständnis des dissoziierten Hirntodes sollen beide Argumentationsschritte eingehend diskutiert werden.

Wohl als Erster hat Hans Jonas das Argument der organismischen Lebendigkeit explizit in die Kritik des Hirntodes-Konzeptes eingeführt (37). Er hatte engsten Kontakt zu den Mitgliedern der Harvard-Kommission, die 1968 das erste grundsätzliche Statement »Definition of Irreversible Coma« als Definition und Deutung des Hirntodes veröffentlicht hat (3). In seiner Kritik an diesem Statement diskutiert Hans Jonas eine Reihe verschiedener Argumente, von denen das Argument des ganzheitlich organismischen Funktionserhalts das überzeugendste und ideengeschichtlich wirksamste ist. Diesen Gedankengang verfolgt er in zwei Teilargumenten, die der vorstehend getroffenen Unterscheidung in biologische Befunde und anthropologische Interpretation entsprechen.

Zur Einschätzung des biologischen Befundes sagt Hans Jonas: »... nehme ich die Gelegenheit wahr, um zu erklären, dass ich stets den ›Tod des Organismus als ganzen‹ und nicht ›des ganzen Organismus‹ meinte. Örtliche Subsysteme – einzelne Zellen oder Gewebe – mögen wohl eine Zeitlang örtlich weiterfunktionieren (z.B. Wachstum von Haar und Nägeln), ohne dass dies die Feststellung des Todes gemäß den umfassenderen Kriterien tangiert.« Sodann schließt er eine interpretierende Abgrenzung ein: »Aber Atmung und Blutkreislauf fallen nicht in diese Klasse,« und begründet diese wieder mit einer biologischen Argumentation: »denn die Wirkung ihrer Tätigkeit, obwohl von Subsystemen ausgeführt, erstreckt sich durch das ganze System und sichert sowohl die funktionelle wie die substantielle Erhaltung seiner übrigen Teile.« Dann folgert er: »Das Gehirn, so müssen wir dann sagen, ist tot. Wir haben dann einen »Organismus als ganzen« minus Gehirn, der in einem Zustand

Tab. 5.2: Theorien zum dissoziierten Hirntod des Menschen
die orthodoxe Theorie und die Kritik

Die orthodoxe Hirntodes-Theorie

»Gesamtfunktions-Hirntod«-Konzept

- *»Der Hirntod ist der Tod des Menschen.« (1982 ff)*

  »Mit dem Hirntod ist naturwissenschaftlich-medizinisch

  der Tod des Menschen festgestellt.« (1998)

➡ Therapie-Beendigung ***ohne oder mit*** Organentnahme

Die Thesen der Kritik

»Lebendigkeit-im-Hirntod«-Thesen

- *»Der Organismus ist ein lebender!« (Jonas)*
- *»Tod des Organismus ist widerlegt« (Shewmon)*
- *"Das Gehirn ist ein Organ wie andere, für Lebendigkeit*

  des Organismus verzichtbar« (Roth)
- *»Begegnende Präsenz als Leib« (Hoff)*
- ➡ Therapie-Beendigung = Sterben vollenden lassen,
- ➡ Organentnahme: Ablehnung oder

  enge Zustimmungslösung: »Entnahmekriterium«

Die Theorien, ihre Kern-Aussagen (•) und ihre Konsequenzen (➡)
für die Therapie-Beendigung oder die Organentnahme

89

partiellen Lebens erhalten wird, solange die Lungenmaschine und andere Hilfsmittel am Werke sind.«

Eine solche Aufzählung der biologischen Befunde ist unstreitig. Man kann fragen, ob die von Hans Jonas getroffene Unterscheidung überzeugt, dass Atmung und Blutkreislauf nicht in die gleiche Klasse zu rechnen seien wie das von ihm angeführte (später von anderer Seite bestrittene) Wachstum einzelner oder weniger Zellen etwa im weiteren Wachstum der Haare oder der Nägel. Eine solche Unterscheidung ist auf den ersten Blick unmittelbar einleuchtend, insbesondere mit der Begründung, dass von Atmung und Kreislauf der ganze Körper erfasst werde. Ausgenommen hiervon ist in aller Regel das Gehirn, das im Hirntod, von speziellen Ausnahmen abgesehen, nicht mehr durchblutet wird. Die Frage bleibt also, welche Bedeutung man dem in seiner Gesamtfunktion abgestorbenen und meist auch nicht mehr durchbluteten Gehirn im Verhältnis zum Blutkreislauf und zur Atmung angesichts der Frage nach dem Tod des Menschen zurechnen will. (Anzumerken ist hier, dass sich eine solche Anschauung aus der jüdischen Glaubenslehre herleitet, die im Aufhören des Atmens den Tod des Menschen sieht. Kritisch zurückzufragen ist aber wohl, ob die mittels maschineller Beatmung aufrechterhaltene Atmung im gleichen Sinne bewertet werden soll, wie die Spontanatmung.)

Aus diesen aufgezählten biologischen Befunden leitet Hans Jonas die anthropologische Interpretation ab: »Und hier ist meinem Dafürhalten nach die richtige Frage nicht: Ist der Patient gestorben?, sondern: Was soll mit ihm – immer noch ein Patient – geschehen? Diese Frage nun kann gewiss nicht durch eine Definition des Todes, sondern muss mit einer ›Definition‹ des Menschen und dessen, was ein menschliches Leben ist, beantwortet werden.«

Diese Folgerung muss genauer betrachtet werden. Dem zweiten Teil seiner Aussage kann man nur uneingeschränkt zustimmen, sie weist mit Nachdruck auf die soeben als ›anthropologisch‹ herausgehobene Interpretation. Unterschiedlicher Meinung kann man allerdings bezüglich seiner Aussage sein: »Was soll mit ihm – immer noch ein Patient – geschehen?« In dieser Formulierung ist die noch zu diskutierende anthropologische Interpretation als postulierende Feststellung vorweggenommen. Die Kernfrage lässt sich also Jonas' gedanklicher Vorarbeit folgend so formulieren: Ist dieser hirntote, noch überlebende menschliche Körper sinnvollerweise als »noch Patient«, als »noch menschliche Person«, also – obgleich ein sterbender – doch als noch »lebendiger Mensch« anzusehen oder ist der »Organismus minus Gehirn« (37) doch eher als »nicht mehr Mensch« anzusprechen?

Hans Jonas' Argument ist von Medizinern und Philosophen aufgenommen und mit weiterer Überlegungen angereichert und begründet worden. Von Bernat und Mitautoren (4) wird Jonas' Gedanke in den Vordergrund gestellt, dass im Hirntod vom Tod des Organismus als Ganzem und nicht vom ganzen Organismus zu sprechen sei. Darunter verstehen sie, dass der Tod des Menschen nicht von dem weitgehenden Absterben aller Teile abhängig zu machen sei, sondern von dem Verlust seiner Gesamtfunktion. Diese Gesamtfunktion wird nicht wie bei Jonas weitgehend ausschließlich in dem alle Organe verbindenden Herz-Kreislauf-Atmungssystem als dem integrierenden System gesehen, sondern in der »hochkomplexen, spontanen und angeborenen« Interaktion der Organsysteme. Als weiteres Beispiel eines solchen, die Funktion des Organismus als Ganzes integrierenden Systems wird die Temperaturregelung angeführt. Diesen hochkomplexen, spontanen und angeborenen Interaktionen der Organsysteme werden sog. individuelle Subsysteme gegenübergestellt, denen keine maßgebliche Bedeutung für die Lebendigkeit des Organismus als Ganzem zugerechnet wird.

Diese Argumentation vermag nicht restlos zu überzeugen. Zwar hat die Grenze zwischen den integrierenden Systemfunktionen und den ihnen gegenübergestellten sog. individuellen Subsystemen eine gewisse Plausibilität. Für eine verlässliche Argumentation in Bezug auf die Abgrenzung von Lebendigkeit oder Tod des Organismus bzw. des Menschen wäre jedoch das Aufzeigen einer überzeugend nachvollziehbaren Grenze zwischen den beiden Organsystem-Kategorien notwendig. Das scheint nur bei vereinfachender, übersichtsartiger Betrachtung überzeugend. Wenn man sich in die detaillierte Diskussion unterschiedlich komplexer Organinteraktionen begibt, wird offensichtlich, dass eine evidente biologische Abgrenzung nicht möglich ist. Weil im normalen Sprachgebrauch und im geläufigen Verständnis des Todesbegriffes eine biologische Auffassung im Vordergrund stehe, wird versucht, an einem maßgeblich biologischen Verständnis des Todesbegriffes festzuhalten. Der Versuch einer solchen ausschließlich biologischen Argumentation birgt Vorteile, aber auch Schwierigkeiten. Sie vermeidet die naturgegebenen Schwierigkeiten der anthropologischen Argumentation, welche mit dem Verlust von Bewusstsein und Wahrnehmung operiert und nur schwierig Argumente für die Abgrenzung des Hirntodes von dem Großhirnrindentod, von verschiedenen Formen der Anenzephalie und dem apallischen Syndrom aufzeigen kann (s.u.).

Eine ausschließlich biologische Argumentation führt in Schwierigkeiten hinsichtlich der Konsistenz und Überzeugungskraft.

5.2.2 Der Vorwurf der erhaltenen Organ-Interaktivität (Shewmon)

Die lebhafteste und am besten begründete Kritik am »orthodoxen« Hirntodes-Konzept, die durchaus in der Nachfolge von Hans Jonas eingeordnet werden kann, stammt von dem amerikanischen Neuropädiater D. Alan Shewmon. In zahlreichen Publikationen hat er teils aus medizinischer Sicht (z.B. 93, 95), teils in mehr katholisch-konfessioneller Perspektive (88, 91) eine Reihe von Begründungen des orthodoxen Hirntodes-Konzepts kritisiert und weitgehend hinfällig gemacht (beste Zusammenfassung: 95, 93). Seine Argumente lassen sich zu drei wesentlichen Kernaussagen zusammenfassen:

(1) Die Gleichsetzung des dissoziierten Hirntodes mit dem Tod des Menschen kann nicht mit dem Argument eines unmittelbar auf den Hirntod folgenden Herzkreislaufstillstandes begründet werden (92).
  – weil ein Überleben einzelner (ununterbrochen beatmeter) hirntoter Körper bis zu 14 Jahren dokumentiert ist.

(2) Die Gleichsetzung des dissoziierten Hirntodes mit dem Tod des Menschen kann nicht mit dem Argument der erloschenen Organ-Interaktivität begründet werden (94, 95).
  – weil noch eine Vielzahl von Organinteraktionen im überlebenden übrigen Körper nachweisbar, diese konstitutive Eigenschaft eines Organismus also erhalten ist;

– weil demgegenüber die Interaktion des Gehirns mit dem Körper deutlich weniger einzelne Funktionen umfasst und eher modulierende als eigentlich integrierende Bedeutung hat.

Die Funktion des Gehirns gegenüber dem übrigen Körper wird von Shewmon demgegenüber als modulierend und funktionserweiternd (»modulator and enhancer«, 95) gekennzeichnet, die für die Lebendigkeit des Organismus von zusätzlicher Bedeutung sei, die eigenständigen integrativen Funktionen des übrigen Körpers jedoch keineswegs infrage stelle.

Diese Kritik wird so lebhaft vorgetragen, dass die gesamte »orthodoxe« Hirntodes-Theorie infrage gestellt erscheint. Die genauere Betrachtung seiner Argumentation zeigt jedoch, dass sich seine Kritik gegen geläufige Begründungen des Hirntodes-Konzeptes richtet. In diesem Sinne kommt Shewmon zu der Folgerung:

»Loss of somatic integrative unity is not a physiologically tenable rationale for equating brain death with death of the organism as a whole.« Dann fordert er: »If brain death is to be equated with death, therefore, it must be on the basis of an essentially non-somatic, non-biological concept of death (e.g. loss of personhood on the basis of irreversible loss of capacity for consciousness) ...« (95).

Die Kontroverse zwischen Begründung und Kritik des Hirntodes-Konzeptes lässt sich bereits durch die nähere Betrachtung einiger Begriffe und ihrer unscharfen Bedeutungen erhellen und teilweise auflösen. Wenn Shewmon den Unterschied zwischen der organinteraktiven Integration der Körperorgane und dem nur modulierenden und funktionserweiternden Einfluss des Gehirns so stark betont, dann kann man sich sicherlich fragen, ob der Organismus nicht doch erst durch das Gehirn zu dem eigentlichen Ganzen des Menschen integriert wird, *ob also die modulierende und funktionserweiternde Funktion des Gehirns die Organe nicht doch erst zu der Einheit des Organismus Mensch integriert* (vgl. Kap. 5.4). Aus den Formulierungen der Protagonisten dieser Argumentation ist jedenfalls zu ersehen, dass sie den Begriff Integration in Bezug auf das Gehirn in diesem Sinne verstehen. Mit ihnen ist also zu fragen, inwieweit die Hirnfunktion eine übergeordnete systemische, die Organ-Interaktivität entscheidend bestimmende Funktion ist. Es ist Shewmon jedoch zuzugeben, dass der Begriff der organismischen Integration unscharf ist und Kritik provoziert (91).

Nicht nur wegen dieser semantischen Schwierigkeiten, sondern auch aus grundsätzlicheren Überlegungen heraus wird man Shewmon in seiner Schlussfolgerung und Forderung nach einer nicht-somatischen, nicht-biologischen Begründung der Deutung des Hirntodes nur entschieden zustimmen.

5.2.3 Der Vorwurf der Unvollständigkeit des Hirn-Ausfalls (Klein)

Eine weitere wesentliche Kritik am Hirntodes-Konzept betrifft die Vollständigkeit des Gehirn-/Gehirn-Funktions-Ausfalls bzw. die Frage, ob diese mit den durchgeführten Untersuchungen hinreichend nachgewiesen ist. Diese Kritik ist wesentlich ausgelöst durch Formulierungen in ausländischen Richtlinien, in denen ein Ausfall *aller* Funktionen des gesamten Gehirns als Kriterium des Hirntodes genannt ist (President's Commission 1981: »An individual, who has sustained either (1) irreversible cessation of circulatory and respiratory functions, or (2) irreversible cessation of all functions of the entire brain, including the brain stem, is dead.«). Ähnliche Formulierungen finden sich auch in anderen Richtlinien und die Vollständigkeit des Ausfalls aller Hirnfunktionen ist von zahlreichen Autoren als Kriterium des Hirntodes vertreten worden (weitere Beispiele bei 95). Gegen diese Fassung der Kriterien des Hirntodes wurden zwei wesentliche Argumente vorgebracht:

(1) Auch bei korrekt durchgeführter Untersuchung zur Feststellung des Hirntodes seien noch eindeutige Zeichen von zweifelsfreien Hirnfunktionen nachweisbar. Als Beispiel wird der Nachweis von Hypophysen-Hormonen im Blut hirntoter Körper genannt (u.a. 41).

Wenn der Hirntod nach den regulären Kriterien zweifelsfrei festgestellt ist, sind im Körper häufig noch Wirkungen von Hypophysen-Hormonen nachweisbar (1, 34, 40, 106). Die Ursache hierfür liegt einerseits in der besonderen Lage der Hypophyse außerhalb des hauptsächlichen Schädelinnenraumes und in einer zumindest teilweisen Blutzufuhr nicht nur über die hirndurchblutenden Arterien, sondern auch von der Schädelbasis her. Darüber hinaus werden einzelne dieser Hormone auch außerhalb der Hypophyse gebildet, etwa in der Bauchspeicheldrüse. Die Schlussfolgerung in der wichtigsten Arbeit lautet (106): »The detection of hypothalamic hormones after the diagnosis of brain death therefore is not contradictory to the concept of total brain death.« Gegen diese Untersuchung und diese Schlussfolgerung kann zwar eingewendet werden, dass sie auf eine nur kleine Untersuchungsserie gestützt ist und nicht mit Sicherheit auf alle Hirntodes-Zustände verallgemeinert werden kann. Wichtig an diesen Untersuchungen ist aber weniger, ob sie zwingend für alle Hirntodes-Zustände verallgemeinert werden können, als dass sie für den Nachweis von Hypophysenhormonen im Blut hirntoter, noch überlebender Körper eine Erklärung bieten, die der Interpretation des Ausfalles der Gesamtfunktion des Gehirns als Tod des Menschen nicht widersprechen.

(2) Mit der korrekt durchgeführten Untersuchung zur Feststellung des Hirntodes würden nicht alle Hirnregionen ausreichend überprüft, so dass restliche Funktionen randständiger Hirngebiete (beispielsweise des Schläfenlappens oder auch des Thalamus) mit dieser Untersuchung keinesfalls ausgeschlossen werden könnten (41).

Dies ist in dem Augenblick ein gravierendes Argument gegen das Hirntodes-Konzept, wenn der *vollständige* Ausfall aller Hirnfunktionen als Kriterium des Hirntodes angesehen wird und wenn damit die Sicherheit des Nachweises zweifelhaft wird.

Hier müssen zwei Überlegungen angeführt werden, einmal die Frage nach der inhaltlichen Richtigkeit dieses kritischen Arguments, zum anderen sollte man sich Rechenschaft über die Wirkung einer solchen Vollständigkeitsforderung in einer kontroversen Diskussion ablegen. Es ist offensichtlich, dass Maximalforderungen nur schwieriger erfüllt werden können als prototypische Anforderungen, die sich an etwas Charakteristischem, Wesentlichem, Entscheidendem orientieren. Wenn mit fundamentalistischen Maximalforderungen pragmatische Lösungen unmöglich gemacht werden, dann muss gefragt werden, ob die Maximalforderung notwendig oder überzogen ist.

Wenn in einem Hirntodes-Konzept der vollständige Ausfall aller Hirnfunktionen (die Maximalforderung) zum entscheidenden Kriterium erhoben wäre, dann würden Befunde selbst kleinster erhaltener Einzelfunktionen einen Einwand gegen das Konzept bedeuten. In der Bundesrepublik Deutschland wird jedoch nicht die Vollständigkeit des Ausfalls, sondern der Ausfall der Gesamtfunktion des Gehirns (die prototypische Anforderung) als maßgebliches Kriterium angesehen. Wenn also die geistig-seelischen Funktionen – ein anthropologisches Kriterium – als Inbegriff der Gesamtfunktion angesehen werden, dann bedeuten etwa erhaltene hypophysäre hormonelle Funktionen (vgl. Kap. 5.1.3) keinen relativierenden Einwand gegen das Hirntodes-Konzept. Demnach ist der Unvollständigkeits-Einwand unter dem in der Bundesrepublik Deutschland gültigen Hirntodes-Konzept unwirksam.

Damit bleibt zuletzt noch die inhaltliche Frage: Sind biologische, zentral-integrative Funktionen des Gehirns – jedenfalls in Gestalt einer Hormonausschüttung – für die Annahme einer erhaltenen Lebendigkeit nicht nur des hirntoten, überlebenden Körpers, sondern des Menschen hinreichend? Eine solche Interpretation scheint wenig überzeugend.

Die Gesamtfunktion des Gehirns mit dem Erhaltensein oder dem irreversiblen Ausfall selbst geringster geistig-seelischer Regungen (vgl. Kap. 5.1.3) wird als entscheidende Bedingung für Lebendigkeit oder Tod des Menschen angesehen. Es ist keine Notwendigkeit zu erkennen, eine Vollständigkeit des Ausfalles restlos aller Hirnfunktionen zu fordern.

5.2.4 Lebendigkeit und Ablehnung der Organentnahme (Jonas)

Kritiker des Hirntodes-Konzeptes ziehen unterschiedliche Konsequenzen. Teilweise lehnen sie eine Organentnahme im dissoziierten Hirntod ab. Als Konsequenz aus der Ablehnung des Konzeptes ist die Ablehnung von Organentnahmen im dissoziierten Hirntod einleuchtend. Hans Jonas ist der überzeugendste Vertreter einer Ablehnung des Hirntodes-Konzeptes und der Organtransplantation sofort nach eingetretenem Hirntod. Er folgert aus seinen Überlegungen:

»... darf, ja soll der Arzt das Atemgerät abstellen und es dem Tod überlassen, sich selbst zu definieren durch das, was dann unweigerlich geschieht?« (36)

Seine Begründung lautet: »Hinter der vorgeschlagenen Definition mit ihrer offenkundigen pragmatischen Motivierung sehe ich eine seltsame Wiederkehr – die naturalistische Reinkarnation sozusagen – des alten Leib-Seele-Dualismus. Seine neue Gestalt ist der Dualismus von Körper und Gehirn. In einer gewissen Analogie zu dem früheren transnaturalen Dualismus hält er dafür, dass die wahre menschliche Person im Gehirn sitzt (oder dadurch repräsentiert wird), und der übrige Körper dazu nur im Verhältnis des dienstbaren Werkzeugs steht. Wenn daher das Gehirn stirbt, ist es so, wie wenn die Seele entfloh: was bleibt, sind die »sterblichen Überreste«. Nun wird niemand leugnen, dass der zerebrale Aspekt entscheidend ist für die menschliche Qualität des Lebens jenes Organismus, der »Mensch« heißt. Eben dies anerkennt die von mir vertretene Position mit der Empfehlung, dass man bei unwiderruflichem totalem Verlust der Gehirntätigkeit den darauf natürlich folgenden Tod des übrigen Organismus nicht aufhalten soll. Aber es ist nicht weniger eine Übertreibung des zerebralen Aspekts, als es eine der »bewussten Seele« war, dem extrazerebralen Leibe seinen wesenhaften Anteil an der Identität der Person abzusprechen. Der Leib ist so einzig der Leib dieses Hirns und keines anderen, wie das Hirn einzig das Hirn dieses Leibes und keines anderen ist (Dasselbe galt eigentlich auch für das Verhältnis der unkörperlichen Seele zu »ihrem« Leib). Das, was unter der zentralen Kontrolle des Gehirns steht, das leibliche Ganze, ist so individuell, so sehr »ich selbst«, so einmalig zu meiner Identität gehörig (Fingerabdrücke! Immunreaktion!), so unaustauschbar, wie das kontrollierende (und reziprok von ihm kontrollierte) Gehirn selbst. Meine Identität ist die Identität des ganzen und gänzlich individuellen Organismus, auch wenn die höheren Funktionen des Personseins ihren Sitz im Gehirn haben« (36, S. 234–5).

Diese besonders uns christlich-abendländisch geprägten Menschen ansprechenden Gedanken bedürfen noch einmal einer genaueren Betrachtung. Für diese Analyse wird vorgeschlagen, in diesen Gedanken einerseits eine metaphysische Aussage, andererseits Argumente zu unterscheiden, mit denen diese metaphysische Aussage gestützt wird. Diese Unterscheidung ermöglicht eine persönliche Entscheidung darüber, in welchem Teil der Aussage man Hans Jonas folgen will oder nicht.

Diese metaphysische Aussage ergibt sich aus folgenden Formulierungen: »Aber es ist nicht weniger eine Übertreibung des zerebralen Aspekts, als es eine der »bewussten Seele« war, dem extrazerebralen Leibe seinen wesenhaften Anteil an der Identität der Person abzusprechen.« Man sollte sich vergegenwärtigen, dass in Hans Jonas' Feststellung die beiden Begriffe ›Körper‹ und ›Leib‹ ohne ausdrückliche Unterscheidung nahezu gleichbedeutend gebraucht werden. Der bedeutende Unterschied liegt in dem ›wesenhaften Anteil an der Identität der Person‹. Er wird dem Leib sozusagen über den bloßen Körper hinaus zugeschrieben und hat seinen zwar so nicht angesprochenen aber immanent enthaltenen weitergehenden eigentlichen Inhalt in einer Vorstellung einer Beseeltheit des Leibes. Eine solche Vorstellung einer Leib-Seele mit der unausgesprochenen Vorstellung oder auch dem mehr dezidierten Bekenntnis zu einer Auferstehung des Leibes ist eine metaphysische, eine Glaubensaussage. Man wird entscheiden müssen, ob man dieser Aussage im Gegensatz zu den hier angestellten biologischen und anthropologischen Überlegungen folgen will oder nicht.

Diese Aussage wird von verschiedenen Argumenten gefolgt, zuerst von einer Individualitäts-Identitäts-Aussage: »Der Leib ist so einzig der Leib dieses Hirns und keines anderen, wie das Hirn einzig das Hirn dieses Leibes und keines anderen ist. (Dasselbe galt eigentlich auch für das Verhältnis der unkörperlichen Seele zu »ihrem« Leib.)« Diese Aussage hat einen besonderen, einen fast hymnischen Klang. Wenn man die Aussage mehr bezüglich ihres Inhalts betrachtet, dann kann man sich fragen, worin die Einzigartigkeit dieser Entsprechung zu sehen sein könnte. Auf den ersten Blick klingt die Aussage wie eine metaphysische Aussage. Man kann darin jedoch auch eine sehr konkrete körperliche Grundlage sehen: Gehirn und Körper entsprechen sich in dem Erleben des Menschen so einzigartig, weil das Nervensystem bis in alle Enden des Körpers reicht, in allen Enden des Körpers Sinneseindrücke ermöglicht und weil aus diesen Sinneseindrücken im Gehirn ein so wunderbares Abbild des Körpers und

seiner Umweltbeziehungen entworfen wird, dass ein Individualitäts-Identitäts-Erleben resultiert. Auf der Grundlage eines solchen Verständnisses ist eine hymnische Überhöhung dieses Individualitäts-Identitäts-Erlebens nicht notwendig. Trotz aller Irrtümer und Täuschungen, die uns in unserem Abbild unseres Körpers in unserer Welt unterlaufen, sind Vielfältigkeit und Perfektion unserer Handlungs-Ermöglichung das viel größere Wunder.

Diese Individualitäts-Identitäts-Aussage wird weiter begründet: »Das, was unter der zentralen Kontrolle des Gehirns steht, das leibliche Ganze, ist so individuell, so sehr »ich selbst«, so einmalig zu meiner Identität gehörig (Fingerabdrücke! Immunreaktion!), so unaustauschbar, wie das kontrollierende (und reziprok von ihm kontrollierte) Gehirn selbst.« Hier bringt Hans Jonas zwei beispielhafte Begründungen (Fingerabdrücke, Immunreaktion) für die individuelle Identität, die als biologisch einzuordnen sind. Sie sollen bezüglich ihrer Begründungsfähigkeit für die metaphysische Aussage betrachtet werden. Dafür ist es notwendig, sich die unterschiedlichen Bedeutungen des Begriffes Identität vor Augen zu führen. Wir können im hier vorliegenden Kontext zumindest zwei Bedeutungen unterscheiden: einerseits gibt es die selbstbewusste reflexive, gedachte Identität, die an die entsprechenden reflexiven gedanklichen Vorgänge im Gehirn gebunden ist. Zum anderen gibt es die genetische Identität, die auch in der Ausbildung der Fingerabdrücke oder in der Ausbildung des Immunsystems ihren Ausdruck findet. Im vorliegenden Gesamtzusammenhang muss man wesentlich nach der Bedeutung dieser Identität für die Lebendigkeit des Menschen fragen. Diese Bedeutung ist nur eingeschränkt: Beide Hände und beide Arme können amputiert sein und wir würden keinen Augenblick zögern, von dem beiderseits armamputierten Menschen als von dem gleichen Menschen, der gleichen Person zu sprechen wie zuvor. Man kann das Immunsystem mit Medikamenten so weitgehend ausschalten, dass mit der Stammzelltransplantation von einem Zwilling oder einem Geschwister eine andere immunologische Identität transplantiert werden kann. Auch hier würden wir ebenso wie bei den Fingerabdrücken keinen Augenblick zögern, immer noch von dem gleichen Menschen, der gleichen Person zu sprechen wie zuvor. Beide Argumente begründen also nicht die fortbestehende Lebendigkeit oder den Tod dieses individuellen Menschen. Für die hier zu beantwortende Frage nach der Lebendigkeit dieses Menschen bleibt aber die Frage offen: Was ist der Mensch im dissoziierten Hirntod – der hirntote, noch überlebende übrige Körper – ist er noch ein lebendiger Mensch?

Die metaphysische Bestimmung der getroffenen Aussagen wird von Hans Jonas abschließend noch einmal ausdrücklich bekräftigt: »Meine Identität ist die Identität des ganzen und gänzlich individuellen Organismus, auch wenn die höheren Funktionen des Personseins ihren Sitz im Gehirn haben.« Ganz offensichtlich sieht Hans Jonas die Bedeutung des Gehirns und der darin ermöglichten Funktionen des Personseins des Menschen. Diese Erkenntnis steht in einem gewissen Widerspruch zu der vorher getroffenen metaphysischen Aussage bzw. die metaphysische Aussage geht auch in seinen Augen über die neurophysiologisch mögliche neurophilosophische Aussage der Verortung der menschlichen Person im Gehirn hinaus. Man kann die Möglichkeit – wie zuvor erläutert – in Betracht ziehen, dass die individuelle Identität des Menschen in seinem Körper durch die Repräsentation dieses Körpers und seiner Umweltbeziehungen durch das Nervensystem im Gehirn zu verorten ist. Dann ergibt sich zu dem Sitz der höheren Funktionen des Personseins im Gehirn kein Widerspruch. Die Frage der Lebendigkeit des Menschen (als Person) hängt dann auch im Sinne von Hans Jonas an der Lebendigkeit des Gehirns.

Eher in einem Nachsatz soll Hans Jonas' Vorwurf eines unangemessenen Dualismus noch einmal aufgegriffen und betrachtet werden: »... sehe ich eine seltsame Wiederkehr – die naturalistische Reinkarnation sozusagen – des alten Leib-Seele-Dualismus. Seine neue Gestalt ist der Dualismus von Körper und Gehirn. In einer gewissen Analogie zu dem früheren transnaturalen Dualismus hält er dafür, dass die wahre menschliche Person im Gehirn sitzt (oder dadurch repräsentiert wird), und der übrige Körper dazu nur im Verhältnis des dienstbaren Werkzeugs steht. Wenn daher das Gehirn stirbt, ist es so, wie wenn die Seele entfloh: was bleibt, sind die ›sterblichen Überreste‹.« Hier formuliert Hans Jonas in der Tat die sehr entscheiden-

de Frage nach dem Verhältnis von (übrigem) Körper und Gehirn in Bezug auf die Frage nach dem Sitz der Person. Hiermit stellt sich sicherlich die Frage der Vereinbarkeit unterschiedlicher Verständnisse: Soll unter dem Begriff des Menschen oder der Person in jedem Falle sowohl die gedanklich reflexive Repräsentation unseres Selbst und unseres Körpers zu unserer Umwelt (sozusagen das gedankliche Leib-Erleben) als auch unverzichtbar der materiale Körper verstanden werden? Die Benennung eines Dualismus ist von Hans Jonas offensichtlich in einem kritisierenden Sinne gemeint. Sofern die Gegenüberstellung von (übrigem) Körper und Gehirn angesprochen ist, so ist allerdings die Frage zu prüfen, welche Rolle das Gehirn im Körper eigentlich spielt. Hans Jonas will den Sitz der Person nicht im Gehirn, sondern im gesamten Körper verortet wissen. Dann gilt die vordiskutierte Frage, ob die Person bei Verzichtbarkeit so vieler Körperteile, aber Unverzichtbarkeit des Gehirns, nicht doch in den Repräsentationen des Gehirns verortet werden sollte. Ob es sinnvoll ist, diese prädominante Funktion des Gehirns mit einem negativen Beiklang als Dualismus zu kritisieren, mag hier offen bleiben.

Wenn man ein solches Menschenbild in Betracht ziehen will, muss man sich mit der Frage beschäftigen: Wie ist ein Verlust von Körperteilen oder Organen in Bezug auf den Menschen, die Person und ihre Lebendigkeit oder Nicht-mehr-Lebendigkeit zu interpretieren? Wie wir von Amputationen oder der Herztransplantation wissen, ist der Verlust von Gliedmaßen oder inneren Organen sicherlich mit dem Überleben des Menschen, der Person vereinbar. Wiederum bleibt die entscheidende Frage:

Was bedeutet der Verlust des Gehirns und damit jeglichen Erlebens, Wahrnehmens, Empfindens, Überlegens, Planens, Handelnkönnens nicht nur für die eine Person, sondern auch allgemeiner für den Menschen und seine Lebendigkeit?

5.2.5 Lebendigkeit und Befürworten der Organentnahme

Nachdem sich das Hirntodes-Konzept weitgehend durchgesetzt hat, befürworten auch

Kritiker besonders in Deutschland eine Organentnahme unmittelbar nach Eintritt des Hirntodes. Sie begründen diese Entscheidung mit der im dissoziierten Hirntod eingetretenen Irreversibilität des Sterbeprozesses als eines Entnahme-Kriteriums (31–33, 82). Diese Auffassung, dass der Organismus und damit der Mensch im dissoziierten Hirntod noch nicht tot, sondern ein Sterbender sei, und der Versuch, trotzdem eine Organentnahme im dissoziierten Hirntod zu befürworten, führen zu einer Argumentation, die eingehender betrachtet werden muss.

Wenn der hirntote, noch überlebende Körper als lebender Mensch verstanden werden soll, dann bedeutet das Abstellen einer Beatmungsmaschine zwar auf der einen Seite – wie Hans Jonas es formuliert – das Hinnehmen des von ärztlichem Eingreifen unbehinderten Verlaufes. Auf der anderen Seite bedeutet es aber auch das bewusst und sehenden Auges induzierte, unmittelbar nachfolgende Versterben des gesamten Körpers, nach diesem Verständnis des ganzen Menschen. Wenn dieser Zustand zugleich als Zeit für eine eventuelle Organentnahme anerkannt wird, dann bedeutet dies eine Organentnahme bei lebendigem Leibe. In früheren Jahren wurde so ein Eingreifen als Vivisektion auf das heftigste kritisiert. Eine Organentnahme bei wenngleich sterbenden, aber doch noch lebendigem Menschen bedeutet einen schwerwiegenden Eingriff in den Sterbeprozess während der letzten Augenblicke des Noch-Lebendig-Seins. Dieser Gesichtspunkt wird von den Kritikern nicht eingehend diskutiert (31–33, 82). In allen anderen Situationen werden gerade diese letzten Augenblicke des Noch-Lebendig-Seins als intimste Momente angesehen, in denen unsere Menschenwürde auf das Empfindlichste infrage gestellt ist.

Wenn wir es demgegenüber aus der Betrachtung der neurobiologischen Befunde heraus für begründeterweise richtig halten, den Menschen nach Eintritt des Hirntodes als verstorben anzusehen, dann bedeutet eine Organentnahme zwar noch eine Störung des Trauerprozesses der Angehörigen, aber keine Störung des Sterbeprozesses eines noch lebenden Menschen.

Diese Überlegungen sollten nicht als ein vom Zweck her bestimmtes Drängen auf die Anerkennung des Hirntodes als des Todes des Menschen verstanden werden, um die unliebsame Konsequenz einer Vivisektion zu vermeiden. Die Überlegungen sollen lediglich darauf hinweisen, welche Konsequenzen von manchen Kritikern des Hirntodes-Konzepts bei der Befürwortung von Organtransplantationen inkauf genommen werden. Es scheint allemal sinnvoller, zuerst zu prüfen, wie die Situation des noch überlebenden übrigen Körpers nach Eintritt des dissoziierten Hirntodes vernünftigerweise verstanden werden kann. Erst in einem davon zu unterscheidenden Schritt sollte man darüber nachdenken, welche Folgerungen nach gegebener Voraussetzung für unser Handeln zu ziehen sind.

5.2.6 Die funktionelle Organisation des menschlichen Organismus (Roth)

Zum Abschluss dieser Betrachtungen zur Bedeutung der Organ-Interaktivität für den menschlichen Organismus soll ein gedanklicher ›Schritt zur Seite‹ getan werden. Unter einem metatheoretischen Blickwinkel soll die Frage betrachtet werden, was denn die Organ-Interaktivität für das Funktionieren des menschlichen Organismus bedeutet. Eine solche Betrachtung zeigt die konzeptionelle Vorstellung von einer systemischen, sozusagen demokratischen Organisation der verschiedenen Organe in Gestalt der »Selbstorganisation« oder »Autopoiese«. Diese Vorstellung einer systemischen Organisation des menschlichen Organismus stammt aus der Systemtheorie und folgt der Frage, wie eine geordnete Organisation selbständig funktionierender Teile gedacht werden kann (23, 24). Diese Vorstellung stammt ursprünglich aus der Beobachtung einer teilweise getrennt selbständigen und einer teilweise organismisch kooperierenden Lebensweise einfacher Organismen (Schleimpilze, 58, S. 88ff.).

Nach dieser Theorie werden die Organe des menschlichen Organismus als gleichrangig und im Prinzip ersetzbar angesehen, und dem Gehirn wird keine Sonderrolle gegenüber den anderen Organen zugestanden: »Das Gehirn ist innerhalb des autopoietischen Netzwerks ein Organ wie jedes andere und deshalb im Prinzip ersetzbar oder entbehrlich« (77).

Die kooperative Organisation der Organe des Brust- und Bauchraumes lässt sich als Ausdruck einer systemischen Integration verstehen. Wenn man jedoch den Bewegungsapparat des menschlichen Körpers mit Knochen, Gelenken, Sehnen und Muskeln und sein Verhältnis zu den inneren Organen betrachtet, dann ist die Vorstellung einer gleichrangig systemischen Kooperation/Integration zwischen ihnen nicht überzeugend. Immerhin wird die Kooperation zwischen ihnen maßgeblich durch das Gehirn gesteuert.

Angesichts der außerordentlichen Bedeutung, die das Organ Gehirn mit seinen Funktionen für den Menschen hat, stellt sich die Frage, ob diese systemtheoretische Vorstellung ein vollständig überzeugendes Modell des menschlichen Organismus ist oder nicht.

5.3 Biophilosophie des menschlichen Organismus

Als Gegenmodell zur systemischen, autopoietischen Organisation bietet sich die Vorstellung einer für den Organismus des Menschen übergeordneten Bedeutung des Gehirns. Daraus stellt sich die Frage nach dem Verhältnis der Funktionen der übrigen Körperorgane zu den Funktionen des Gehirns. Das Modell einer gleichberechtigten systemischen Interaktion der Körperorgane erscheint für die zielstrebig steuernden Funktionen des Gehirns sehr wenig angemessen. Besser angemessen scheint die Vorstellung einer bedeutungsmäßig bzw. in einem evolutionären Sinne übergeordneten Funktion, die hier als »Superiorität« herausgehoben werden soll. Damit wird neben der organinteraktiven systemischen eine hierarchische Organisation des menschlichen Organismus betrachtet (Abb. 5.3).

5.3.1 Das Argument einer Integration im Hirnstamm

In der evolutionären Gliederung des Nervensystems wurden Funktionen des unteren und des oberen Hirnstamms unterschieden. An dieser Stelle werden Funktionen des unteren bis mittleren Hirnstamms und das Zwischenhirn-Hypophysen-System besprochen, weil deren Funktionen fast durchgehend mit dem Aspekt der vegetativen und der hormonellen Integration der Körperorgane in Verbindung gebracht worden sind. Es darf wiederum nicht übersehen werden, dass es sich um eine vereinfachende Betrachtung handelt: Sie lässt etwa die Bedeutung der im mesenzephalen Bereich gelegenen Formatio reticularis für das menschliche Bewusstsein und die Bedeutung des Hypothalamus (des Zwischenhirns) für emotional-affektive Funktionen unberücksichtigt (s.u.).

Im unteren Hirnstamm (Medulla oblongata und medullopontiner Übergang) finden sich Nervenzellgebiete, die vegetative Funktionen innerer Organe beeinflussen (z.B. Herzfrequenz, Blutdruck, Stoffwechselsteuerung zur Temperaturregelung, 80). Diese zentrale Steuerung ist als Beleg dafür angeführt worden, dass der Hirnstamm eine zentral integrative Bedeutung für den Organismus habe. Im Hypothalamus finden sich Nervenzellgebiete, die mit der Schlaf-Wachregelung, mit den Geschlechtsfunktionen und mit Anregungs- oder Beruhigungsimpulsen in Verbindung zu bringen sind. Sie können aus dem Blut Informationen über dessen Hormongehalt entnehmen und verarbeiten und als Reaktion über die Hypophyse Hormone ausschütten. Diese Zwischenhirn-Hypophysenfunktion bedeutet also ebenfalls eine modulierend integrative Funktion des Hirnstamms für den Organismus als ganzen.

Für die Diskussion der organismischen Organ-Interaktivität bedeuten diese Funktionen im Hirnstamm ein erstes Beispiel einer übergeordneten Funktion, die für eine Interaktion der Körperorgane nicht notwendig ist. Bei Fortführen der Beatmung im dissoziierten Hirntod schlägt das Herz automatisch weiter. Es wäre allerdings nur sehr bedingt in der Lage, z.B. die bedarfsgerechte Anpassung der Durchblutung bei erheblicher körperlicher Belastung zu leisten. Die insofern in einem erweiterten Sinne »integrativen« Funktionen des Hirnstamms bedeuten eine erste Stufe einer übergeordnet modulierenden Funktion zur Verbesserung der Anpassung an Umgebungsbedingungen, wiederum verbunden mit einer Vergrößerung der Verhaltens-Freiheitsgrade.

Die großen Basalganglien (Thalamus und Striatum) des oberen Hirnstamms stellen Nervenzellgebiete dar, die bei vereinfachender Betrachtung entwicklungsgeschichtlich etwas ältere Hilfsfunktionen für die Funktionen

Abb. 5.3: Organisationsprinzipien Lebewesen / Menschen

arbeitsteilig-
organ-interaktiv-
»systemisches«
Organisations-Prinzip
z.B. humorale Interaktion
von Organen

zielorientiert-
direktiv-
»hierarchisches« **Organisations-Prinz**
z.B. nervale Steuerung
des Herzens

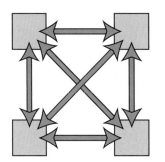

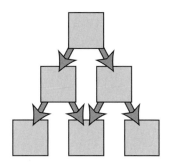

Rückkoppelung, Selbstorganisation,
systemische Interaktivität ↔ zerebrale ›Superiorität‹
*komplementär systemisches **und** zerebrozentrisches*
Prinzip im menschlichen Organismus

des Großhirns zur Verfügung stellen (z.B. die Schmerzkennzeichnung der Hitzeeinwirkung an der Haut im Thalamus, die Bewegungsflüssigkeitsabstimmung für Willkürbewegungen im Striatum). Da hier jedoch auch komplexere Hilfsfunktionen bereitgehalten werden, erfolgt die Besprechung im Zusammenhang mit den Großhirnfunktionen (s.u.).

Sofern das Argument der systemischen Integration im Hirnstamm als Argument für die Interpretation des dissoziierten Hirntodes gebraucht werden soll, erweist es sich als ein mangelhaftes Argument. Selbst wenn der Hirnstamm mit seinen Funktionen vollständig ausgefallen ist, bleibt eine unbestreitbare organismische Lebendigkeit im übrigen Körper erhalten. Ein Erhaltenbleiben der biologisch integrativen unteren Hirnstammfunktionen im Falle einer überwiegenden Schädigung des Großhirns führt auch nur zu einem biologischen Überleben ohne geistig-seelisches Vermögen. Im isolierten Hirnstammtod bleibt die Frage nach der Bedeutung der geistig-seelischen Lebendigkeit des Menschen problematisch.

Die systemische Integration im Hirnstamm ist damit allenfalls als Hilfsargument für das Verständnis des Hirntodes überzeugend.

5.3.2 Das Argument einer zentralen Integration im Großhirn

Das geistig-seelische Vermögen des Menschen, das Wahrnehmen, Erkennen, Erinnern, Nachdenken, Entschließen und Handlungs-Initiieren auf bewusstem wie auf unbewusstem Niveau, ermöglichen die mehr oder weniger zielgerichtete Aktivität des Menschen. An dieser Stelle ist einzufügen, dass hier das geistig-seelische Vermögen des Menschen ausdrücklich in einem sehr weiten Sinne verstanden wird. Eingeschlossen sind sowohl hochdifferenziert reflexive Denkvorgänge und Handlungen als auch sehr archetypische Reaktionen in ihrer ganzen Vielfalt bis hin zu dem elementarsten Behagens- oder Missfallens-Ausdruck allerschwerst geistig behinderter Menschen. All diese geistig-seelischen Vermögen werden in der Kooperation der Großhirnrinde und der Stammganglien ermöglicht. Diese im Gehirn gebildeten geistig-seelischen Vermögen sind nur auf der

Basis der bereitstellenden Funktionen der inneren Organe möglich und können ihrerseits den Bewegungsapparat steuern. Diese wechselweise Verknüpfung der Funktionen lässt sich als mit den übrigen Organen interaktiv und als zentral integrativ verstehen.

In diesen Überlegungen zeigt sich die Berechtigung und aber auch die Einschränkung der Kritik Shewmons (94). Die Berechtigung seiner Kritik liegt darin, dass die interaktiven Funktionen zwischen den Körperorganen – je nachdem, wie man die Begriffe im Einzelnen definiert – vielfältiger sind, während die Interaktion des Gehirns mit den Körperorganen eine kleinere Zahl von sensorischen und steuernden Wechselwirkungen bedeutet. Die Einschränkung seiner Kritik am Hirntodes-Konzept liegt darin, dass er die Bedeutung dieser zentralen Integration der Funktionen des Körpers (vorerst?) nicht diskutiert (95). Diese Frage der Bedeutung ist jedoch die entscheidende für die Interpretation des Hirntodes in Bezug auf die Lebendigkeit des Menschen.

Der Versuch, die zentral steuernde Funktion des Gehirns als interaktiv und integrierend zu interpretieren, scheint demnach möglich, bleibt aber nur bedingt überzeugend. Shewmons Folgerung ist zuzustimmen, dass für das Verständnis des Hirntodes andere als biophilosophische Argumente vorgelegt werden müssen.

5.4 Neurophilosophie der Lebendigkeit des Menschen

In dem vorstehenden Kapitel wurde der menschliche Organismus betrachtet. In einer solchen Betrachtung wird der Mensch (in der Bedeutung eines wesentlich personalen Wesens) nur zu leicht aus dem Blick verloren. Die sprachliche Unterscheidung zwischen dem menschlichen Organismus und dem Menschen muss – wie bereits ausgeführt – noch einmal verdeutlicht werden. Der Begriff des Organismus bezeichnet den menschlichen Körper in seiner ganzheitlichen Lebendigkeit, der Begriff des Menschen bezeichnet das erlebnis-, erinnerungs- und überlegt handlungsfähige (personale) Wesen im Gegensatz zum Tier.

Es sei noch einmal daran erinnert, dass die Begriffe Mensch und Person sehr weitgehend vergleichbare Bedeutungen haben. Beim Begriff des Menschen steht der biologische Aspekt eher im Vordergrund, der seelisch-geistige Aspekt mehr im Hintergrund der Betrachtung, beim Begriff der Person steht der seelisch-geistige Aspekt ganz eindeutig im Vordergrund und der körperliche Aspekt weitgehend im Hintergrund (vgl. Kap. 3.2.1). In der Betrachtung des Hirntodes und seiner Bedeutung für den Menschen muss der seelisch-geistige (personale) Aspekt maßgeblich berücksichtigt werden. Wenn auch allerschwerst geistig behinderte menschengeborene Wesen mit in den Blick genommen werden sollen, dann können sie weniger unter dem Begriff von Personen, als plausibler unter dem Begriff des Menschen in die Überlegungen eingeschlossen werden.

5.4.1 Die körperlich-geistig-seelische Integration

In der bisherigen Diskussion wurden immer wieder die Organe des hirntoten, noch überlebenden Körpers dem Gehirn und seinem Vermögen gegenübergestellt. Es ist jedoch wichtig, sich die wunderbare körperlich-seelisch-geistige Integration im lebendigen Menschen zu vergegenwärtigen.

Wenn man die Funktionen im menschlichen Körper betrachtet, dann finden sich Interaktionen auf sehr verschiedenen Ebenen. Man kann Interaktionen zwischen Zellen unter einem chemischen oder physikalischen Aspekt betrachten und man kann Interaktionen – im Wesentlichen unter dem chemischen Aspekt – zwischen verschiedenen inneren Organen betrachten. Die Interaktionen zwischen Zellen, etwa des Immunsystems, und zwischen den inneren Organen, etwa zwischen der Leber und den Nieren, sind am ehesten nicht nur als eine systemische, sondern besonders auch als eine arbeitsteilige, je für sich selbständige ›teilautonom-kooperative‹ Organisation zu verstehen. Für diesen Bereich der Organe des Brust- und Bauchraumes ist die Vorstellung einer Gleichrangigkeit der Funktionen am überzeugendsten und die Vorstellung einer Über- oder Unterordnung nicht plausibel.

Bei den Wirkungen der großen Hormondrüsen, etwa der Schilddrüse oder des Inselzell-systems der Bauchspeicheldrüse, sind Wirkungen der Hormone auf andere Organe und auf Stoffwechselprozesse sowie Rückwirkungen der Stoffwechselprodukte auf die Hormondrüsen festzustellen. Es fragt sich, ob diese wechselseitigen Wirkungen überzeugend als gleichrangige Wechselwirkungen verstanden werden sollten oder ob bereits hier die Vorstellung einer übergeordneten Steuerung überzeugender ist.

Wenn man darüber hinaus die Wirkungen des Gehirns auf den Körper betrachtet, dann stehen sich auf verschiedenen Ebenen gegenläufige Informationsflüsse gegenüber. Einerseits sind Wirkungen der vom Gehirn ausgehenden Teile des vegetativen Nervensystems und Wirkungen der Hormone des Zwischenhirns und der Hypophyse auf die inneren Organe festzustellen. Andererseits sind Informationsflüsse aus dem vegetativen Nervensystem und von im Körper produzierten Hormonen auf das Gehirn festzustellen. Auf den ersten Blick gibt es hier ebenfalls eine wechselwirkende Interaktion. Weiterhin finden wir einerseits Wirkungen motorischer Nervenfasern auf die Muskulatur, die Bewegungen des Körpers in seiner Umwelt ermöglichen und andererseits Rückmeldungen sensibler Informationen aus der Umwelt wie aus der Binnenwelt des Körpers (vgl. Abb. 3.4a). Auch hier sind also Informationsflüsse zwischen Gehirn und übrigem Körper in beiden Richtungen festzustellen, die auf den ersten Blick als wechselwirkende Interaktion zu beschreiben sind.

Bei einer ausschließlichen Beschreibung der Wechselwirkungen und Informationsflüsse als teilautonom-kooperative Interaktion kommen Zweifel auf. Demnach müssten wir zugleich die Vorstellung akzeptieren, dass die Leber oder die Nieren in gleichberechtigter Weise ebenso das Gehirn steuern, wie umgekehrt. Eine solche Vorstellung scheint absurd, ist aber deshalb von Wissenschaftlern vertreten worden, *weil man in der Informationstheorie an Informationsflüssen keine Wichtigkeitsunterschiede, keinen maßgeblichen zielbestimmenden Willen finden kann.* Wenn man eine solche Theorie auf den Menschen anwendet, findet man keine hierarchische Über- oder Unterordnung von Organen. Wir wissen demgegenüber, dass etwa die Nieren für die Leistungsfähigkeit eines Menschen zwar eine leistungsbegrenzende Rolle spielen können, dass sie aber dem Menschen niemals ein reaktions-differenzierendes und zielauswählendes Handeln ermöglichen können. In unserem Gehirn können wir dagegen sehr wohl unsere Reaktionen differenzieren, zwischen zwei oder mehreren möglichen Zielen auswählen und mit Einsatz unseres ganzen Körpers nach dieser Zielsetzung, dieser absichtsvollen Intention handeln. Dies ist der Grund, weshalb das Gehirn in einem evolutionären Sinne nicht als ein Organ wie jedes andere angesehen werden kann, weshalb ihm wegen dieser Fähigkeit zu differenziertem Reagieren und zur Intentionalität eine ›Superiorität‹ gegenüber allen anderen Organen des Körpers zukommt (104).

Im menschlichen Körper finden sich also sowohl gleichrangig kooperative Funktionen im Bereich der inneren Organe als auch zentral steuernde Funktionen des Zentralnervensystems, im Wesentlichen des Gehirns. Dies bedeutet eine Komplementarität systemischer Organ-Interaktivität und intentionaler, zielstrebiger Handlungsfähigkeit, mit anderen Worten biologischer und geistigseelischer Lebendigkeit (vgl. Kap. 6.1.4).

5.4.2 Seelisch-geistiges Vermögen und Lebendigkeit des Menschen

Diese Vorstellung einer zentralen Bedeutung des Gehirns (›Superiorität‹) für das Lebewesen Mensch ist von sehr kompetenter neurophysiologischer Seite mit dem Vorwurf eines falschen, »zerebrozentrischen« Menschenbildes kritisiert und abgewiesen worden. In ihrem Kapitel »Das Hirntodproblem aus der Sicht der Hirnforschung« führen Roth und Dicke aus: »Die Gleichsetzung von Tod und Hirntod bedeutet, dass der Mensch im biologischen Sinne nur so lange lebt, wie sein Gehirn lebt. Eine solche Gleichsetzung ist problematisch, denn sie suggeriert, das Gehirn trüge gegenüber den anderen Organen etwas Besonderes zum Leben bei. Dies ist nicht der Fall. ... Leben wird als »Systemeigenschaft« verstanden, als das Resultat der Interaktion von spezifischen Komponenten auf verschiedenen funktionalen Ebenen, wobei die Interaktion von Makromolekülen ... die unterste und Interaktionen von Organen ... als die oberste funktionale Ebene angesehen wird. Aus biologisch-systemtheoretischer Sicht wird die Fähigkeit zur Selbstherstellung und Selbst-

erhaltung eines Organismus auf der Basis dieser Interaktionsweisen als Charakteristikum für »Leben« verstanden (23, 24)«. Etwas später werden diese Ausführungen zu der Schlussfolgerung zusammengefasst: »Das Gehirn ist innerhalb des autopoietischen Netzwerks ein Organ wie jedes andere und deshalb im Prinzip ersetzbar oder entbehrlich«(77).

Wenn man die Überlegungen zur Komplementarität systemischer und hierarchischer Organisationsprinzipien im Lebewesen Mensch in den Blick nimmt, dann überraschen diese Ausführungen eines der bekannteren deutschen Neurowissenschaftler. Seine Ausführungen sind allerdings dann sehr leicht zu verstehen, wenn man überprüft, in welchem Sinne er das Wort ›Leben‹ gebraucht. Ganz offensichtlich gebraucht er das Wort Leben in einem sehr allgemeinen biologischen Sinne einer biologischen Lebendigkeit wie sie bereits bei einzelligen Lebewesen, etwa bei dem bereits erwähnten Schleimpilz oder bei Amöben zutrifft. Die kritische Rückfrage muss jedoch außerdem auch Lebewesen mit vielen arbeitsteilig organisierten inneren Organen und einem Zentralnervensystem in die Betrachtung einbeziehen. Die entscheidende Frage lautet folgendermaßen: Unser Vermögen zu intentionalem (absichtsvollem) Handeln ist nach all unserem Wissen an das Funktionieren unseres Gehirns gebunden (49). Ist es überzeugend und in Übereinstimmung mit unseren Alltagserfahrungen, dieses Wissen einer steuernden, hierarchisch übergeordneten Funktion zu ignorieren oder zu leugnen? Die Vorstellung einer komplementären interaktiv kooperativen und hierarchischen Organisation des Lebewesens Mensch (und der anderen höheren Tiere) erweist sich als überzeugender.

Angesichts der menschlichen Fähigkeit zu Reaktions-Differenzierung und weitreichender Intentionalität muss man also komplementär zu der zell- und organinteraktiv systemischen Organisation des biologischen Lebewesens eine »zerebrozentrische« Organisation als wesentlich anthropologisches Lebendigkeitskriterium des Menschen konstatieren.

Man muss sich an diesem Punkt vergegenwärtigen, dass die Begriffe der Reaktions-Differenzierung und der Intentionalität, der Fähigkeit des Menschen zu situationsangepasstem und weitreichend absichtsvollem Handeln hier als zentrale Schlüsselbegriffe

– als Paradigmen-Begriffe – und wesentlich stellvertretend für die Gesamtheit der verschiedenen seelisch-geistigen Vermögen des Menschen gewählt wurden. Eine solche Begriffswahl muss immer darauf beobachtet werden, inwieweit Folgerungen berechtigt sind oder nicht.

Unsere Fähigkeit zu weithin absichtsvoll planendem oder unbewusst strebendem, ein konkretes Ziel ansteuerndem oder eine sehr unbestimmte Vervollkommnung suchendem Verhalten ist an die komplexe Vielfalt unserer emotionalen wie rationalen Vermögen, an unsere geistig-seelischen Vermögen gebunden. Die Vielfalt unserer Vermögen ermöglicht uns ein bestimmt oder unbestimmt zielverfolgendes Handeln und zugleich die Freiheit, viele verschiedene Ziele zu verfolgen. Dieses an unser Gehirn gebundene Vermögen ist den rein biologischen Funktionen unseres Körpers in einem wesentlichen Sinne übergeordnet. Der Maßstab einer solchen Über- bzw. Unterordnung ist ein evolutionärer. Es ist unplausibel, einen solchen Maßstab ignorieren oder bestreiten zu wollen, auch wenn es sich um eine ausschließlich menschliche Maßstabsetzung handelt und ein naturwissenschaftlicher Beweis für die Naturgegebenheit dieses Maßstabes nicht leicht angetreten werden kann.

Der Paradigmen-Begriff der Intentionalität ist geeignet, die besondere Bedeutung (›Superiorität‹) des Gehirns im Gegensatz zu den übrigen Organen herauszuarbeiten. Als Paradigmen-Begriff in der Hirntod-Diskussion ist er deshalb nicht geeignet, weil der Hirntod bei nicht intentional handlungsfähigen Menschen damit nicht bestimmt werden könnte. Hier ist der Paradigmen-Begriff des Reaktions-Differenzierungs-Vermögens geeigneter.

In der Diskussion um die Bedeutung des Hirntodes für den Tod des Menschen hat der Vorwurf eines »defekten« Menschenbildes eine Rolle gespielt. Die Kritiker des Hirntodes-Konzeptes haben den Befürwortern vorgeworfen, den geistig-seelischen Vermögen des Menschen und dem sie ermöglichenden Gehirn würde gegenüber den übrigen Lebendigkeitsfunktionen des Menschen ein unangemessenes Übergewicht zuzurechnen. Die übrigen körperlichen Funktionen würden in ihrer Bedeutung gravierend missachtet, so dass ein »defektes« Menschenbild resultiere. Demgegenüber müsse ein ganzheitliches Menschenbild verteidigt werden.

Mit Blick auf eine solche Interpretation muss darauf hingewiesen werden, dass der Mensch ausschließlich mit seinen geistig-seelischen Vermögen selbstverständlich nicht erschöpfend beschrieben werden kann. Wesentlich scheint jedoch die Frage nach einerseits verzichtbaren oder ersetzbaren Funktionen (mit Transplantat-Organen oder Maschinen-Prothesen) und andererseits unverzichtbar konstitutiven Funktionen. Vor diesem Hintergrund muss die Überzeugungskraft der eingangs dieses Kapitels zitierten Formulierung der Hirntod-kritischen Neurowissenschaftler kritisch betrachtet werden: »Das Gehirn ist innerhalb des autopoietischen Netzwerks ein Organ wie jedes andere und deshalb im Prinzip ersetzbar oder entbehrlich.«

Für das Verständnis des Menschen (und höherer Tiere) ist die Theorie eines autopoietischen Netzwerks eine entscheidend unvollständige (»defekte«) Theorie. Für den (individuellen, intentionalen) Menschen ist das Gehirn keineswegs ›ein Organ wie jedes andere‹ und keinesfalls ›ersetzbar oder entbehrlich‹.

5.4.3 Das Argument des Sitzes des Bewusstseins

Von vielen Autoren wird das Gehirn in seiner Bedeutung als Sitz des Bewusstseins betrachtet (49, 71, 104). Die Funktionen des Gehirns werden damit weitgehend in dem Sinne betrachtet, dass sie tatsächlich oder potenziell bewusst ablaufen. In dem Bemühen um eine klar verständliche und eindeutige Sprache wird von ihnen das Bewusstsein als die wesentliche Funktion des Gehirns – als ein Paradigmen-Begriff – angesehen. Demnach wird im Hirntod der Verlust des Bewusstseins herausgestellt und die Bedeutung des Hirntodes für den Menschen mit dem Verlust des Bewusstseins begründet (13, 56, 59). Die Eignung des ›Bewusstseins‹ als Paradigmen-Begriff muss geprüft werden.

Entsprechend der eingangs gegebenen Definition kann man nach dem zumindest in der Neurologie und der Neuropsychiatrie üblichen Sprachgebrauch zwei Bereiche des Bewusstseins betrachten, das Wachbewusstsein (Wachheit) und das Reflexivbewusstsein (reflexives Selbstbewusstsein) (98, 104). In der Mehrzahl der Publikationen, die den Hirntod als den Tod des Menschen mit dem definitiven Bewusstseinsverlust begründen, wird der Bewusstseins-Begriff nicht eigens definiert (13, 56, 59). Aus dem Zusammenhang kann man entnehmen, dass er eher in der Bedeutung des Reflexivbewusstseins, als in dem Sinne des Wachbewusstseins gebraucht wird.

Gegen die Verwendung des Bewusstseinsbegriffes im Sinne des Reflexivbewusstseins in der Argumentation zur Bedeutung des Hirntodes spricht, dass damit nur eine Aussage zu relativ intelligenten Menschen gemacht wird und die Argumentation zum Hirntod bei schwergradig geistig behinderten Menschen bereits eine erweiterte Bedeutung von Bewusstsein umfassen muss. Falls der Begriff des Bewusstseins maßgeblich im Sinne des Wachbewusstseins, also der Wachheit verstanden werden sollte, dann würde Erhaltensein oder Verlust von Wachheit über die Diagnose des Hirntodes entscheiden. Damit würden Patienten im chronischen apallischen Syndrom eindeutig als noch lebend klassifiziert. Dies würde mit der Hirntodesdefinition in der Bundesrepublik übereinstimmen. Autoren anderer Länder haben jedoch das Fehlen des Reflexivbewusstseins im chronischen apallischen Syndrom als Argument dafür angesehen, chronisch apallische Patienten als hirntot zu betrachten und eine Organentnahme zu diskutieren.

Wenn man den Bewusstseinsbegriff im Sinne des Wachbewusstseins verwendet, dann kann man eine konsistente Argumentation zum Verständnis des Hirntodes aufbauen. Begriff und Sachverhalt des Coma dépassé oder des irreversiblen Komas bedeuten den endgültigen Verlust auch des Wachbewusstseins und schließen das apallische Syndrom aus. Man müsste den Begriff des totalen Bewusstseinsverlustes (einschließlich des Wachbewusstseins) definieren und in die Diskussion einführen, um zu einer konsistenten Argumentation kommen zu können. Hier wird die Argumentation mit dem Paradigmen-Begriff des geistig-seelischen Vermögens für anschaulicher und plausibler angesehen. Der Begriff des totalen Bewusstseinsverlustes einschließlich des Wachbewusstseins ist eine im allgemeinen Sprachgebrauch nicht zu vermittelnde Konstruktion.

Die semantische Dispersion des Bewusstseinsbegriffes macht die Verwendung als Paradigmen-Begriff in der Bewertung des Hirntodes problematisch.

Allenfalls in einem eingeschränkten Sinne kann das Bewusstsein als wesentlich kennzeichnender Begriff für die Funktionen des Gehirns gebraucht und als Kriterium in der Hirntod-Diskussion verwendet werden. Dies ist jedoch wegen der zu erwartenden Missverständnisse nicht befriedigend. Aus diesem Grund wird im vorliegenden Zusammenhang nicht vom Bewusstsein als der paradigmatischen Funktion des Gehirns gesprochen, sondern von ›geistig-seelischen Funktionen‹ und es wird immer eine Mehrzahl der als wesentlich angesehenen Funktionen darunter verstanden (Wahrnehmen, Erkennen, Erinnern, Nachdenken, Entscheiden, Handlungsinitiative). Auch diese Funktionen betreffen im üblichen Sprachverständnis wesentlich reflexiv selbstbewusst, aber auch unbewusst ablaufende Hirnfunktionen. Für den hier zu besprechenden Zusammenhang sollen auch solche geistig-seelischen Funktionen eingeschlossen sein, bei denen ein Reflexivbewusstsein nur in sehr eingeschränktem Sinne angenommen werden kann, insbesondere auch bei allerschwerst geistig behinderten Menschen. Noch mehr als sie sind chronisch apallische Patienten zwar wach, aber ohne Reflexivbewusstsein. Auch die bei ihnen zu beobachtenden elementarsten geistig-seelischen Regungen werden als Ausdruck der Gesamtfunktion des Gehirns angesehen.

Ebenso wie der Begriff des totalen Bewusstseinsverlustes bedarf auch der Begriff des geistig-seelischen Vermögens ergänzender Spezifikationen, um als Paradigmen-Begriff in der Diskussion um das Verständnis des Hirntodes brauchbar zu sein.

Neben dem chronischen apallischen Syndrom sind in diesem Zusammenhang die extremen Hirnfehlbildungen der Anenzephalie mit erhaltenen Stammganglien, aber weitestgehend fehlendem Großhirn zu diskutieren. Shewmon hat derartige, schwerstgradig hirngeschädigte Patienten beschrieben (90). Bei weitgehend fehlendem Großhirn sind sie allein mit der stammesgeschichtlich sehr viel älteren Funktion ihrer Stammganglien zu differenzierenden Wahrnehmungsreaktionen zu einem sehr undifferenzierten Lächeln beim Anblick vertrauter Personen in der Lage (94). Auch wenn eine Bewusstheit im Sinne eines Reflexivbewusstseins weitgehend ausgeschlossen werden kann und auch wenn man diese Reaktionen als sehr weitgehend im Sinne motorischer Schablonen interpretieren will, so bleibt doch unbestreitbar, dass diese Menschen bei erhaltener Wachheit und bei erhaltenen allereinfachsten geistig-seelischen Regungen nicht als hirntot eingeschätzt werden können.

Der Verlust der Gesamtfunktion des Gehirns im Hirntod – im Sinne des in der Bundesrepublik gültigen Hirntodes-Konzeptes – kann sinnvollerweise als (vollständiger) Verlust auch der elementarsten geistig-seelischen Regungen, auch des Reflexiv- und des Wachbewusstseins verstanden werden.

Auch der Begriff der ›Person‹ ist als ein Paradigmen-Begriff in der Diskussion um das Verständnis des Hirntodes erprobt worden (105). Der Begriff der Person wird dabei von der Handlungsfähigkeit in einem sehr prinzipiellen Sinne her, der »dispositionellen Handlungsfähigkeit«, verstanden. Mit dem Verlust dieser dispositionellen Handlungsfähigkeit wird die Unterscheidung zwischen dem Tod der Person (mit Eintritt des Hirntodes) und dem Tod des Organismus (mit dem terminalen Herzkreislaufstillstand) im Hirntod relevant. Mit diesem Kriterium des Todes der Person kann eine Organentnahme aus dem noch lebenden Organismus gerechtfertigt werden. Demnach drängt sich auch hier die Frage auf, wie denn etwa mit schwerstgradig hirngeschädigten geistig Behinderten zu verfahren sein sollte, denen eine dispositionelle Handlungsfähigkeit nicht so ohne Weiteres zugesprochen werden kann. Dieses Problem ist von Steigleder (105) angesprochen: » ... gilt auch für solche Menschen, die aufgrund schwerster (geistiger) Behinderungen niemals sich zu im Vollsinn Handlungsfähigen entwickeln, wohl aber einige Nähe zur Handlungsfähigkeit erreichen können. Schon diese Nähe und die Potenz der Entwicklung zu solcher Nähe lassen sie in der angedeuteten Weise an der Würde von Handlungsfähigen partizipieren.«

Es zeigt sich, dass auch mit dem Begriff der Person und der Gegenüberstellung mit dem Begriff des Organismus eine nachvollziehbare Argumentation zum Verständnis des Hirntodes aufgebaut werden kann. Aus medizinischer Sicht jedoch ist eine solche Konstruktion beschwerlich. Die von Steigleder aufgezeigte Argumentation kann mit dem gleichen Ergebnis auch mit dem Begriff des Menschen in dem hier dargelegten Sinne durchgeführt werden.

Mit den Argumenten des Bewusstseinsverlustes und des Personen-Status-Verlustes kann man sinnvoll zum Hirntod und zum Tod des Menschen argumentieren. Sie werden jedoch nicht als für das Verständnis des Hirntodes bestens geeignete Argumente angesehen und daher hier zugunsten der Argumentation mit dem Begriff des ›Menschen‹ vermieden. Auch mit diesen Überlegungen bleibt die entscheidende Frage: Als was können wir einen Menschen ohne sein Gehirn verstehen?

5.4.4 Die Bedeutung von Wahrnehmung und Erleben im Gehirn

Aus den bisherigen Ausführungen ist deutlich geworden, dass die entscheidenden Kriterien für die Deutung des Hirntodes als des Todes des Menschen in Wahrnehmung, Erleben, Empfinden, Erinnern, Nachdenken und Handlungsinitiative gesehen werden, geistig-seelische Vermögen, die als ausschließlich im Gehirn hervorgebracht anzusehen sind. Diese Sicht wird in kritischen Diskussionen immer wieder angezweifelt. In der Kritik an der Deutung des Hirntodes ist insbesondere die Rede von ganzheitlichem Erleben ins Spiel gekommen, wobei dieses Empfinden nicht mehr so sehr im Herzen verortet wird, sondern eher im Innern, in der Leibmitte, (»im Bauch«, 20).

Kritisch zu diesem Erleben im Innern sollen hier vier Beispiel-Situationen diskutiert werden:

Als erstes Beispiel soll der Phantomschmerz in einem nicht mehr vorhandenen Glied nach Amputation etwa nach einem Unfall betrachtet werden (Abb. 5.4.4a). Dabei können nach einer notwendig gewordenen Beinamputation erhebliche Schmerzen in dem nicht mehr vorhandenen Fuß empfunden werden. Derartige Schmerzen sollen als besonders quälend erlebt werden, wenn die Verletzungssituation sehr belastend und unentrinnbar war. Die Patienten können von diesen Schmerzen so geplagt sein, dass sie mit Medikamenten kaum Erleichterung verspüren, medikamentenabhängig werden und selbst nicht verstehen können, wie sie zu solchen quälenden Schmerzen in einem nicht mehr vorhandenen Körperteil kommen können.

Abb. 5.4.4a: Was besagt der Phantomschmerz nach Amputation über den Ort unseres Wahrnehmens?

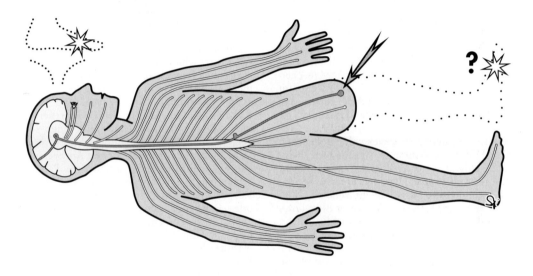

Phantomschmerz in nicht mehr vorhandenem Fuß,
fälschliche Zuordnung unseres Gehirns:

auf dem ursprünglich vom Fuß zum Gehirn ziehenden Nerven
wird ein unspezifisches elektrisches Signal geleitet

Interpretation der Wahrnehmung in unserem Gehirn

Die Erklärung eines Phantomschmerzes ist relativ einfach, wenn man sich klar macht, dass jegliche Schmerzempfindung von einem über den peripheren Nerven geleiteten elektrochemischen Impuls angestoßen wird. Erst im Thalamus und der Großhirnrinde werden sie zu dem Erleben, das den Patienten quält. Der vom peripheren Nerven zum Gehirn geleitete, zur Fehlverarbeitung führende Impuls kann offensichtlich aus der Verwachsung der Nervenfasern an der Amputationsstelle oder vielleicht auch im Rückenmark an der Stelle des fehlenden Impulseingangs entstehen.

Wenn man einen Phantomschmerz in einem nicht mehr vorhandenen Fuß wahrzunehmen meint, entsteht dieses Erleben offensichtlich nicht in dem fehlenden Körperteil, sondern ist an dessen Repräsentation im Gehirn gebunden (Abb. 5.4.4a).

Als weiteres Beispiel soll der Widerspruch einer Herztransplantation zu unserem Verständnis von dem Sitz unserer »herzlichen Gefühle« betrachtet werden (Abb. 5.4.4b). Seit Jahrtausenden existiert unter Menschen die Rede von dem Herzen als dem Zentrum unseres Leibes, die sicherlich durch die Beobachtung der tödlichen Verletzbarkeit begründet worden ist. Wir kennen die vielen Redewendungen, welche die Bedeutung des Herzens in unserer Gefühlswelt belegen: jemanden ins Herz geschlossen haben, für jemanden sein Herzblut opfern, der/die Herzallerliebste. Wir wissen zugleich, dass das Herz ein Muskel ist, der unser Blut durch die Adern fließen lässt, dass dieser Muskel von eigenen Blutgefäßen versorgt wird, die sich im Laufe des Lebens verengen können. Die Kardiologen können diese Herzkranzgefäße mit Kontrastmittel darstellen und über einen Schlauch mit einem kleinen Ballon aufdehnen. Wir wissen schließlich auch, dass das Herz eines Menschen auf einen anderen Menschen transplantiert oder zumindest zeitweise durch eine mechanische Pumpe ersetzt werden kann, wenn es in seiner Funktion lebensgefährdend geschwächt ist. Wenn unsere Rede von dem Herzen als dem Sitz der Gefühle wortwörtlich richtig wäre, dann müssten mit dem Ersatz des Herzens durch eine mechanische Pumpe alle Gefühle erloschen und die Gefühlswelt des Empfängers müsste mit der Transplantation eines fremden Herzens durch die Gefühlswelt des Spenders ersetzt worden sein. Das Gespräch mit Herztransplantierten zeigt, ihre Gefühle sind die gleichen wie vor der Transplantation. Andererseits ist eine lebensbedrohende Herzerkrankung, eine Herztransplantation und das Wissen, dass ein anderer Mensch sterben musste, damit der Empfänger leben kann, ein außerordentlich intensives Erleben. Die Empfänger erleben dies als ihre Welt grundsätzlich verändernd, teilweise erleben sie das transplantierte Herz als ihrer Identität fremd, immer aber erleben sie sich auch weiterhin als das »Ich«, das sie auch zuvor waren (vgl. Kap. 5.4.7) (11).

Eine Herztransplantation wäre niemals realisiert worden, wenn die Erlebenswelt und in ihr die Identität des Empfängers nicht erhalten geblieben wäre. Das erlebende »Ich« ist an das lebende Gehirn gebunden (Abb. 5.4.4b).

Als weiteres Beispiel soll das Leibempfinden bei einer Querschnittslähmung im Halsbereich betrachtet werden (Abb. 5.4.4c). Wenn bei einer solchen Verletzung das Rückenmark vollständig geschädigt ist, dann sind keine absichtlichen Bewegungen der Arme oder Beine mehr möglich. Dann wird keine Berührung, keine Verletzung, keine Wärme und keine Kälte am Rumpf, an den Armen oder Beinen mehr wahrgenommen. Man kann einen solchen Patienten operieren, ohne ihn in Narkose zu versetzen, er verspürt nichts. Andererseits hat er, ebenso wie der amputierte Patient, vermeintliche Wahrnehmungen an seinem Körper, die keiner tatsächlichen Berührung oder Bewegung entsprechen. Der Zustand gleicht insoweit dem nach einer Amputation, geht aber über diesen hinaus. Das zuvor erwähnte ›leibhaftige‹ Erleben im Innern, ›im Bauch‹ kann nichts mehr mit dem realen Bauch zu tun haben (20), den man schmerzlos operieren kann. Auch hier ist die Erklärung darin zu suchen, dass wir Repräsentationen unseres früheren Erlebens als Erinnerung in unserem Gehirn zur Verfügung haben. Die Realitätsnähe dieser Empfindungen beim nicht Querschnittsgelähmten – etwa das Schmerzempfinden bei einer tatsächlichen Blinddarmentzündung – geht über die Nervenverbindung der inneren Organe zum Gehirn. Bei einer Abkoppelung des Gehirns von diesen Nervenverbindungen können unrealistische Fehlwahrnehmungen, Phantomschmerz oder Leibhalluzinationen erlebt werden.

Wahrnehmungen in unserer Leibesmitte sind also nicht ›leibhaftige‹ Empfindungen,

Abb. 5.4.4b: Die Austauschbarkeit des Herzens

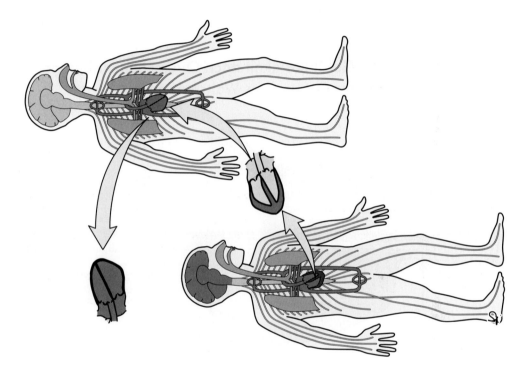

Sollen wir »herzliche« Gefühle dem Herzmuskel zuschreiben?

Sind unsere »herzlichen« Gefühle
nach einer Transplantation die eines anderen?

Sind die uns prägenden Erinnerungen
nicht doch an unser Gehirn gebunden?

Nehmen wir metaphorisches Sprechen wörtlich,
wird aus manchen Sprach-/Verständnisgewohnheiten Unsinn

Abb. 5.4.4c: Die Gefühllosigkeit nach Querschnittslähmung
und der Ort unseres Wahrnehmens

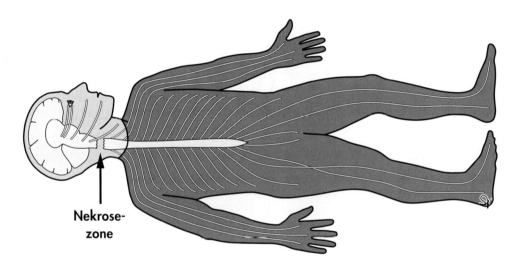

Nekrose-
zone

Hat ein querschnittsgelähmter Patient
keine Stimmungen und Empfindungen mehr,
ist er ›herzlos‹, weil er z.B. bei Operationen
in Brust und Bauch nichts mehr spürt?

Wahrnehmen und Empfinden entstehen in unserem Gehirn.

die tatsächlich im Bauch entstehen, sondern die gestützt auf die entsprechenden Repräsentationen in unserem lebenden Gehirn gebildet werden (Abb. 5.4.4c).

Als letztes Beispiel soll eine Hirntransplantation oder eine Kopftransplantation von einem Körper auf einen anderen betrachtet werden (Abb. 5.4.4d). Um die makabre Fantasie nicht abwegig (39) zu beanspruchen, soll hier die theoretische Utopie einer solchen Transplantation auf der Ebene der obersten Halswirbelsäule ganz nüchtern betrachtet werden. Es ist dabei vorauszuschicken, dass eine solche Transplantation nach heutiger medizinischer Vorstellung undurchführbar wäre. Einerseits würden wohl kaum in passender Zeit Spender und Empfänger zueinander finden, weiter würden wohl kaum die Blutgefäße in der notwendigen Zeit aneinander angeschlossen werden können. Weiterhin und vielleicht am entscheidendsten ist die Überlegung, wie denn auf der Höhe des Halsrückenmarkes eine passgenaue Verbindung aller Nervenfasern hergestellt werden sollte. Sonst könnten etwa die Gefühlswahrnehmungen der Bauchhaut zu Gefühlswahrnehmungen der Zehenspitzen oder der Bewegungsimpuls für eine Fingerbewegung zu einer Kniebeugung werden. Derartige Fehlverbindungen sind von Nervenverletzungen und von dem Wiederauswachsen der Nerven mit den entstehenden Fehlverbindungen bekannt. Man stelle sich vor, wie erstrebenswert ein solches Durcheinander wäre! *Die Vorstellung einer Hirntransplantation jedenfalls einschließlich einer halbwegs sinnvoll funktionierenden Verbindung zu dem Körper ist zumindest auf unabsehbare Zeit eine Utopie.*

Wenn man allein zum Zwecke einer rein theoretischen Überlegung trotzdem einmal dem Gedanken einer möglichen Transplantation eines Kopfes an einen Körper folgt, dann kann man fragen: Wer ist denn noch »Ich« und ist der diesem »Ich« antransplantierte, ein als »mein« eigener Körper? Es ist sehr offensichtlich: Das »Ich« ist dasjenige, dessen Gehirn auf diesem Wege überlebt hätte, seine Erinnerungen, seine Art, Erlebnisse zu verarbeiten, seine Eigenart zu Entschlüssen zu kommen, wären dieselben, wie die desjenigen Menschen, dessen Gehirn auf diese Weise am Überleben gehalten worden wäre. Die umgekehrte Frage ergibt eine viel bedrückendere Antwort: Wie würde das »Ich«

den ihm antransplantierten Körper wahrnehmen?

Die Antwort ist leicht zu sehen. Die Nervenfasern des unteren Hirnstamms würden wohl kaum passend mit den Nervenfasern des Halsrückenmarkes zusammenwachsen, so dass die vom Gehirn ausgehenden Bewegungsimpulse in keiner Weise die zugehörigen Muskeln finden würden (vgl. Kap. 5.4.7). Damit wäre der antransplantierte Körper für die Gefühlswahrnehmung nicht existent, allenfalls in einem Spiegel für die Augen sichtbar. Die im Gehirn ablaufenden Fehlwahrnehmungen und Halluzinationen in Verbindung mit dem Sehen des Körpers wären unbegreiflich.

Um die Dialektik von Eigen- oder Fremdheitserleben nach einer Kopftransplantation zu verstehen, kann man in der spekulativen utopischen Vorstellung einen Schritt weiter gehen. Für eine Möglichkeit einer Gefühlswahrnehmung des Körpers müssten alle Rückenmarksfasern von dem Gehirn und dem Körper mit wenigstens ungefährer Genauigkeit zusammenwachsen. Man müsste die Zeit außer Acht lassen, welche die Nervenfasern von der Verbindungsstelle am Hals bis zu den Unterschenkelmuskeln (geschätzt 1500 mm x ≈ 1 mm/Tag Wachstumsgeschwindigkeit = 1500 Tage = etwa 4½ Jahre) benötigen würden. Man müsste außer Acht lassen, dass alle Muskeln in dieser Zeit längst höchstgradig geschrumpft wären, ehe die Nerven sie erreichen würden. Eine tatsächliche Berührung der Hand könnte also über Jahre keinesfalls vom Gehirn wahrgenommen werden: Der Körper würde in überhaupt keiner Weise als »mein« von dem Gehirn erlebt werden können, das »Ich« würde sich im Kopf eingeschlossen erleben, zwar im günstigen Fall sehen, hören, schmecken, die Augen und die Lippen bewegen können, aber nicht sprechen können, weil die Luftzufuhr über die Luftröhre nicht gesteuert werden könnte. Man kann sich bei diesen utopischen Überlegungen vorstellen, welch ein Horror ein solcher Zustand sein müsste und wird sich fragen, ob der Tod in einem solchen Zustand nicht eine Gnade wäre.

Schließlich soll hier ein anderer Gedanke kurz gestreift werden. Hirnforscher beschäftigen sich heute mit dem Gedanken des Ersatzes bestimmter Hirnfunktionen durch Elektronik-Chips. Ein solcher Gedanke ist in die Hirntodes-Debatte eingeführt worden mit der

Abb. 5.4.4d: Kopf-Transplantation:
nur als spekulative Utopie denkbar

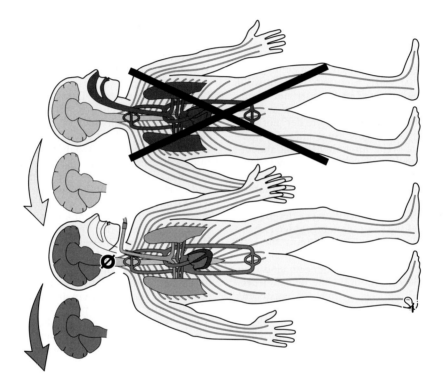

? Kopf und Gehirn überleben nur fraglich / kurz

+ *Sehen, Hören, Schmecken; Augen, Lippen, Zunge bewegen*
Empfinden, Denken, Wollen, Nicht-Können wahrnehmen

Ø Hirn & Rückenmark wachsen nicht sinnvoll zusammen

Ø keine oder völlig konfuse Körper- / Leib-Wahrnehmung

ein Einlernen des Gehirns in einen anderen Körper ist irreal!

Gedanke im Gehirn: »Ich bin in diesem Körper völlig fremd!«

Unser »Ich« ist in unserem Kopf / unserem Gehirn

Idee, die im Hirntod ausgefallene Steuerung der Atmung durch den Hirnstamm vielleicht eines Tages mit einem solchen Elektronik-Chip zu ersetzen (78). Ein solcher Gedanke ist für unvorstellbar weite Zukunft völlig abwegig und zeugt von der fehlenden Kenntnis der dem Hirntod zugrundeliegenden neurologischen Krankheitsbilder. Im Hirntod – jedenfalls im Gesamtfunktions-Hirntod – ist schließlich nicht nur der Hirnstamm ausgefallen, sondern auch das gesamte Großhirn – anders kann der Hirntod in Deutschland nicht festgestellt werden! Man kann sich fragen, was der Gedanke des Ersatzes der Herz- und Atemregulation des Hirnstamms durch einen Elektronik-Chip bei ausgefallenem Großhirn nützen soll. Die Spekulation des Ersatzes des gesamten menschlichen Gehirns durch eine Vielzahl von Elektronik-Chips geht noch viel weiter. Wir sollten in diesem Zusammenhang sehr konkret die Bedeutung unserer Erinnerungen, die Bedeutung der Komplexität unserer Gehirnvorgänge für unser Wahrnehmen und Handeln und die komplizierte Konstitution unseres »Begegnendmitwissenden ›Ich‹-Sein-Könnens« bedenken. Im Kontext der Frage nach der Bedeutung des Hirntodes für den Menschen ist eine solche Spekulation nur als unseriöse Phantasterei zu verstehen.

Die Utopie einer Hirntransplantation auf einen anderen Körper zeigt: Auch wenn die Identität eines Menschen in der Wechselbeziehung des Körpers mit dem seine Wahrnehmung ermöglichenden Gehirn entsteht, beruht sie doch wesentlich auf der in lebenslangem Erleben gebildeten Repräsentation dieses Körpers, dieses seines Leibes in diesem Gehirn (Abb. 5.4.4d).

An solchen Beispielen kann man sich vor Augen führen, welche Bedeutung das Gehirn für das Erleben, Empfinden, Erinnern, Betrachten, Entschließen und die Handlungsinitiation hat. Wiederum stellt sich für den hier betrachteten Hirntod die Frage: Was ist der Mensch ohne sein lebendes Gehirn?

5.4.5 Die Lebendigkeit des Menschen und der Hirntod

Nachdem die Organisation des menschlichen Körpers und die Verzichtbarkeit oder Unverzichtbarkeit der Organe und des Nervensystems von verschiedenen Seiten betrachtet sind, kann die Frage in Angriff genommen werden: Wenn in einem Krankheitsverlauf auf der Intensivstation das Gehirn in seiner Funktion unwiederbringlich erloschen ist, wie soll man diesen rosigen, warmen, weichen, sich unter Beatmung und im Herzschlag noch bewegenden menschlichen Körper begreifen? Mit den erarbeiteten begrifflichen Werkzeugen kann man die verschiedenen vorgeschlagenen Einordnungen prüfen, ob eine von ihnen überzeugend ist oder welche Probleme man inkauf nehmen muss, wenn man sich für eine entscheidet.

Die Kritiker des Hirntodes-Konzeptes haben seit Hans Jonas den Standpunkt vertreten, auch im Hirntod sei der Mensch noch ein lebender Mensch, noch ein Patient. Bei der Betrachtung der Organisation des menschlichen Körpers war zu sehen, dass die an das Gehirn gebundenen geistig-seelischen Vermögen des Menschen in unserem Verständnis der Begriffe Person, Mensch, menschliches Lebewesen zugleich mitgemeint sind. Falls man einen hirntoten, noch überlebenden übrigen Körper ohne alle diese Vermögen noch als lebenden Menschen bezeichnen will, muss man sich über die resultierende Bedeutungsveränderung des Begriffes Mensch gegenüber dem normalen Alltagsverständnis klar sein. Eine solche Ausweitung des Begriffsverständnisses würde die Bedeutung der seelisch-geistigen Vermögen für den Menschen ignorieren.

Die kämpferischen Befürworter der Organtransplantation haben demgegenüber immer wieder den Begriff des Leichnams für den hirntoten, noch überlebenden Körper bevorzugt. Wenn man diesen Körper auf der Intensivstation liegen sieht, dann ist der Unterschied zu einem Leichnam offensichtlich. Ein Leichnam ist blass, kalt, steif (totenstarr), die Organe sind bei einem Leichnam ebenfalls abgestorben, also nicht mehr transplantierbar. Ein beatmeter hirntoter Körper ist rosig, warm, weich, seine Organe sind lebend, transplantierbar und in einem anderen menschlichen Körper überlebens- und funktionsfähig. Angesichts einer solch offensichtlichen Widersprüchlichkeit sind zwei Erklärungen nahe liegend. Entweder sind unsere Begriffe zu arm, um der Wirklichkeit unseres Lebens gerecht zu werden, oder die Begehrlichkeit der Transplantations-Chirurgen übertönt den intuitiven Versuch, die komplizierte Wirklichkeit angemessen zu betrachten.

Nach den Richtlinien der Bundesärztekammer ist »mit dem Hirntod naturwissenschaftlich-medizinisch der Tod des Menschen festgestellt«. Die Formulierung klingt umständlich und macht den während des Gesetzgebungsverfahrens des Transplantationsgesetzes ausgetragenen Streit um das Verständnis des Hirntodes deutlich. Bei aller Umständlichkeit bleibt die Frage: Sollte man den Menschen als noch lebendig ansehen, wenn medizinisch der Tod festgestellt ist? Diese Frage macht zwar die Groteske der Formulierungsakrobatik deutlich. Damit ist allerdings die Frage selbst noch nicht beantwortet: Als wen oder was sollen wir diesen hirntoten, noch überlebenden menschlichen Körper ansehen, wenn der Tod des Menschen festgestellt ist?

Unsere Gesetzgebung kennt nur zwei Zustände: Entweder wir haben vor uns einen lebendigen, vielleicht sterbenden, aber im (moralischen und) rechtlichen Sinne immer noch lebendigen Menschen oder einen Leichnam vor uns. »Tertium non datur«, ein dritter Zustand wird im Gesetz nicht vorgesehen, ist also im rechtlichen Sinne nicht zugelassen. Der hirntote, noch überlebende Körper kann aber weder zwanglos als lebender Mensch noch überzeugend als Leichnam betrachtet werden. Hans Jonas hat diesen Zustand als »Zwischenzustand« oder »äquivoken oder Schwellenzustand« bezeichnet (36, S. 231, 233).

Demnach stellt sich die Frage, ob es angemessener sein könnte, den dissoziierten Hirntod aus erkenntnistheoretischer Sicht als einen dritten Zustand oder einen dritten »epistemologischen Status« von dem eines lebenden Menschen und von dem eines Leichnams abzugrenzen (Tab. 5.4.5).
Eine solche Denkmöglichkeit ist bisher noch kaum betrachtet worden (100). Andererseits zeigt das Andauern der Kontroverse, dass weder die Einordnung als lebendiger Mensch noch als Leichnam endgültig konsensfähig

ist. Um diese Frage noch etwas aufzuklären, kann man fragen, aus welchen Gründen die Kritiker des Hirntodes-Konzeptes eine Einordnung als Leichnam so kategorisch ablehnen. Zwei Begründungen scheinen denkbar: Einerseits könnte eine besondere Sensibilität wegen der möglichen Gefahr einer Tötung eines lebendigen Menschen gefordert sein, andererseits könnte eine Verletzung einer Pietäts-Forderung befürchtet werden.

Eine Pietätsforderung ist so abwegig nicht, wie das auf den ersten Blick scheinen mag. Die Intensivmedizin bis zur Feststellung des Hirntodes, die entsprechende Feststellungsuntersuchung und eine eventuelle Organentnahme sind radikalste medikalisierende Eingriffe in den Sterbeprozess. Solche Anforderungen im Angesicht des Todes eines Menschen erschrecken. Allerdings können wir der Frage nicht entrinnen, ob eine maximale Behandlung einschließlich einer Therapie mit lebenden Organen angesichts dieses Tributs abgelehnt werden soll. Die Möglichkeiten der modernen Medizin erzwingen rationale Entscheidungen zwischen Pietät und Therapie, ob wir darüber unzufrieden und widerständig sind oder nicht.

Die Gefahr der Tötung eines noch lebenden Menschen begründet eine besondere Empfindlichkeit im Umgang mit einem sterbenden Menschen vor dem eingetretenen Hirntod oder mit dem Zustand danach. Wenn ein hirntoter, noch überlebender übriger Körper wegen des Verlustes der seelisch-geistigen Vermögen nicht mehr einem lebendigen Menschen entspricht, dann ist eine Gefahr der Tötung eines noch lebenden Menschen kein Thema. Wenn der Argumentation der Kritiker des Hirntodes-Konzeptes gefolgt wird, dann ist der Körper nach Eintritt des Hirntodes ein noch lebender Mensch und die Organentnahme die endgültige Tötung. Die Kritiker des Hirntodes-Konzeptes halten den Hirntod für das Zeichen der Irreversibilität des Sterbeprozesses und (bei vorliegender Einwilligung) als Organentnahme-Kriterium für gerechtfertigt. Damit muss die Organentnahme als die endgültige Tötung eines noch lebenden Menschen interpretiert werden. Nicht nur das Pietätsgebot, sondern auch das Tötungsverbot würde in menschlich schwer erträglicher und juristisch äußerst problematischer Weise verletzt.

Nach diesen Überlegungen scheint weder die Kennzeichnung als noch lebender Mensch

Tab. 5.4.5: Der dissoziierte Hirntod: Tertium datur?

lebender Mensch,
individuelles
Lebewesen

lebende körperlich-geistig-seelische Einheit
◆ anthropologisches Lebendigkeits-Kriterium
• geistig-seelische Fähigkeiten
  (Wahrnehmen, Empfinden,
    Erleben, Denken, Handeln)
• das Gehirn
  (Träger geistig-seelischer Fähigkeiten)
• der Körper
  (Träger der Organinteraktion)

hirntoter,
noch überlebender
übriger Körper
(unter Intensivtherapie!)

Hirntod (›dissoziierter‹) = Individualtod
◆ anthropologisches Todes-Kriterium
† Gehirn/geistig-seelische Fähigkeiten
† Hirnstamm/zentrale sensomotorische,
  hormonelle und vegetative Steuerung
• lebende übrige Organe/-interaktionen

Leichnam
(vor und nach Eintreten
sicherer Todeszeichen)

Individual- *und* Organ- *und* Zelltod
◆ biologisches Todes-Kriterium
† Ausfall aller Funktionen → Verwesung
• nur kurzzeitige Restfunktionen
  langsam-stoffwechselnder Gewebe

noch die Kennzeichnung als Leichnam für den hirntoten, noch überlebenden übrigen Körper gerechtfertigt. Demnach wäre es sachlich begründet, einen dritten Zustand zu definieren. Dies ist für unser Rechtssystem ein schwieriger Akt. Aus diesem Grunde allein wurde dieser Gedanke in einer früheren Publikation verworfen. Weil die Bezeichnung des hirntoten Körpers als lebendiger Mensch noch weniger überzeugend ist, wurde ausschließlich aus diesen rechtspragmatischen Gründen dafür plädiert, den hirntoten Körper auch weiterhin im juristischen Sinne eher der Kategorie des Leichnams zuzurechnen (100).

Nach Eintritt des dissoziierten Hirntodes sind mit dem Verlust der Gesamtfunktion des Gehirns alle, selbst das einfachste geistig-seelische Vermögen irreversibel erloschen. Damit ist der Mensch in seinem individuellen Menschsein tot. Es bleibt ein entscheidend unvollständiger Organismus, ein ›noch überlebender übriger Körper‹.

5.4.6 Apallisches Syndrom, Anenzephalie und Hirntod

Im Hinblick auf die Hirntod-Diskussion und die Frage der entscheidenden Argumente für die Lebendigkeit des Menschen kann man sich mit Rücksicht auf die fließenden Grenzen biologischer Phänomene zu zwei unterschiedlichen Strategien entschließen. Die erste Möglichkeit, sich weitgehend oder ausschließlich auf biologische Argumente zu stützen, erwies sich bisher als wenig überzeugend. Die Alternative besteht darin, maßgeblich anthropologische Argumente heranzuziehen. Dies soll für die beiden, dem Hirntod noch am ehesten benachbarten Krankheitsbilder, das apallische Syndrom und die Anenzephalie betrachtet werden (vgl. Kap. 4.4).

Bei dem Versuch einer anthropologischen Kriteriologie gerät die Grenzunschärfe der Phänomene in Hinblick auf die normative Konsensfindung besonders in den Blick.

Bei der Diskussion des apallischen Syndroms war herausgestellt worden, dass das reine apallische Syndrom durch das Fehlen jeglicher als ›Reaktion‹ einzuordnenden geistig-seelischen Funktionen bei Erhaltensein eines unregelmäßigen Schlaf-/Wachheits-Wechsels zu kennzeichnen ist. Das postapallische Re-

missions-Syndrom war demgegenüber durch das Vorhandensein einfachster Reaktionen auf die Zuwendung umgebender Personen zu kennzeichnen. In einer solchen Unterscheidung stecken zwei Schwierigkeiten. Auf der einen Seite findet sich die Schwierigkeit der Abgrenzung von ›Reaktionen‹ gegen ›Noch-Nicht-Reaktionen‹. Auf der anderen Seite stellt sich die Frage, wie weit eine Sicherheit in der Einordnung von Beobachtungen zu erreichen ist. In Kap. 3.4 war bereits als Zwischenstufe zwischen den Reaktionen und den Reflexen das Phänomen der ›motorischen Schablonen‹, eingeführt worden – z.B. Blickfolgebewegungen oder das Zwangsweinen oder Zwangslachen, die vermutlich in den Stammganglien gebildet werden und keine bewusste oder halbbewusste geistig-seelische Funktion darstellen, sondern eine sehr stereotype, reizabhängige, komplexe Reflexbewegung. An der Schwierigkeiten dieser Formulierung wird deutlich, dass sich im Grenzbereich zwischen eindeutigen, geistig-seelischen Vermögen und etwa spinalen Reflexen weitere Phänomene finden, die weder dem einen noch dem anderen Phänomenbereich zweifelsfrei zugeordnet werden können. Diese Schwierigkeiten zeigen sich auch in der Beobachtung. In einem rein apallischen Syndrom sind oft Angehörige, Pflegekräfte und Ärzte uneins, ob eine in nur ungefährem Zusammenhang mit dem Hinzutreten einer Person zu beobachtende minimale Bewegungsunruhe bereits als erstes Zeichen einer beginnenden Reaktion auf die Umwelt anzusehen ist oder nicht.

Die Schwierigkeiten bei der Einordnung von Beobachtungen und bei der Abgrenzung von Begriffen zeigen die naturgegebene Grenzunschärfe der Phänomene. Dem Bemühen um eine überzeugende faktenorientierte Zuordnung normativer Urteile entzieht sie den Boden. Daraus folgt die Frage, wie ein überzeugender gesellschaftlicher Konsens gestaltet werden sollte.

Motorische Schablonen an der Grenze zwischen Reflexen und Reaktionen sind einerseits keine geistig-seelischen Vermögen im eigentlichen Sinne, lassen aber eine deutliche Unsicherheit bezüglich dieser Grenze aufkommen. Je nach definitorischer Fassung würde das Großhirn-Todes-Konzept im Gegensatz zum Gesamthirn-Todes-Konzept motorische Schablonen als mit der Diagnose des Hirntodes vereinbar zulassen. Dies würde die Plausibilität der Hirntodes-Feststellung erheblich belasten. Auch aus diesem Grunde ist das Großhirn-Todes-Konzept inakzeptabel.

In dieser Qualifikation des Großhirn-Todes-Konzeptes als inakzeptabel zeigt sich ein Verfahrensmuster moralischer Urteilsbildung, das dem Prinzip folgt, im Zweifel auf der sichereren Seite zu entscheiden. Eine Entscheidung an der Grenze des argumentativ Vertretbaren würde Zweifel und Kontroversen hervorrufen, über die angesichts der Grenzunschärfe der Phänomene ein überzeugendes Urteil nicht möglich wäre. Das Gesamtfunktions-Hirntodes-Konzept geht über das Großhirn-Todes-Konzept hinaus und schließt die Diagnose des Hirntodes bei Beobachtung motorischer Schablonen aus. Damit bleibt es im sicheren Bereich und gewinnt an Überzeugungskraft für die an das Hirntodes-Konzept geknüpften Konsequenzen der Beatmungsbeendigung oder der Organentnahme.

Über diese Überlegungen hinaus ist das reine apallische Syndrom wegen des zu beobachtenden Schlaf-Wach-Wechsels und der fast immer vorhandenen Spontanatmung sowie weiterer erhaltener Hirnstammreflexe keinesfalls mit dem Syndrom des dissoziierten Hirntodes nach dem Gesamtfunktions-Hirntodes-Konzept vereinbar.

Das Problem der Therapiebegrenzung im chronischen apallischen Syndrom, sei es traumatischer, sei es hypoxischer, sei es degenerativ-demenzieller Genese, ist jedenfalls mit Hirntod-Kriterien nicht sinnvoll zu behandeln.

Die Anenzephalie- und Hydranenzephalie-Syndrome sind – wie bereits dargelegt – mit dem dissoziierten Hirntod ebenfalls nicht zu vergleichen (vgl. Kap. 4.4). Im typischen Fall fehlt bei diesen Fehlbildungen das Großhirn einschließlich der Stammganglien vollständig, in anderen Fällen aber auch nur teilweise (94, 101), während der Hirnstamm meist weitgehend intakt ist. Die Anenzephalien entsprechen im typischen Falle also (als einzige Krankheitsbilder) dem isolierten und vollständigen Großhirn-Todes-Konzept, nicht aber dem Gesamthirn-Todes-Konzept.

Im Falle der Anenzephalie fehlt das geistig-seelische Vermögen sicherlich vollständig, so dass also die hier diskutierten begründenden Kriterien (i.S. des Paradigmen-Begriffes)

des Hirntodes-Konzeptes zutreffen würden. Hier wird die Argumentation angesichts der Verschiedenheit der vorkommenden Krankheitsbilder schwierig. Nach den Richtlinien der Bundesärztekammer greift aber dieses prinzipielle Argument des vollständigen Ausfalls aller geistig-seelischen Vermögen nicht durch, weil in den Richtlinien nicht nur der Ausfall der Gesamtfunktion des Großhirns, sondern auch des Hirnstamms und des Kleinhirns gefordert ist. Für eine solche weitergehende Argumentation sind offensichtlich Aspekte der Sicherheit der Feststellung und Aspekte der Kommunizierbarkeit in der Gesellschaft mitbestimmend und daher zu betrachten.

Die sichere Diagnose einer Anenzephalie ist wenig problematisch. Mittels Ultraschall und mittels Computertomographie oder Kernspintomographie ist das Ausmaß der Hirnschädigung sehr eindeutig festzulegen. Aus diesem Ausmaß der Anenzephalie kann man auf den Ausfall der geistig-seelischen Funktionen eindeutig zurückschließen. Schwierigkeiten macht sicherlich die Beobachtung einfacher motorischer Schablonen, z.B. des Saugreflexes, der typischerweise erhalten ist. Bei etwas weniger ausgedehnten Hirnschädigungen mit erhaltenen Anteilen der Stammganglien z.B. bei manchen Hydranenzephalien treten auch weitere reizabhängig differenzierte Reaktionen auf. Shewmon schildert ein derartiges Kind mit einer differenzierenden Lächelreaktion auf verschiedene Personen als einen gegen das Großhirn-Todes-Konzept sprechenden Befund (94). Solche differenzierenden Reaktionen – selbst, wenn sie sehr reflexähnlich gleichförmig auslösbar sind – können als Argument für minimal erhaltene geistig-seelische Funktionen und somit ein Argument gegen die Annahme des Hirntodes gewichtet werden. Derartige Reaktionen sind ohne erhaltene Stammganglien wahrscheinlich nicht möglich. Eine sorgfältige Beobachtung solcher fehlgebildeten Neugeborenen sollte diese Frage klären lassen. Auch in dieser Abgrenzungsschwierigkeit zeigt sich wieder die Grenzunschärfe der Phänomene, die eine Entscheidung für ein weniger grenzkritisches Hirntodes-Konzept nahe legt.

Noch schwieriger ist der Aspekt der Kommunizierbarkeit solcher Problemsituationen und ihrer moralischen Beurteilung in unserer Gesellschaft. Ein Neugeborenes, das bei Berührung der Mutterbrust Saugbewegungen ausführt, wird dem äußeren Anschein nach beurteilt. Das Erleben der Mutter ist in höchstem Maße emotional besetzt. Entgegen einer möglichen rein medizinischen Richtigkeit ist es moralisch geboten, mit den Anforderungen an ein gesellschaftliches Verständnis und Mittragen medizinischer Entscheidungsmöglichkeiten vorsichtig zu sein und weiter im offensichtlicheren Bereich als unmittelbar an der argumentativen Grenze zu entscheiden. Die Argumentation mit neurophilosophischer Richtigkeit steht damit neben der Argumentation mit gesellschaftlicher Kommunikabilität – eine mehrdimensionale Argumentation. Wenn nach diesen Überlegungen im Falle einer Anenzephalie immer für eine weitere Versorgung eines solchen Neugeborenen entschieden wird, dann wird damit ein nur kurzzeitiges Überleben eines nicht lange überlebensfähigen Neugeborenen ermöglicht. Wenn man mit dem gesunden Herzen eines Anenzephalen einem anderen, sonst gesunden Neugeborenen mit einem lebensbedrohlichen Herzfehler ein Überleben in geistiger Gesundheit ermöglichen könnte, steht man mit dem Sterbenlassen beider Kinder in einer schier unerträglichen Situation – auch dies eine weitere moralische Dimension.

Die Anenzephalie-Syndrome weisen Ähnlichkeiten und Unterschiede zu den Großhirn-Todes-Konzepten und eine individuelle Variabilität auf und erfordern eine eigenständige Diskussion.

Schwierige moralische Entscheidungen erfordern eine mehrdimensionale ethische Diskussion insbesondere in dem Spannungsfeld zwischen biologisch-neurophilosophischer Richtigkeit und gesellschaftlicher Kommunikabilität.

5.4.7 Identität und Wandel des individuellen Menschen

Unter der Perspektive einer Biophilosophie des menschlichen Organismus war die Bedeutung des Gehirns für Identität und Wandel im Erleben des Menschen an Beispielen illustriert worden. Phantomschmerz, Querschnittslähmung im Halswirbelsäulenbereich, Herztransplantation und Hirntransplantation (vgl. Kap. 5.4.4) zeigten

die Entwicklung der Repräsentationen dieses Körpers im Gehirn. Diese Entwicklung und die fortwährenden Wechselbeziehungen zwischen Körper und Gehirn ermöglichen die in allem Wandel stete (»diachrone«) Identität der Person.

Invalidisierende, lebensbedrohende und schließlich zu einer Transplantation führende Herzerkrankungen zeigen diese Beziehung besonders deutlich in jüngerem Lebensalter, wenn das Empfinden hinzukommt, das Leben noch gar nicht gelebt zu haben und sehenden Auges Abschied nehmen zu müssen. Die weitgehend belastungs- und bewegungsunfähig machende Herzerkrankung und das Warten in Ungewissheit im Wettlauf mit der Zeit sind ebenso einschneidende Erlebnisse wie die Operation einer Herztransplantation, das Wiedererwachen und die ersten eigenen Schritte in der Rehabilitation. Selbstverständlich verändert ein solches Erleben einen Menschen. In einem sehr bedeutsamen Sinne ist er hinterher nicht mehr derselbe Mensch wie zuvor. Auch wenn er sich als mit einem ihm fremden Organ lebend erlebt, ist er damit immer noch dasselbe »Ich« und mit seinen Erinnerungen oder seinen Beziehungen zu anderen Menschen selbst in befremdlichen Veränderungen seines Wesens selbstverständlich auch immer noch der gleiche Mensch. Sowohl er selbst, wie auch andere können ihn zugleich sowohl als den mit sich selbst identischen, als auch als einen wesentlich veränderten Menschen erleben (11).

Auch die Betrachtung einer (utopischen) Hirntransplantation (vgl. Kap. 5.4.4) bietet Gelegenheit zu Überlegungen bezüglich Identität und Wandel im Erleben eines Menschen. Man muss sich dazu in Erinnerung rufen, dass das Gehirn eines Erwachsenen für unsere Handlungsfähigkeit viele Jahre lang auf das Genaueste eingespielt ist – etwa auf die Gelenkigkeit oder Ungelenkigkeit, auf die Gewichtsverhältnisse der Gliedmaßen, auf das Einhalten der Balance und auf die Zielgenauigkeit unserer Bewegungsabläufe.

Falls man also alle diese Bedingungen außer Acht ließe und annähme, dass nach einer Hirntransplantation alle motorischen Nervenfasern vom Gehirn bis zu den Muskeln und alle Gefühlsnerven von den Finger- und Zehenspitzen bis zum Gehirn weitgehend perfekt wiederhergestellt wären, dann bliebe dieser Körper dem Gehirn immer noch fremd. Die Wahrnehmungen von der Beweglichkeit und dem Gewicht der Glieder würden nicht mit dem in Jahrzehnten erworbenen Erinnern an die Wahrnehmung des bisherigen Körpers übereinstimmen. Der neue Körper wäre selbst in dem optimalen Falle nach der über fünfjährigen Regenerationsphase in einem erschreckend totalen Sinne fremd für das wahrnehmende und handeln wollende Gehirn. Er würde eine weitere, sicherlich mehrjährige Rehabilitationsphase benötigen, um die Wahrnehmung des fremden Körpers in seine Beweglichkeit integrieren zu können. Dieses Gedankenexperiment lehrt: In immerwährender Übung erneuern wir ununterbrochen die Korrespondenz der jahre- bis jahrzehntelang in unserem Gehirn aufgebauten Repräsentationen mit der aktuellen Wahrnehmung und Handlungskontrolle aus unserem Körper. Die ständige Aktualisierung dieser Korrespondenz ermöglicht uns Lernen und Anpassung an Veränderungen und ermöglicht uns zugleich Altern und Reifen im Laufe unseres Lebens.

Die in allen erlebten Veränderungen bestehen bleibende personale Identität – unser »Ich« – ist über das geistig-seelische Erleben, Erinnern und Empfinden hinaus an die in Jahren aufgebaute Repräsentation des Körpererlebens im Gehirn und ihre ununterbrochene Aktualisierung in Korrespondenz mit dem Körper gebunden – dies ist die konkrete körperliche Grundlage der Identität und der Ganzheitlichkeit unseres leib-seelischen Erlebens.

5.4.8 Schwangerschaft im hirntoten menschlichen Körper

Die Diskussion um das Verständnis des dissoziierten Hirntodes und des überlebenden Körpers hat eine besondere Bedeutung bekommen durch die Beobachtung von Schwangerschaften im dissoziierten Hirntod (2, 26, 96). Sehr große Publizität erlangte der Fall des »Erlanger Babys« (120). Nach mehrwöchiger Intensivtherapie mit dem Ziel eines Erhaltes der Schwangerschaft kam es doch zu einem vorzeitigen Ende der Schwangerschaft durch eine Totgeburt. In einem unerträglichen Medienspektakel ging die eigentlich mühsame und auf das höchste irritierende Frage nach unserem Verständnis des

Hirntodes eines schwangeren mütterlichen Körpers und die dahinter sich abzeichnende Frage nach dem Verständnis der mütterlich-kindlichen Beziehung in der Schwangerschaft unter.

Noch um einiges eindrucksvoller ist eine mit der Geburt eines lebenden Kindes endende Schwangerschaft eines hirntoten mütterlichen Körpers, wie es im Fall des »Stuttgarter Babys« gelang (2, 26, 96). Unter nicht ganz geklärter Diagnose war die in der 16. Woche schwangere Frau zusammengebrochen, hatte in der Computertomographie des Gehirns eine massive Hirnschwellung und in der klinischen Untersuchung alle Zeichen des Hirntodes gezeigt. Auch wenn die zur Hirntodesfeststellung notwendige Atemstillstandsprüfung mit Rücksicht auf das Kind nicht ausgeführt wurde, kann an der Eindeutigkeit der Hirntod-Diagnose kein sinnvoller Zweifel sein. Die Schwangerschaft konnte bis zur Geburt eines gesunden Kindes geführt werden (2). Der Vater hat uns eine menschlich eindrucksvolle Schilderung der Ereignisse und seines Erlebens gegeben (96).

Wenn man alle bisher erarbeiteten Gesichtspunkte zur Funktion und zur Bedeutung unseres Gehirns für unser geistig-seelisches Vermögen in Betracht zieht, dann bleibt nur eine Folgerung: Dieses geistig-seelische Vermögen, die seelische Beziehung zwischen einer Schwangeren und ihrem Kind spielt keine notwendige Rolle für dessen geistig-seelische Entwicklung. Eine solche Folgerung ist zu unseren üblichen Vorstellungen konträr. Hierfür ist das »Stuttgarter Baby« insofern noch einmal von besonderer Bedeutung, als die Schwangerschaft in einer anthroposophischen Klinik geführt wurde, in der die Musiktherapeutin in völliger Überzeugung einen geistig-seelischen Kontakt mit der hirntoten Schwangeren schilderte (Bissegger in: 26). Bei allem entschiedenen Respekt für dieses intensive Wahrnehmen und Arbeiten wird man sich trotzdem fragen, ob es sich bei dem Geschilderten nicht doch ausschließlich um die Wahrnehmungen der Musiktherapeutin gehandelt hat. Inwieweit die Musiktherapie für die seelische Entwicklung des Kindes eine Bedeutung gehabt haben mag, kann mit den zur Verfügung stehenden Beobachtungsmöglichkeiten weder bewiesen noch bestritten werden. Dies ist ein Bereich, in dem man in jedem Falle eine optimale Betreuung und

Behandlung versuchen wird und in dem objektiv kontrollierte Prüfanordnungen undenkbar sind.

Schwangerschaften hirntoter mütterlicher Körper bedeuten die irritierendste Anfrage an unser Verständnis der geistig-seelischen Beziehung einer Schwangeren zu ihrem ungeborenen Kind.

5.4.9 Die Bedeutung des Gehirns für die Lebendigkeit des Menschen

In den vorangegangenen Kapiteln wurden zahlreiche Aspekte der Beziehung des menschlichen Gehirns und seines geistig-seelischen Vermögens zu dem übrigen Körper mit der Interaktion der Organe dargestellt. In biophilosophischer Hinsicht zeigte sich einerseits die Bedeutung der systemischen Organinteraktion für die (biologische) Lebendigkeit des Menschen. Andererseits wurde die zielbestimmend zentral integrierende – in einem evolutionären Sinne übergeordnete – Bedeutung des Gehirns (»Superiorität«) für den Menschen als lebendiges personales Lebewesen herausgearbeitet. Damit werden drei Feststellungen für das Verständnis des Hirntodes in seiner Bedeutung für den Menschen möglich:

– *Der Mensch ist als lebend nur zu verstehen mit einem lebenden Gehirn.*
– *Im dissoziierten Hirntod ist ›der Mensch‹ sinnvollerweise nicht mehr als lebend, sondern nur als tot zu verstehen.*
– *Im hirntoten, noch überlebenden übrigen Körper findet sich Lebendigkeit nur noch in einem biologischen, nicht mehr in einem anthropologischen (humanen) Sinne (Abb. 5.4.9).*

Abb. 5.4.9: Der dissoziierte Hirntod:
Dialektik biologischer und humaner Lebendigkeit

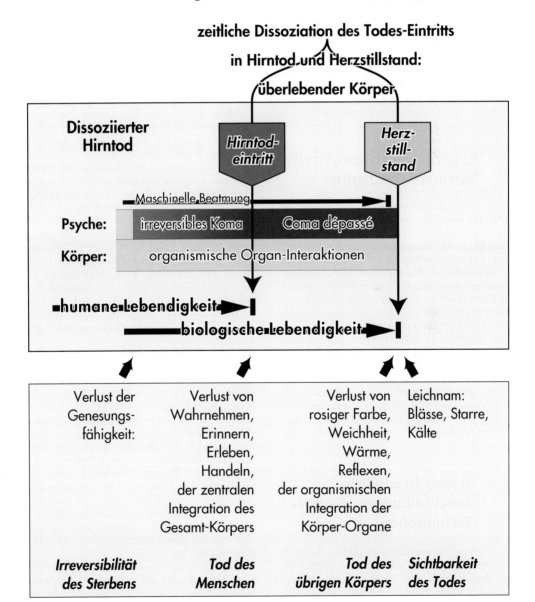

6 Metatheoretische Betrachtungen zum Hirntod

In der eingehenden Betrachtung der verschiedenen Begründungen zum Verständnis des Hirntodes sind Funktion und Bedeutung des Gehirns für den Menschen herausgestellt worden. Bei einer solchen Betrachtung werden immer metatheoretische Gesichtspunkte berührt, Aspekte, die den Erkenntnisvorgang genauer kennzeichnen. Die Frage nach den Eigentümlichkeiten dieses Erkenntnisvorganges soll im folgenden Kapitel eingehender betrachtet werden.

6.1 Erkenntnistheoretische Voraussetzungen

Eine solche metatheoretische Perspektive ist hilfreich bei der Frage: Was macht die Gründe für die Hartnäckigkeit und die emotionale Heftigkeit der Kontroverse um den Hirntod aus? Diese Frage führt über die argumentative Ebene weit hinaus zu Wertungen, Motiven, Ängsten und metaphysischen Anschauungen. Solche Fragen werden in einem Teil der zur Hirntod-Problematik veröffentlichten Literatur aus populär-publizistischer oder auch aus theologischer Perspektive angegangen. Alle diese Stimmen tragen zum gesellschaftlichen Verständnis des Hirntodes und der damit verknüpften Organtransplantation bei. Hier sollen solche Fragen – so weit aus neuropsychiatrischer Sicht möglich – angesprochen werden. Als Ausgangspunkt sind einige allgemeine erkenntnistheoretische Betrachtungen hilfreich.

6.1.1 Beobachtungen/ Beschreibungen/Begriffe/ Definitionen

Zu Anfang einer wissenschaftlichen Beschäftigung mit einem Problem steht immer eine Beobachtung von Phänomenen und der Versuch, diese Phänomene formal von den Ursachen bis zu den Konsequenzen zu beschreiben, aber auch in ihrer Bedeutung in unserem Leben zu verstehen. Selbst wenn wir versuchen, die Ursachen-Folgewirkungs-Kette so genau wie möglich zu analysieren und die Bedeutung für unser Leben und Erleben so weit wie möglich abzugrenzen, werden die zuletzt genannten Aspekte auch in die neutralste Beschreibung mit einfließen.

Für wissenschaftliche Beschreibungen insbesondere kultureller Phänomene benötigen wir Begriffe, deren beobachtungsverfremdenden Charakter wir besonders aufmerksam in den Blick nehmen müssen. Dies wird offensichtlich, wenn wir von unserem unmittelbaren Umgang mit anderen Menschen zu einer Beschreibung dieses Umganges übergehen. Der in diesem Zusammenhang gebrauchte Begriff ›Mensch‹ ist eine Abstraktion von unserem spontanen und intuitiven Umgehen. In diese Abstraktion fließt unser Erfahrungs- und Wissenshintergrund weitgehend unbemerkt mit ein. Das Wort ›Mensch‹ ist ein Konstrukt – ohne das wir in unserer Verständigung keinesfalls auskommen – das die gedankliche Repräsentation gegenüber der erlebten Wirklichkeit bereits interpretiert und verengt.

An vielen Stellen der Argumentation zum Verständnis des Hirntodes wurde deutlich, dass Unterschiede im Verständnis der verwendeten Begriffe bestehen. Die im Kontext der Hirntod-Diskussion verwendeten Begriffe beinhalten einen wenig zweifelhaft erscheinenden, phänomen-deskriptiven Faktenaspekt. So lässt sich ›ein Mensch‹ weitgehend konsensfähig definieren als ein Lebewesen, das sich von den übrigen Lebewesen durch seine besonders komplexen geistig-seelischen Vermögen unterscheidet. Der erste Eindruck einer auf dem phänomen-deskriptiven Faktenaspekt aufbauenden, eindeutig und aus sich selbst heraus konsensfähig erscheinenden Definition täuscht.

Die Schwierigkeiten mit Eindeutigkeit und Verbindlichkeitsanspruch solcher Definitionen werden sofort deutlich, wenn Beispiele von

Grenzfällen in den Blick genommen werden. Begriffe weisen einen weitgehend unstreitigen Kernbereich ihrer Bedeutung auf. Ihre Grenzen können aber Unsicherheit darüber aufkommen lassen, ob ein gegebenes Beispiel noch zu einem Begriff dazugehörig angesehen werden soll oder nicht. Zum bereits angesprochenen Beispiel › Mensch‹ gibt es so schwerwiegende, meist in der Spätschwangerschaft absterbende Fehlbildungen, dass die definitorischen Abgrenzungen problematisch werden.

Neben ihrer unstreitigen Kernbedeutung weisen Begriffe eine Grenzunschärfe auf, die eine gesonderte Diskussion besonderer Beispiele erfordern kann (z.B. Kap. 5.4.6).

Der Gebrauch eines Begriffes in einer Gesellschaft wird immer auch durch Gewohnheiten und Zeitströmungen, also durch Konventionsaspekte mitgeprägt. Diese Konventionsaspekte sind von Schneewind dem Faktenaspekt gegenübergestellt worden (83). Ausgehend von seinen Untersuchungen sind diese Konventions-Aspekte weiter zu unterscheiden. Den Konventionen eines Begriffsverständnisses liegen weitere Bedeutungskonnotationen zugrunde, die bei Diskussionen oft nicht explizit, sondern implizit mit anklingen und unterschiedlich wahrgenommen werden. Am Beispiel des Begriffs ›Mensch‹ werden etwa Aspekte der individuellen Einmaligkeit, der kulturellen oder zivilisatorischen Entwicklung, des sozialen Engagements, der individualistischen Eigensinnigkeit, eines Partikular-Interesses, einer Aufopferungsfähigkeit oder einer atavistischen Animalität, also deskriptive Details oder auch Wertungen anklingen oder einfließen.

In ein Begriffsverständnis fließen implizite Bedeutungskonnotationen ein, die eine gesellschaftliche Diskussion erheblich beeinflussen können. In der Hirntodes-Debatte müssen solche Bedeutungskonnotationen bei allen gebrauchten Begriffen beachtet werden, um Konflikte und Kontroversen auflösen zu können.

Diese für Begriffe konstitutiven Konnotationen bewirken eine Mehrdeutigkeit. In vielen philosophischen und erkenntnistheoretischen Diskussionen wird selbstverständlich versucht, diese Mehrdeutigkeit zu vermeiden und Eindeutigkeit, eine Eindimensionalität herzustellen. In dem Augenblick, wo eine wissenschaftliche, medizinische oder neu-

rophilosophische Debatte von der Gesellschaft aufgenommen und zu einer gesamtgesellschaftlichen Debatte wird, müssen diese Bedeutungskonnotationen, muss diese Mehrdimensionalität der Begriffsbedeutungen in den Blick genommen und zum eigenständigen Thema wissenschaftlicher Diskussionen erhoben werden.

Der Versuch einer Reinhaltung der wissenschaftlichen Debatte gegenüber der allgemeingesellschaftlichen Beteiligung wird am Protest dieser Gesellschaft scheitern und Kompromisse erzwingen, die nur mit einer sehr bewussten Berücksichtigung dieser Mehrdimensionalität zu einem überzeugenden Konsens geführt werden können. Dies ist der notwendige Tribut an eine trotz aller Widersprüche langsam fortschreitende Mündigkeits-Entwicklung moderner Gesellschaften.

6.1.2 Konzepte (Theorien)/ Definitionen/Kriterien/ Tests

Auf der Höhe einer wissenschaftlichen Entwicklung stehen Theorien, im Falle des Verständnisses des dissoziierten Hirntodes eine gegliederte Theorie. Eine solche elaborierte Theorie beruht auf dem gesamten medizinischen, neurobiologischen, neuropsychologischen und neurophilosophischen Wissen, welches die Tests und die Kriterien zur Verfügung stellt, den Deutungs-Kontext eröffnet und Definition und Konzept des Verständnisses erst ermöglicht (Abb. 6.1.2).

Das Krankheitsbild eines auf einer Intensivstation unter Beatmung lebend erhaltenen menschlichen Körpers mit weitgehender Zerstörung und Zeichen eines Funktionsunterganges des Gehirns erfordert Entscheidungen über Fortführung oder Beendigung der weiteren Therapie. Im Falle des Hirntod-Syndroms können solche Therapiefortführungs- oder Therapie-Beendigungs-Entscheidungen nur auf dem Boden einer medizinisch und allgemeingesellschaftlich akzeptablen Theorie getroffen werden. Angesichts unseres Wissens über die Bedeutung des Gehirns für den Menschen erlaubt die gültige orthodoxe Theorie des dissoziierten Hirntodes die Feststellung, dass der Hirntod der eigentliche Tod des

Tab. 6.1.2: Theorien zum dissoziierten Hirntod des Menschen
Kritik und Begründung der orthodoxen Theorie

Die orthodoxe Hirntodes-Theorie

Die Kritik: Lebendigkeit-im-Hirntod-Thesen
- *»Der Organismus ist ein lebender!« (Jonas)*
- *»Im hirntoten Organismus ist Leben« (Shewmon)*
- *»Das Gehirn ist ein Organ wie andere,*
  für Lebendigkeit des Organismus verzichtbar« (Roth)
- *»Begegnende Präsenz als Leib« (Hoff)*
- ➡ Therapie-Beendigung = Sterben vollenden lassen,
- ➡ Organentnahme: Ablehnung oder »Entnahmekriterium«

Die anthropologische Begründung der orthodoxen Theorie
- *Dem Gehirn mit reaktions-differenzierendem*
  und intentionalem geistig-seelischem Vermögen
  kommt Unverzichtbarkeit / Superiorität
  für die Konstitution (der Lebendigkeit) des Menschen
  gegenüber den anderen Organen zu
- ***deshalb*** *ist im Hirntod zugleich ›der Mensch‹ tot*
- ➡Therapie-Beendigung ***ohne oder mit*** Organentnahme

Die Theorien, ihre Kern-Aussagen (•) und ihre Konsequenzen (➡)
für die Therapie-Beendigung oder die Organentnahme

Menschen ist. Diese konzeptuelle Aussage über die Lebendigkeit oder den Tod des Menschen ist die (ethische) Grundlage für eine Therapie-Beendigungs-Entscheidung oder eine eventuelle Organtransplantation. Die Kritik am orthodoxen Hirntodes-Konzept ist dadurch gekennzeichnet, dass der Hirnfunktionsausfall als Entnahmekriterium für Organe, nicht aber in einer Bedeutung als Tod des Menschen akzeptiert wird.

Das in Deutschland gültige Gesamthirn-Todes-Konzept wird hier mit dem Argument einer gegenüber den Minimalkonzepten des Großhirn- und des Hirnstamm-Todes größeren Überzeugungskraft als Begründung eines auch gesamtgesellschaftlich vermittlungsfähigen Konzeptes favorisiert. Mit Bezug auf die Bedeutung des geistig-seelischen Vermögens für den Menschen wird das alternative Herz-kreislaufstillstand-Todes-Konzept als unnötig angesehen.

Mit einer Definition als konzeptuellem Rahmen eines Syndroms lassen sich auch die Kriterien der Diagnostik und mit ihnen die durchzuführenden Einzeluntersuchungen mit ihren spezifischen methodischen Anforderungen festlegen. Als Tests werden innerhalb der Theorie des dissoziierten Hirntodes alle diejenigen Einzeluntersuchungen bezeichnet, auf denen die Untersuchung zur Feststellung des Hirntodes aufbaut (vgl. Kap. 3.7). An dieser Stelle sollen daher nur die erkenntnistheoretisch bedeutsamen Zusammenhänge zwischen der Definition und den Kriterien (und in ihnen eingeschlossen den Tests) besprochen werden.

Unter einem erkenntnistheoretischen Blickwinkel lassen sich in einer empirischen Wissenschaft wie der Medizin zwei Schritte einer Methodenentwicklung unterscheiden, die (a) empirische Herausbildung eines Untersuchungsganges mit seinen einzelnen Methoden und Schritten und ein (b) parallel bzw. teilweise auch zeitversetzt dazu ablaufender kritischer Beurteilungsprozess mit der zentralen Frage: Ist mit der bisher versammelten Summe von Einzeluntersuchungen das im Konzept und der Definition festgelegte diagnostische Ziel verwirklicht?

Im Falle des Hirntod-Syndroms liegt in dem Zusammenhang von Definition, Kriterien und Tests eine wesentliche Frage. Die in der Vergangenheit als Gegenargumente angeführten Beispiele können einerseits eine Einschränkung für das gesamte Konzept oder andererseits eine Relativierung für eines der zur Begründung des Konzeptes vorgebrachten Argumente bedeuten. Das nach Eintritt des Hirntod-Syndroms insgesamt 14-jährige Überleben eines beatmeten hirntoten menschlichen Körpers mit kernspintomographischem Nachweis eines weitgehend zerfallenen Gehirns (94) ist zweifellos ein treffendes Beispiel. Es wurde gegen ein zur Begründung des Hirntodes-Konzepts angeführtes Argument vorgebracht, nämlich den Versuch, das Hirntodes-Konzept mit einem unmittelbar nachfolgenden Absterben des übrigen Organismus zu begründen. Das 14-jährige Überleben unter Beatmung ist sicherlich kein Gegenbeweis gegen das Konzept insgesamt, nämlich gegen die anthropologische Argumentation, dass ein hirntoter, noch überlebender übriger Körper nicht mehr als ein lebendiger Mensch i.S. eines geistig-seelisch antwortfähigen menschlichen Gegenüber angesehen werden kann.

Wenn die hier diskutierten Argumente und Aspekte in der Rückschau noch einmal zusammenfassend in den Blick genommen werden, dann bleibt unter methodologischem und erkenntnistheoretischem Blickwinkel einerseits die von Shewmon (89) vorgebrachte Feststellung, dass die Zuverlässigkeit eines Hirntodes-Konzeptes grundsätzlich nicht bewiesen werden kann. Andererseits sind hier keine naturwissenschaftlichen Beweise, sondern Argumente betrachtet worden, die lediglich mit dem Maßstab einer Plausibilität oder Evidenz bewertet, ›gemessen‹ werden können. Der gesetzmäßige (evolutionär begründete) Zusammenhang zwischen der Einfachheit oder Komplexität der betrachteten Phänomene und der Beweisbarkeit oder der Plausibilität bzw. Evidenz ist bereits bei Gelegenheit der Bearbeitung der Bewusstseinsstörungen herausgearbeitet worden (104). Auch bewertende oder deutende Interpretationen von Phänomenen des geistig-seelischen Bereiches lassen sich grundsätzlich nicht beweisen, sondern nur plausibel machen.

Die Berechtigung des anthropologischen Maßstabes für die Interpretation des Hirntodes ist aus grundsätzlichen methodologischen und erkenntnistheoretischen Erwägungen heraus nicht mehr beweisbar, sondern nur noch plausibel darzustellen. Gesellschaftlicher Dissens ist damit unvermeidlich, allerdings sollte sicherlich nicht ausschließlich mit Konstrukten,

*sondern immer nur unter Berücksichtigung
der Fakten argumentiert werden.*

6.1.3 Die Frage der Sicherheit

Nach der Feststellung des Hirntodes wird
– ohne oder mit Organentnahme – die
Beatmungsmaschine ausgeschaltet. Darauf
folgt der Herzkreislaufstillstand und damit
unwiderruflich der Tod des gesamten Körpers.
Mit dieser Unwiderruflichkeit ist die Frage der
Sicherheit entscheidend. Wenn sich ein dia-
gnostisches Verfahren in der Vergangenheit
– empirisch – als bisher unfehlbar erwiesen hat, dann kann ein Fehlurteil aus wahr-
scheinlichkeitsmathematischen Überlegungen
heraus trotzdem grundsätzlich nicht für alle
Zukunft mit restloser Zuverlässigkeit ausgeschlossen werden (89). Diesem sehr sachlichen
Argument entspricht in der gesellschaftlichen
Diskussion der fundamentalistische Zweifel
eines grundsätzlich letztlichen Nicht-Wissen-
Könnens. Auf diese Fragen nach der Sicherheit
finden sich vier Antworten, eine empirische, eine konzeptionell begründende, eine pragmatische und eine persönlich bekennende Antwort
(Tab. 6.1.3).
Empirisch lässt sich die Sicherheit der Hirntodfeststellung mit der inzwischen 50-jähri-
gen Erfahrung begründen. In der gesamten
medizinischen Fachliteratur findet sich keine
einzige Falldarstellung, die das Konzept – jedenfalls das Gesamthirn-Todes-Konzept – infrage stellen und gleichzeitig eine Überprüfung
ihrer Gewichtigkeit und Stichhaltigkeit ermöglichen würde. Es gibt eine Reihe von medizinischen Veröffentlichungen, die nach der
Formulierung ihres Titels das Hirntodes-
Konzept infrage stellen, die sich jedoch auf
das spezielle Hirnstamm-Todes-Konzept in
Großbritannien beziehen und das in der Bundesrepublik gültige Gesamtfunktions-Hirntodes-Konzept nicht betreffen. Eine aktuelle,
im Detail gut begründete Kritik richtet sich
nicht gegen das hier dargestellte Konzept,
sondern gegen spezielle Begründungen dieses
Konzepts, die in der Tat nicht stichhaltig sind
(Kap. 5.2.2, 5.3.2) (95). Diese Kritik trifft die
hier vertretene anthropologische Begründung
nicht.
*In der empirischen Perspektive kann das
Gesamthirn-Todes-Konzept damit als bisher
durch kein treffendes Gegenbeispiel widerlegt und angesichts der inzwischen 50-jäh-*

*rigen Erfahrung als sehr gut gesichert ange-
sehen werden.*
Konzeptionell lässt sich die Hirntod-Feststellung mit zwei entscheidenden logischen
Beziehungen begründen: mit der Synergie der
Kriterien und der deduktiven Konzeption.
Die Synergie der Kriterien und der sie begründenden Tests ist darin zu sehen, dass
das Zusammenkommen *aller* erforderlichen
Tests und Kriterien unter der Bedingung der
Erfüllung des vorangegangenen Schrittes
dem Konzept die entscheidende Begründung
liefert. Weil die Prüfung der Voraussetzungen
einem vorangegangenen ärztlich beobachteten, klinischen Verlauf folgt und weil die ›klinische Untersuchung‹ als der zweite Schritt
der Hirntod-Feststellung unter der Bedingung
stattfindet, dass die ›Voraussetzungen‹ erfüllt
sind, bekommt die klinische Untersuchung
erst ihre zuverlässige Bedeutung. Weil der
›Irreversibilitäts-Nachweis‹ als der dritte wesentliche Schritt unter den Bedingungen der
Erfüllung der ›Voraussetzungen‹ und des
›Vorliegens des klinischen Befundes‹ stattfindet, bekommt er das Gewicht einer endgültigen Absicherung.
*Das Bedingungsgefüge der vorausgegangenen
klinischen Beobachtung und der Erfüllung
der Voraussetzungen und der darauf bezo-
genen Untersuchungsergebnisse konstituiert
die Synergie der Kriterien und sichert das
Konzept.*
Die deduktive Begründung des Hirntodes-
Konzepts ist darin zu sehen, dass das Konzept
– das Bedeutungs-Verständnis des Hirntodes
als des Todes des Menschen – als oberstes
Prinzip gesetzt ist. Alle Detaillierungen, die
Definition, die Kriterien, die Tests, müssen am
Maßstab dieses Grundgedanken gemessen werden. In der Praxis wird diese Deduktivität der
Begründung oft nicht herausgestellt, sondern
nur in der konkreten Durchführung und in der
Bereitschaft verwirklicht, bei etwa auftauchen-
den Zweifeln die Untersuchung abzubrechen.
Weil sich empirisch erwiesen hat, dass mit der
additiven Erfüllung der einzelnen geforderten
Tests die Kriterien und damit die Definition des
Hirntodes erfüllt werden, gibt es zwar eine logische aber keine praktische Differenz zwischen
der additiven Erfüllung der Tests und der obersten Begründung des Konzepts. Kein Arzt würde
beim Aufkommen eines ernsthaften Zweifels an
der erschöpfenden Erfüllung des Konzeptes
auf dem gedankenlosen Durchhalten der
Feststellungs-Untersuchung bestehen.

Tab. 6.1.3: Das Gesamtfunktions-Hirntodes-Konzept Argumente
zur Frage der Sicherheit

Prämisse: Erkenntnistheoretische und wahrscheinlichkeits-
mathematische Unbeweisbarkeit zukünftiger Sicherheit
Einwand: fundamentalistischer Zweifel:
grundsätzlich letztliches Nicht-Wissen-Können

I   Empirische Argumente für die Sicherheit
- 50-jährige klinische Erfahrung
- fehlendes überzeugendes Gegenbeispiel

II Konzeptionelle Argumente für die Sicherheit
- Synergie der Kriterien (Krankheitsverlauf & Voraussetzungen
  & klinisches Syndrom & Irreversibilitäts-Nachweis)
  schrittweise Untersuchungs-Abfolge unter
  der Voraussetzung des vorangegangenen Schrittes
- Deduktive Konzeption (oberstes kriteriologisches Prinzip)
  Der Hirntod kann nur festgestellt werden, wenn
  die Bedeutung als Tod des Menschen
  überzeugenden Bestand hat.

III Pragmatische Argumente für die Sicherheit
- nüchterne Betrachtung der Begründungs-Qualität
- Sensibilität der kritischen Öffentlichkeit

IV Konfessionalistisches Argument für die Sicherheit
- der persönliche Organspender-Ausweis

Die logische Überordnung des Konzeptes und der Definition über die Summe der Kriterien und Tests bedeutet eine entscheidende konzeptionelle Sicherung für den Fall etwa auftauchender Zweifel.

Wenn in der Medizin die Frage der Sicherheit diskutiert wird, dann wird häufig argumentiert, man könne eine denkbare andere Möglichkeit nicht ausschließen, weil unser Wissen immer vorläufig und prinzipiell unvollständig sei. Mit diesem Einwand der grundsätzlichen Wissensunvollständigkeit muss man sich auf zwei Ebenen auseinandersetzen, einer methodischen und einer inhaltlichen.

Auf der methodischen Ebene muss man diesem Argument einerseits eindeutig zustimmen. Angesichts der Vielfalt der Erscheinungen in unserer biologischen Welt sind Grenz- und Sonderfälle auch in der Medizin grundsätzlich nicht mit Sicherheit auszuschließen. Wenn man dem Umkehrschluss folgen wollte, dass allein die theoretisch-grundsätzliche Nicht-Ausschließbarkeit eines Irrtums die zweifellos endgültige Hirntodesdiagnostik inakzeptabel machen würde, dann würde dies der alltäglichen, hohen Sicherheit der medizinischen Diagnostik nicht gerecht. In der Wagniswelt unseres täglichen Lebens gehen wir bedenkenlos Risiken ein, weil wir sie für kalkulierbar oder verschwindend gering halten und weil die Menschheit damit sehr gut überlebt hat. Die grundsätzliche Irrtumsmöglichkeit allein ist somit kein ausreichendes Argument gegen das Konzept, sondern bedarf, wie vorstehend ausgeführt, der pragmatischen Betrachtung im Lichte unseres gesamten Wissens und der Empirie.

Das Argument der grundsätzlichen Unvollständigkeit unseres Wissens muss auch in seiner Wirkung als Diskussionsstopp wahrgenommen werden. Die damit häufig ausgelöste oder beabsichtigte Auswirkung, die inhaltliche Frage nicht weiter zu diskutieren, kann hier nicht akzeptiert werden.

Auf der inhaltlichen Ebene ist angesichts der grundsätzlichen Unvollständigkeit unseres Wissens konkret danach zu fragen: Was können wir denn wissen, welche Bereiche eines Nichtwissen-Könnens sind denkbar und welche Aussagen sind mit welcher Sicherheit vernünftigerweise möglich? Diese Fragen sind hier in den verschiedenen Kapiteln in aller Breite diskutiert.

Auch nach einer vertieften Betrachtung bleibt immer noch die Frage allerletzter Irrtumsmöglichkeiten, einer Denkbarkeit bisher nie gesehener Befundkonstellationen. Gegenüber dieser Fundamentalfrage ist in dieser Welt keine letzte Sicherheit möglich und ein Beweis des Ausgeschlossenseins einer solchen Eventualität unmöglich (89). Danach bleibt als Antwort auf diese Frage nur ein persönliches Bekenntnis – zweifellos kein Beweis – mit der Versicherung, bei aller Selbstkritik und allen Bedenken keinen Anlass zu Zweifeln an der Sicherheit der Hirntodes-Feststellung gefunden zu haben: Der Autor hat einen seit vielen Jahren inzwischen sehr abgegriffenen Organspendeausweis und für sich persönlich nicht den geringsten Zweifel, dass mit der korrekt durchgeführten Untersuchung der Hirntod als der Tod des Menschen festgestellt werden kann.

Ein zwingender Beweis der Sicherheit der Hirntodes-Feststellung ist grundsätzlich nicht möglich. Alle Erfahrung mit der Untersuchung und zahlreiche gute Argumente zeigen, dass eine irrtümliche Beurteilung bei Einhaltung der Richtlinien ausgeschlossen werden kann.

6.1.4 Eindimensionale vs. mehrdimensionale Argumentation

In der hier vorgelegten Diskussion zum Verständnis des Hirntodes-Konzepts ist das entscheidende Gewicht auf die Unverzichtbarkeit des geistig-seelischen Vermögens für die Konstitution des Menschen als lebendigem Menschen gelegt worden. Wenn man diese Argumentation vor den Hintergrund von Leben in unserem Kosmos stellt, dann wird dieses anthropologische Argument als Argument mit seiner evolutionären Dimension erkennbar. Bei allen Lebewesen, bei denen man ein Zentralnervensystem und wenigstens in einem einfachen Sinne von hierarchisch übergeordneten neuralen Funktionen sprechen kann, ist ein Hirntod-Syndrom möglich. Sinnvollerweise kann man von einem solchen um so eher sprechen, je deutlicher wenigstens einfaches geistig-seelisches Vermögen zu beobachten ist.

Eine Diskussion zum Verständnis des dissoziierten Hirntodes mit dem Argument des geistig-seelischen Vermögens folgt dem Prinzip einer eindimensionalen Argumentation mit einem anthropologischen Kriterium vor einem evolutionären Bewertungsmaßstab.

Das geistig-seelische Vermögen des Menschen ist nach all unserem Wissen über die Funktionen des Gehirns an eine intakte Funktion der Großhirnrinde gebunden und ohne diese nicht möglich. In den Stammganglien werden elementare ›Bewegungsschablonen‹ (Lächel- oder Misslaunigkeitsreaktionen, Blickbewegungen) ermöglicht, die reizabhängig differenziert erfolgen können und zwischen dem eigentlichen geistig-seelischen Vermögen und automatisch ablaufenden Reflexen stehen. Wenn derartige reizabhängig differenzierte Bewegungsschablonen betrachtet werden, dann wird ebenso wie bei den Begriffen (vgl. Kap. 6.11) die Grenzunschärfe auf der evolutionären Dimension biologischer bis geistig-seelischer Funktionen oder Vermögen deutlich.

Der Versuch einer Grenzziehung auf einer evolutionären Dimension zeigt Plausibilität in den großen Abschnitten der Skala und Ermessensabhängigkeit in dem Bereich, in dem die Abgrenzung erfolgen muss.

Wenn in diesem Grenzbereich Beispiele betrachtet werden, Anenzephalie-Syndrome oder andere allerschwerste geistige Behinderungen, dann kommt zu der Schwierigkeit einer plausiblen oder zweifelhaften Grenzziehung noch der Gedanke der Kommunizierbarkeit in unserer Gesellschaft hinzu. Dies zeigte sich in der Diskussion um eine Organentnahme von anenzephalen Neugeborenen. Die behandelnden Ärzte folgten der Überlegung, dass ohne die Möglichkeit eines geistig-seelischen Vermögens bei diesen Neugeborenen nicht von Menschen im Sinne der bisherigen Argumentation gesprochen werden könnte. Das Öffentlichwerden der Organentnahmeabsicht löste eine erheblich kontroverse gesellschaftliche Diskussion aus, in deren Gefolge das Handeln dieser Ärzte verurteilt wurde. Im Vordergrund dieser Diskussion stand nicht in erster Linie die Frage, ob das Vermögen eines anenzephalen Neugeborenen bereits als geistig-seelisches Vermögen gewertet werden könne, sondern die moralische Entrüstung in Teilen der Gesellschaft.

Auf gesellschaftliche Entrüstung kann in sehr unterschiedlicher Weise reagiert werden. Von manchen Transplantationsmedizinern wird mit einem Insistieren auf der Vernünftigkeit reagiert, andere Diskussionsteilnehmer reagieren vermittelnd. Hinter dieser vermittelnden Reaktion steht eine andere Werte-Dimension, die mit dem Argument des Respektes vor der Menschenwürde auch eines anenzephalen menschengeborenen Wesens und des Respektes vor dem Empfinden der Mutter am ehesten als ein Pietäts- oder soziales Rücksichtsargument bezeichnet werden kann. Diese ethische Dimension wird in der Diskussion häufig als irrational angegriffen. Für den sozialen Frieden stellen die vielleicht ein sehr hohes Sicherheitsbedürfnis respektierende soziale Rücksichtnahme und eine respektvolle Pietät wesentliche Wertedimensionen dar.

Rücksichtnahme auf unterschiedliches gesellschaftliches Empfinden ist als eine eigenständige Wertedimension festzustellen und in der ethischen Diskussion zu berücksichtigen.

In der Hirntod-Diskussion wurden zwei Wertedimensionen aufgezeigt, die evolutionäre Dimension, die dem anthropologischen Argument des geistig-seelischen Vermögens zugrunde liegt, und eine Pietätsdimension, die bisher in der Diskussion eher in der Emotionalität der Auseinandersetzung und in der Kompromisshaftigkeit der politischen Lösung zum Ausdruck kam. Die Kontroverse vieler gesellschaftlicher Diskussionen entsteht aus der vordergründigen Attraktivität eindimensional rationaler Bewertungsdimensionen. Gesellschaftlicher Friede kann jedoch nur mit der expliziten Berücksichtigung der Dimension der sozialen Konsensfähigkeit erreicht werden.

Trotz aller intellektuellen Attraktivität eindimensionaler Bewertungen müssen ethische Diskurse mit bewusster Berücksichtigung der Mehrdimensionalität von Wertungen geführt werden.

6.1.5 Erkenntnis im Bereich der Organismus-Theorien

Was macht den Menschen oder einen menschlichen Körper zu einem lebendigen Menschen? Wann, unter welchen Bedingungen ist dieser kein lebendiger Mensch mehr? Für die Beantwortung dieser Fragen müssen die beiden Organismus-Theorien, die Theorie einer gleichrangig systemischen Organ-Interaktivität und die Theorie einer hierarchisch direktiven Organ-Interaktivität, noch einmal in den Blick genommen werden (vgl. Kap. 5.4.1).

Die Theorie einer gleichrangig systemischen Organ-Interaktivität ließ sich am überzeugendsten im Bereich von Stoffwechselprozessen und Hormonwirkungen mit ihren zahlreichen hochkomplexen Wechselwirkungen (Rückkoppelungen) belegen. Ganz ohne Zweifel ist systemische Interaktivität ein in jedem Organismus wirksames Organisationsprinzip, das die biologische Lebendigkeit dieses Organismus sehr wesentlich begründet.

Wenn man diesen Gedanken bezüglich seines Erkenntniswertes betrachtet, lässt sich die Eingangsfrage mit Hilfe dieser Theorie wie folgt formulieren: Wieviel Organinteraktion konstituiert einen lebenden Organismus und ab welcher Komplexität solcher systemischen Organinteraktionen ist ein Organismus ein lebender Mensch? Eine solche Fragestellung ist nicht so einfach zu beantworten, weil organismische Organ-Interaktivität ein fast konturloses gedankliches Konstrukt darstellt, bei dem insbesondere die untere Grenze von Komplexität, die über Lebendigkeit oder Tod entscheiden sollte, kaum fassbar ist. Die Theorie sagt also offensichtlich etwas über Lebendigkeit in einem Organismus, gibt aber wenig Hilfe bei der Frage der Grenzziehung.

Der Befund von (biologischer) Lebendigkeit in einem Organismus und die zweifellos gültige Theorie einer systemischen Organ-Interaktivität lassen keine überzeugende Aussagemöglichkeit für die Abgrenzung von Lebendigkeit oder Tod eines Menschen erkennen.

Die Theorie einer hierarchisch direktiven Organ-Interaktivität ist vorstehend in der Betrachtung des dissoziierten Hirntodes und der Transplantationsmöglichkeit von Organen vertreten worden. Im Einzelnen wurde die heute routinemäßig mögliche Herztransplantation der Utopie einer Hirntransplantation gegenübergestellt. Es wurde hervorgehoben, dass der herztransplantierte Mensch nach der Transplantation sehr wohl noch derselbe Mensch mit seinen Erinnerungen, Neigungen und Wertvorstellungen ist wie vor der Transplantation, dass er andererseits zweifellos in seinem Erleben verändert sein wird. Demgegenüber ist aber offensichtlich, dass der Mensch, dessen Gehirn durch einen Unfall oder eine Erkrankung zerstört ist und auf dessen Körper ein anderes Gehirn verpflanzt würde, als individueller Mensch nicht mehr existieren würde. Wenn wir Herz und Gehirn

als Organe bezeichnen, dann gerät dabei die unterschiedliche Bedeutung dieser beiden Organe, also ihre Ungleichrangigkeit für den Menschen aus dem Blick (Abb. 6.1.5).

Wenn man diesen Gedankengang noch einmal bezüglich seiner Logik betrachtet, dann lässt sich die Eingangsfrage dieses Abschnittes noch einmal neu formulieren: Welche Organe des menschlichen Körpers sind für den Menschen verzichtbar, also durch Maschinen-Prothesen oder durch Fremdorgane ersetzbar, und welche nicht? Welche Konstituenten des menschlichen Organismus bezeichnen die Grenze von Verzichtbarem und Unverzichtbarem?

Der Befund der Ungleichrangigkeit der Organe für den Menschen und die Theorie einer hierarchisch direktiven und unverzichtbaren Bedeutung des Gehirns für den Menschen begründen die Auffassung, dass der dissoziierte Hirntod als Tod des Menschen anzusehen ist.

Wenn wir die Feststellungen zur Bewertung der beiden Organismus-Theorien nun zusammen betrachten, dann können wir feststellen, dass die systemische Organismus-Theorie zwar für die hier bearbeitete Fragestellung keine klare Aussage formuliert, dass sie aber im Organismus zweifellos gültig ist. Zugleich findet sich, dass die hierarchische Organismus-Theorie mit der plausiblen Erklärung der Unverzichtbarkeit des Gehirns (zerebrozentrische Organisation) in Übereinstimmung mit unserem bisherigen Wissen steht, also ebenfalls gültig ist.

Demnach ist bei Betrachtung des dissoziierten Hirntodes im Lichte unserer neurobiologischen Kenntnisse keine Widersprüchlichkeit, sondern eine Komplementarität der systemischen und hierarchischen Organisations-Theorien für den menschlichen Organismus festzustellen.

In diesem Kapitel ist die Diskussion um die Bedeutung des Hirntodes dazu genutzt worden, Überlegungen über Organisationsprinzipien des Organismus zu betrachten und sie für das Verständnis von Lebendigkeit oder Tod des Organismus heranzuziehen. In Kap. 5.4.1 waren die gleichen Überlegungen jeweils parallel in die entsprechenden evolutionären Aspekte, den biologischen und den anthropologischen Aspekt, übersetzt worden. Beide Betrachtungsweisen, die Betrachtung unter dem Aspekt der Organisation wie die Betrachtung unter dem Aspekt der Evolution,

Abb. 6.1.5: Neurophilosophie der systemischen Organ-Interaktivität beim Menschen

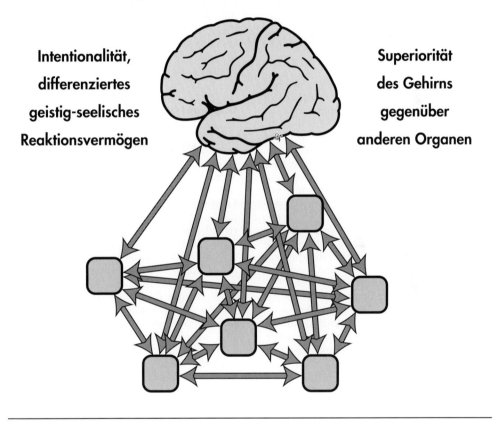

Intentionalität, differenziertes geistig-seelisches Reaktionsvermögen

Superiorität des Gehirns gegenüber anderen Organen

Ungleichrangigkeit der Organe
hierarchisch direktive Organ-Interaktivität
»semantische Dispersion« des Organ-Begriffs
»Konturlosigkeit« des Konstrukts »Organ-Interaktivität«
Komplementarität der systemischen und hierarchischen Theorie

sind ebenso wie der somatische, der biochemische oder der geistig-seelische Aspekt legitime Betrachtungsweisen von Lebendigkeit in diesem Kosmos. Daran zeigt sich das Ausmaß der Vereinfachung, wenn nur von der Dualität des Leib-Seele-Problems gesprochen wird.

Für die Betrachtung des Lebendigen und des Menschen in diesem Kosmos ist nicht ein Monismus oder Dualismus, sondern einzig eine multiple Komplementarität einer Vielzahl von Aspekten oder Dimensionen angemessen.

6.1.6 Kulturabhängigkeit von Intuitionen und Deutungen

Die Diskussion um das Verständnis des dissoziierten Hirntodes und die Möglichkeit der Organentnahme hat gezeigt: Wir leben in einer meinungspluralen Gesellschaft. Die vorgebrachten Argumente zeigen die Unterschiedlichkeit der Wertvorstellungen. Partikulare Konsens- und Fraktionsbildungen in der Gesellschaft beruhen nur einerseits auf unterschiedlichen Kenntnisständen oder unterschiedlichen rationalen oder mehr mythenbildenden Sozialisationen, also unterschiedlichen intuitiven Deutungen, sicherlich oft auch auf Interessen. Diese Heterogenität ist in der wissenschaftlichen Literatur zur Hirntod-Debatte unter dem Stichwort der Kulturabhängigkeit diskutiert worden (81). In der Konsequenz wurde ein relativistischer Standpunkt vertreten. Demgegenüber wird hier dezidiert eine Argumentation auf der Grundlage aktueller neuropsychiatrischer, neuropsychologischer und neurophilosophischer Erkenntnisse vertreten.

Das Verständnis für eine mehrdimensionale Wertewelt in unserer Gesellschaft und der Respekt für Konsens und sozialen Frieden kann die Begründetheit einer rationalen Argumentation nicht außer Kraft setzen.

6.2 Psychologische Gesichtspunkte

Angesichts der heutigen medizinischen Möglichkeiten führt ärztliche Behandlung teilweise zu glänzenden Erfolgen, in vielen Fällen

aber auch zu sich hinziehenden Verläufen, die in schwergradige Behinderungen, aber auch in ein Sterben führen können. Wenn die Patienten in leidvollen Verläufen bei klarem Bewusstsein sind, wird eine einfühlsame Begleitung – die Berücksichtigung psychologischer Momente – als hohe Schule der ärztlichen Kunst hochgehalten. Besonders aber, wenn die Patienten wenig, kaum oder gar nicht kommunikationsfähig sind, gelten schwierige therapeutische Entscheidungen – mit dem Berücksichtigen ethischer Abwägungen – als eminent ärztliche Aufgabe. Sehr wenig findet Beachtung, dass auch diese ethischen Abwägungen und die schließlich gefundenen Entscheidungen von den verschiedensten Motiven – psychologischen Momenten – beeinflusst und mitbestimmt werden.

6.2.1 Argumente/Motive im Verständnis des Hirntodes

Wenn man die Diskussion um den Hirntod und die daraus folgende Möglichkeit der Organentnahme rückschauend betrachtet, dann erstaunt einerseits die emotionale Heftigkeit der vergangenen Debatten bis zum Transplantationsgesetz und andererseits das fast völlige Verstummen dieser Debatten, ja die geradezu bleierne Stille des Desinteresses an Fortbildungsangeboten seither. Den noch erscheinenden Buchpublikationen ist die Konzeption vor Inkrafttreten des Transplantationsgesetzes anzumerken. Die Argumente sind ausgetauscht, in ihrer Überzeugungskraft ausgelotet und an der Abwehr einer Positionsverfestigung abgestumpft. Ist das Thema mit Erlass des Transplantationsgesetzes entschieden, gar geklärt?

Die Beobachtungen und die Gespräche mit Angehörigen, Pflegenden und Ärzten offenbaren in einem Teil überlegt begründete und entschiedene Positionen, andererseits viele offene Fragen und hinter diesen Fragen eine große Unsicherheit, die sich besonders in der Ablehnung von Organentnahmen bemerkbar macht. In einer Beklommenheit oder einer abweisenden Stimmung solcher Gespräche wirken Argumente kaum und es ist deutlich spürbar, dass Motive die Entscheidung mehr bestimmen als Argumente. Welche

Empfindungen und welche Motive sind in den Ablehnungen auffindbar?

6.2.2 Die sinnesanschauliche Lebendigkeit eines hirntoten Körpers

Angehörige, Pflegende und Ärzte auf der Intensivstation erleben einen bewusstlosen menschlichen Körper in einem Krankheitsverlauf, bei dem das Erschrecken über die urplötzliche Erkrankung mit der anfänglichen Hoffnung auf eine Genesung einhergeht, hinter der bereits das Wissen um die mögliche Vergeblichkeit der Therapie und den damit drohenden Verlust steht.

An wenig auffälligen Befunden wird in erster Linie nur für die mit solchen Krankheitsverläufen vertrauten Ärzte der kritische Verlauf mit dem unsichtbaren Eintreten des Hirntodes bemerkbar. Für die Angehörigen ändert sich das äußere Erscheinungsbild des intensivbehandelten Patienten mit Eintritt des Hirntodes nicht. Hoff und in der Schmitten sprechen (in einem allerdings metaphysisch weiter gefassten Sinne) von der »handgreiflichen Präsenz als Leib« (32). Wie zuvor bleibt der Aspekt eines schwerkranken, sinnesanschaulich noch lebendigen Menschen.

Für den Umgang mit den Angehörigen gibt es zwei Verfahrensprinzipien. Einerseits kann man die Möglichkeit des drohenden Hirntodes vorbereitend ansprechen. Dann kann bei dem verbreiteten Wissen um die Möglichkeit der Organentnahme ein Misstrauen aufkommen, ob der lebensbedrohlich erkrankte Patient denn auch seinen Bedürfnissen gemäß und nicht ausschließlich nach den Interessen des Organerhalts behandelt wird. Hier haben das chirurgische Drängen auf eine Bereitschaft zur Organspende und mangelhaft durchdachte Argumentationen, aber auch die Demagogie mancher Kritiker des Hirntodes-Konzeptes Unheil angerichtet.

Das andere Prinzip der Information der Angehörigen schreibt ein Ansprechen der Situation des eingetretenen Hirntodes, der Therapie-Beendigung und der Bitte um das Einverständnis mit der Organspende im Sinne des Verstorbenen erst nach Abschluss der Untersuchung zur Feststellung des Hirntodes vor. Dann ist zwar kein Anstoß für das Misstrauen einer nicht optimal einem schwerstkranken Patienten dienenden Therapie. Aber die Nachricht vom Eintritt des Hirntodes mit der intuitiv schwer verständlichen Information über die Bedeutung des Hirntodes als des Todes des Menschen kommt gleichzeitig mit der Mitteilung über die beabsichtigte Therapie-Beendigung und der eventuellen Frage nach einer Organentnahme in die Situation des verzweifelten letzten Hoffens.

Die in dem lebensfrischen äußeren Aspekt fehlende sinnesanschauliche Nachvollziehbarkeit des Todes eines Menschen im Hirntod ist unvermeidliche Ursache von Verunsicherung und dahinter Angst vor der Wirklichkeit des Sterbens und des Verlusts. In einer solchen Situation ist ausschließlich rationales Argumentieren abweisend, erschreckend und beunruhigend, wenn es nicht zugleich ein mitfühlendes Verständnis für das Erleben der Angehörigen vermittelt.

6.2.3 Seelische Verletzungen Angehöriger

Manch eine Kritik am Hirntodes-Konzept und an der Organentnahme erklärt sich nur zu offensichtlich und nachvollziehbar aus Verletzungen Angehöriger durch unbedachtes Mitteilen und Fragen im Rahmen der lebensbedrohlichen Erkrankungen und durch mangelhaften Respekt vor persönlichen Glaubensüberzeugungen.

Das persönliche Erleben eines heftigen Vorwurfs der Ungeheuerlichkeit des ärztlichen Handelns mag dies illustrieren: Ein Ehemann fand seine Frau bewusstlos auf, brachte sie ins Krankenhaus und erhielt bald die Information, sie sei »zu fünfundneunzig Prozent« hirntot. Kurze Zeit später wurde er befragt, ob er prinzipiell einer Organspende zustimme, was er angesichts seiner sehr persönlichen Glaubensüberzeugungen über den Zusammenhalt von Leib und Seele im Sterbeprozess aus tiefster Überzeugung ablehnte. Daraufhin wurde ihm mitgeteilt, dass dann die Beatmung abgestellt werden müsse. Die Beatmung wurde eingestellt und die Frau atmete spontan. Bei seinen Besuchen auf der Intensivstation sprach der Ehemann sie an und berichtete später, immer, wenn er ein biographisch wesentliches Ereignis berührt habe, sei ihm von seiner Frau durch Ausschläge der

Kurven auf dem Monitor der Intensivstation geantwortet worden sei, dass sie ihn verstanden habe. Wenige Tage später verstarb die Frau im Herzkreislaufversagen. Auch wenn man die Glaubensüberzeugung des Ehemannes und seine Deutung seines Erlebens auf der Intensivstation nicht nachzuvollziehen vermag, war die tiefe Verletzung nach dem erschreckenden persönlichen Erleben nur zu verständlich.

Auf Nachfrage konnte der Ehemann zum Zeitpunkt dieses Vorwurfes weder angeben, an welcher Diagnose seine Frau verstorben war, noch, ob eine Computertomographie oder eine Kernspintomographie des Gehirns angefertigt worden war, noch, ob eine formale Hirntodesfeststellung durchgeführt worden war. Einige Zeit später erkundigte er sich selbst und erfuhr, dass die Diagnose nicht eindeutig festgestanden hatte und eine formale Hirntodesfeststellung nicht durchgeführt worden war.

Man kann einen solchen Verlauf ärztlichen Handelns nur mit Erschrecken zur Kenntnis nehmen. Die persönliche Glaubensüberzeugung und die nicht nachzuvollziehende Interpretation der Kurven auf dem Monitor zeigen eine besondere persönliche Situation. Sicherlich haben sie zu dem Ausmaß der Verletzung beigetragen, das bis zur Beteiligung an einer Klage vor dem Bundesverfassungsgericht gegen das Transplantationsgesetz geführt hat.

Ein anderes Beispiel einer Verletzung sehr schwerwiegenden Ausmaßes ist nach Feststellung des Hirntodes und Zustimmung der Mutter eines Kindes zur Organentnahme entstanden. Um die Organentnahme war nur sehr allgemein gefragt worden. Es waren nicht nur innere Organe, sondern auch die Augäpfel für die Gewinnung von Hornhäuten entnommen worden und der Leichnam des Kindes war von den entnehmenden Chirurgen nicht wieder angemessen hergerichtet worden. Die Mutter wollte ihr Kind noch einmal sehen und erschrak bei dem Anblick so sehr, dass sie sich von ihrer ursprünglichen Zustimmung zu einer vehementen Kritikerin entwickelte (22).

Diese Beispiele zeigen, dass Hirntodfeststellung und Organentnahme zwei Entwicklungen der modernen Medizin darstellen, welche die Toleranz unserer Gesellschaft strapazieren. Diesem Problem ist nicht zu entgehen, wenn man auf die Möglichkeit der Transplantation nicht verzichten will. Entscheidend ist daher

ein einfühlsamer Umgang mit Angehörigen, Pflegenden und auch den Ärzten, die nicht immer Gelegenheit haben, sich mit dieser Realität der modernen Medizin ausreichend allmählich vertraut zu machen. Wenn die auch ehrgeizmotivierte, chirurgische Organbegehrlichkeit Angehörige oder Bürger mit allzu vordergründigen Argumenten bedrängt, braucht man sich über den Effekt nicht zu wundern.

Die Organtransplantation ist eine für viele Patienten lebensqualitätsverbessernde, komplikationsverhütende und manchmal einzig lebensrettende Therapie, welche die Diskussion um ihre Berechtigung nicht zu scheuen braucht. Es muss in unserer Gesellschaft allerdings auch möglich sein, selbst irrationale persönliche Überzeugungen im Bereich von Sterben und Tod eines Menschen zu respektieren und verständnisvoll damit umzugehen.

6.2.4 Demagogisch wirkende Argumente

Die Geschichte nicht nur rationaler, sondern überwiegend psychologisch wirksamer Argumente ist zumindest so lang, wie die Diskussion um das Verständnis des Hirntodes im Hinblick auf eine Organentnahme für eine Transplantation.

In fast allen in unserer Gesellschaft kontroversen Diskussionen zum Thema der Therapiebegrenzung und des Hirntodes wird von den Kritikern das Argument der schiefen Ebene vorgebracht und in Deutschland häufig mit dem mehr oder weniger deutlichen Hinweis auf die Tötungsaktionen zur Zeit des Nationalsozialismus verbunden. Diese Argumentation wird vorwiegend im Zusammenhang mit Therapiebegrenzungs-Entscheidungen und mit der Frage eines assistierten Suizids oder einer ärztlich vorgenommenen Tötung auf Verlangen (Euthanasie im Sinne der niederländischen und belgischen Diskussion und Gesetzgebung) vorgebracht. Dies ist hier nicht das Thema. Für die moralische Bewertung des dissoziierten Hirntodes als Zeitpunkt der Beendigung einer sinnlosen Therapie und damit auch als Zeitpunkt einer möglichen Organentnahme ist das Verständnis des Hirntodes als des Todes des Menschen entscheidend. Eine gedankliche Verbindung mit der staatlich betriebenen

Tötungsaktion geistig Behinderter und psychisch Kranker im Dritten Reich ist absurd, aber verunsichernd und in diesem Sinne demagogisch wirksam.

Häufiger wird das Argument der schiefen Ebene in dem Sinne gebraucht, dass einer Hirntodesfeststellung und einer Organentnahme bei chronisch apallischen Patienten von allem Anfang an gewehrt werden müsse. Diese Sorge kann man angesichts der in den USA geführten Diskussion um das Großhirn-Todes-Konzept zwar nachvollziehen. Die Sorge ist aber seit den ersten von der Bundesärztekammer erlassenen »Entscheidungshilfen« (114) einfach nur abwegig. Seither gilt in der Bundesrepublik Deutschland das Gesamtfunktions-Hirntodes-Konzept, für das Aufweichungstendenzen in keiner Weise erkennbar sind.

Solche einfachen Überlegungen relativieren das Argument der schiefen Ebene so sehr, dass ihm kein ernsthaftes Gewicht mehr zuzuerkennen ist.

Der Hinweis auf mögliche Auswüchse einer Organgewinnung in den Entwicklungsländern und des Organhandels (20) wirkt ebenso wie das Argument der schiefen Ebene. Die Frage des Organhandels ist unter zwei Gesichtspunkten zu diskutieren. Einerseits wird man Bedenken haben, einer Organentnahme bei einem existenzbedrohend Armen in der Dritten Welt moralisch zuzustimmen. Deshalb sind solche Praktiken in der Bundesrepublik geächtet. Es entzieht sich der Kenntnis des Autors, inwieweit Organtransplantationen von solchen Spenderorganen in der Bundesrepublik durchgeführt oder nachbehandelt werden. Andererseits wird man einem Spendewilligen die Bereitwilligkeit zu einer solchen Spende mit der Aussicht auf einen sonst nicht möglichen Geldgewinn nicht absprechen können.

Das Nebeneinander lebensbedrohender Armut und des Hungertodes neben unvorstellbarem Reichtum in dieser Welt führt uns die Relativität unserer moralischen Wertungen mit einer bedrückenden Deutlichkeit vor Augen.

Unter dem Titel: »Schlimmer als der Tod – Die furchtbaren Schmerzen der Organ-Spender« wurde entrüstet der Vorwurf erhoben, die im Rahmen der Feststellung des Hirntodes unter anderem durchgeführte Schmerzreaktionsprüfung füge dem Untersuchten Schmerzen zu. Deshalb wurde gefordert, den Patienten vor Durchführung der Schmerzprüfung zu narkotisieren, um das Zufügen des Schmerzes zu vermeiden (65). Vorwurf und Forderung zeugen von einer grotesken Unkenntnis der Notwendigkeiten bei jeder Untersuchung eines Bewusstlosen. Bei jedem höhergradig bewusstseinsgestörten, eindeutig noch lebenden Patienten muss eine Schmerzprüfung durchgeführt werden, weil anders der Schweregrad der Bewusstseinsstörung nicht einzuschätzen ist. Kein Patient, der nicht irrtümlich für bewusstlos gehalten worden wäre, kann sich an die Schmerzprüfung während eines Komas oder einer soporösen Bewusstseinslage erinnern. Eine Wahrnehmung findet in einem Koma nicht statt (vielleicht episodenweise in einem Sopor oder im postapallischen Remissions-Syndrom, daher begründen sich Behauptungen wie in 20). Selbst wenn man im Gegensatz zu der hier vertretenen Überzeugung bei einem hirntoten, noch überlebenden Körper noch eine Lebendigkeit des Menschen annehmen wollte, ist bei ausgefallener Hirnfunktion eine Wahrnehmung des Schmerzes nicht mehr möglich. Die Wahrnehmung eines Schmerzes findet nun einmal nicht in der Fingerspitze statt, an der ein Schmerzreiz ausgeübt wird, sondern im Gehirn (vgl. Kap. 5.4.4). In der Hirntodes-Feststellung würde die Schmerzprüfung unter einer Narkose vollends ihren Sinn verlieren, weil Grundprinzip der Untersuchung nun einmal ihre unbedingte Verlässlichkeit, d.h. die maximal mögliche Wirksamkeit des Schmerzreizes sein muss. Gleichwohl ist der Vorwurf furchtbarer Schmerzen bei der Untersuchung zur Feststellung des Hirntodes mit vehementer Entrüstung vorgebracht worden (65), und wird unter sinnentstellender Wiedergabe der wahrheitsgemäßen Auskunft der prinzipiellen Unbeweisbarkeit (vgl. Kap. 6.1.2) in journalistisch maliziöser Weise weiterkolportiert (20, S. 96).

Die Entrüstung über den vermeintlichen Sadismus der Hirntodes-Feststellung sollte vielleicht einer Betroffenheit über die eigene Unkenntnis Raum geben.

Möglicherweise rührt die Forderung nach einer Narkose während der Schmerzprüfung im Rahmen der Hirntodes-Feststellung von der üblichen Durchführung einer Narkose während der Organentnahme her. Diese Narkose beruht offensichtlich auf zwei Begründungen, einer vordergründig vertretenen und einer unausgesprochenen Motivation. Vordergründig wird mit dem Schutz des anwesenden Operationspersonals argumentiert. Die spinalen motorischen und spinal-vegetativen Reflexe und das eventuell auftretende Lazarus-Phänomen seien zwar eindeutig keine Zeichen einer Wahrnehmungsfähigkeit des Menschen, würden aber den unvorbereiteten, wie selbst den darauf vorbereiteten Beobachter doch unnötig erschrecken und seine Überzeugung von der Richtigkeit seines Handelns auf eine zu harte Probe stellen. Ein solches Erschrecken des mangelhaft einsichtsfähigen Operations-Personals solle zu dessen Schutz vermieden werden. Diese Argumentation erscheint vordergründig. Man möchte vermuten, dass auch die organentnehmenden Chirurgen und die Anästhesisten sich bei aller rationalen Überzeugtheit doch ein Empfinden der Verunsicherung, einen allerletzten Zweifel nicht austreiben können.

Unser Bedürfnis nach einer Narkose während der Organentnahme sollten wir vielleicht mit verständnisvollem Erstaunen über uns selbst mit unser aller emotionaler Verunsicherbarkeit betrachten.

Auf einem als wissenschaftlich ausgewiesenen Symposium wurde der Vorwurf des Kannibalismus artikuliert und diskutiert (18, 47). Der Autor mochte den Vorwurf offensichtlich nicht selbst als seinen eigenen vertreten, sondern bezog sich auf das andersartige japanische religiöse Denken, das eine Verletzung des verstorbenen Körpers verbiete. Eine detaillierte gedankliche Verbindung zwischen einer Organtransplantation und dem Vorwurf des Kannibalismus wurde auch nicht aufgezeigt, sondern eben nur als Assoziationsmöglichkeit angedeutet. Ein solcher unter dem Mantel einer wissenschaftlichen Diskussion geführter Transport eines vorwurfsbelasteten Begriffes muss sehr sorgfältig darauf betrachtet werden, inwieweit damit demagogische Wirkungen zumindest billigend inkauf genommen werden. Wenn man die allgemeingesellschaftliche Kenntnis und die Abscheu gegenüber dem Kannibalismus näher betrachtet, dann wird unter Kannibalismus typischerweise ein unzivilisiertes und verabscheuungswürdiges Verzehren menschlichen Fleisches und menschlicher Organe verstanden. Wenn man die Situation eines Organempfängers in seiner Erkrankung und die weitgehende, manchmal lebensrettende Behandlung dieser Krankheit durch eine Operation in einem Krankenhaus betrachtet, dann sind solche Konnotationen des Unzivilisierten und Verabscheuungswürdigen vielleicht bedenkenswert, aber zumindest auch diffamierend. Wenn mit dem Transport solcher Argumente eine Stimmung beeinflusst wird, dann muss dieser Effekt klargestellt werden.

Der Vorwurf des Kannibalismus in der Organtransplantation kann im Vergleich zum Einverleiben eines fremden Organs betrachtet werden, transportiert aber diffamierende Konnotationen, die in der Situation eines Organempfängers als sachlich zumindest sehr einseitig und im Effekt als bösartig bezeichnet werden müssen.

Ein Sprachgebrauch soll schließlich noch angesprochen und betrachtet werden, die Rede von »für hirntot erklären« gegenüber »den Hirntod feststellen« (zuletzt in 82). In der hier vorgelegten Betrachtung wurde argumentiert, dass der Hirntod im Sinne einer eigentlich anthropologischen Begründung als der Tod des Menschen anzusehen sei und dass der zuvor eingetretene Hirntod in einer formalen Untersuchung festgestellt werde. Die Kritik geht davon aus, dass der Mensch sich zum Zeitpunkt der Feststellung des Hirntodes noch in seinem Sterbeprozess befinde, so dass daraus die Formulierung »für hirntot erklären« abgeleitet wird. Wenn man diese kritischen Texte näher betrachtet, dann wird die Tatsache des Organtodes des Gehirns nicht in Zweifel gezogen. Die Kritik richtet sich gegen die Interpretation des Hirntodes als des Todes des Menschen. Wenn also ein sachlich präziser Sprachgebrauch gesucht würde, dann könnte auch von diesen Kritikern nicht von einem »Für-hirntot-Erklären«, sondern nur von einem Feststellen des Organtodes des Gehirns gesprochen werden. Wenn trotzdem der Sprachgebrauch »für hirntot erklären« gewählt wird, dann ist das Motiv klarzustellen: dahinter steht der Vorwurf einer fälschlichen oder zumindest irreführenden Deklaration.

Da der Vorwurf einer fälschlichen Deklaration der Feststellung des Hirntodes nach der eigenen Auffassung der Mehrzahl der Kritiker nicht begründet ist, liegt auch darin eine demagogische Herabsetzung ärztlichen Urteilens.

Die besonnene Analyse der Argumente und der vorwurfsvollen Formulierungen lässt die mangelhafte Begründung der demagogisch wirkenden Argumente aufzeigen. Es darf nicht übersehen werden, dass allein mit einer plausiblen und nachvollziehbaren Argumentation nur wenig Überzeugung bewirkt werden kann. Wesentlicher erscheinen die Integrität und die Offenheit der eigenen Position.

6.2.5 Unintuitive, nötigende Argumente

Gegenüber den emotionalisierenden Argumenten der Kritiker gibt es jedoch ebenso emotionalisierende Argumente von Seiten der Befürworter des Hirntodes-Konzepts, weniger von Seiten der Neurologen, welche die Hirntodes-Feststellung vornehmen und über den Status des hirntoten, noch überlebenden Körpers nachdenken. Sie werden eher von Seiten der Transplantationschirurgen vorgebracht, die sich für die Organspende einsetzen und den Status des hirntoten, noch überlebenden Körpers präjudizierend mit dem Begriff ›Leichenspende‹ oder auch ›Kadaverspende‹ belegen.

Verständlich ist der Begriff ›Leichenspende‹ aus der Gegenüberstellung des lebendigen Menschen mit einem Leichnam, sofern man von der Voraussetzung einer ausschließlich dualen Alternative des lebendigen Menschen oder eines Leichnams ausgeht. Der Begriff ›Kadaverspende‹ stammt aus der wörtlichen Umsetzung des englischsprachigen Wortes ›cadaver-donor‹, das sinngemäß eher mit dem Wort ›Leichenspende‹ zu übersetzen wäre, aber in diesen Fällen unübersetzt wörtlich in die deutsche Sprache umgesetzt wurde (vgl. Kap. 3.1) (z.B. 18).

Sachlich rechtfertigt sich der Begriff ›Leichenspende‹ aus dem deutschen Rechtssystem, das im Umkreis des menschlichen Sterbens und Todes im rechtssystematischen Sinne nur die zwei Zustände, entweder lebendiger Mensch oder Leichnam kennt und i.S. des »Tertium non datur« auch nur zulässt (vgl. Kap. 5.4.5). Aus dieser Prämisse ergibt sich zwangsläufig die Schlussfolgerung: Wenn der Mensch im Hirntod als tot angesehen werden muss, dann ist sein nicht mehr lebender Körper ein Leichnam.

Die offensichtliche Unangemessenheit des Begriffes ›Leichnam‹ bzw. ›Leichenspende‹ für den hirntoten, noch überlebenden Körper decouvriert die in vielen Fällen propagan- *distische Absicht und ist daher schädlich für ein sachangemessenes Verständnis des Hirntodes.*

6.2.6 Das gleichzeitige Wissen um Sterben und Organspende

Der den Hirntod feststellende Neurologe, Neurochirurg oder Anästhesist ist bei der Untersuchung mit vielen Gedanken befasst. Einerseits steht er als behandelnder Arzt vor der Frage, ob er den ihm anvertrauten Patienten in dessen Interesse so optimal wie möglich behandelt. Immer steht er auch vor der Frage, ob er den Aufwand einer Intensivbehandlung auch rechtfertigen kann, oder ob dieser Aufwand durch den Krankheitsverlauf sinnlos geworden ist. Schließlich ist er keineswegs einäugig blind, sondern er weiß, dass sich mit der Frage der Therapie-Beendigung nach der Hirntodesfeststellung zugleich auch die Frage der Organentnahme stellt. Schließlich weiß er sehr wohl, dass mit der Organtransplantation schwerkranken oder sogar lebensbedrohlich erkrankten Menschen eine erhebliche Verbesserung ihrer Lebensqualität, die Befreiung von Folgekrankheiten oder sogar eine entscheidende u.U. langfristige Lebensverlängerung ermöglicht werden kann.

In dieser Situation ist die praktisch realisierte Arbeitsteilung hilfreich und die bewusste Konzentration auf die jeweilige spezielle Aufgabenstellung auch für den einzelnen Arzt überzeugend. Sinnvollerweise sind die an einer Transplantation mitwirkenden Ärzte von einer Beteiligung an der Hirntodesfeststellung bereits aufgrund der Entscheidungshilfen der Bundesärztekammer und jetzt des Transplantationsgesetzes ausgeschlossen. Es ist überzeugend, dass die Untersuchung zur Hirntodesfeststellung von zwei Ärzten, zweckmäßigerweise von einem zuvor behandelnden Arzt, etwa dem Intensivmediziner, und einem von außen hinzukommenden Arzt, etwa dem Neurologen, durchgeführt wird. So kann der Intensivmediziner das Interesse des von ihm behandelten Patienten und der Neurologe die angemessene Durchführung der Untersuchung in den Blick nehmen und der Transplantationschirurg kann anschließend unbelastet von der Diagnosestellung die Explantation der Organe vornehmen.

Die offene Diskussion des vielseitigen Wissens um die Möglichkeiten und Konsequenzen der Hirntodes-Feststellung ermöglicht am besten den Schutz des sterbenden Patienten. Das Schutzinteresse der Gesellschaft wird in einer solchen Offenheit sicherlich am überzeugendsten wahrgenommen.

6.2.7 Der psychologische Kern des Konflikts?

Wenn man die Kontroverse um das Verständnis des Hirntodes in der gesamten Vielfalt der Aspekte noch einmal mit der Frage nach dem eigentlichen Kern des Konflikts betrachtet, dann findet sich vordergründig ein Streit mit vielen Argumenten um die Frage der Bedeutung des Hirntodes für den Tod des Menschen. Nach der Analyse möchte man die Kernfrage: »Was ist der Mensch ohne sein Gehirn/sein geistig-seelisches Vermögen?« sehr geradlinig beantworten: »Jedenfalls in keiner Weise mehr der Mensch, der er einmal war – im wesentlich anthropologischen Sinne nicht mehr ein lebendiger Mensch«. Diese Beurteilung scheint so offensichtlich, dass man etwas ratlos vor der Nachfrage steht, worin denn dann noch der Konflikt begründet sein könnte.

Die rasche Antwort könnte lauten: »In der Irrationalität und der geistigen Rückständigkeit des Menschen!« Die Konsequenz von Seiten der an einer Organgewinnung interessierten Transplantations-Chirurgen wäre dann eine Verschärfung der Argumentation mit einer Verstärkung des moralischen Drucks in Richtung der Anerkennung des Hirntodes und der Organspende aus der Perspektive der Organbegehrlichkeit. Die Konsequenz auf Seiten der Opponenten war bisher der vehemente Kampf gegen das Transplantationsgesetz und ist heute die stille Verweigerung. Das Ergebnis für unsere Gesellschaft ist ein weitgehendes Verstummen des Gesprächs.

Worin liegt dann eigentlich der Grund für das Anhalten des Konflikts, liegt er wirklich entscheidend in dem sachlichen Dissens? Immer dann, wenn Meinungsverschiedenheiten mit erheblichem Affekt diskutiert werden oder wenn durchgesetzte Entscheidungen stillen Widerstand in der Verweigerung finden, greifen die Argumente offensichtlich nicht durch,

geben sie den Dissens nicht eigentlich wieder. Will man diesen Dissens dann gründlicher verstehen, muss man den Blick auf die Empfindungen und die Motive lenken.

Empfindungen und Motive lassen sich am ehesten ablesen aus dem unmittelbaren Erleben der Mitteilung des Hirntodes und der daraus abgeleiteten Entscheidung zur Beendigung der Beatmung oder der Bitte um das Einverständnis zur Organspende. Die Mitteilung, dass als Konsequenz der Hirntod-Diagnose die Beatmung beendet werden soll, stößt gelegentlich auf die Bitte um Aufschub, um in Ruhe Abschied nehmen zu können. Nur selten trifft diese Mitteilung auf heftige Ablehnung, die ein schwieriges, sehr individuelles Verfahren notwendig macht. Das sichtbare Versterben auch des Körpers im Herzkreislaufstillstand wird dann fast immer akzeptiert. Auf die Frage nach einer Organspende trifft man heute im Großen und Ganzen auf drei verschiedene Situationen. Entweder sind die Angehörigen i.S. eines bereits ausdiskutierten Einverständnisses informiert oder sie sind uninformiert und primär unentschieden oder sie verweigern abwehrend nicht nur die Organentnahme, sondern häufig auch die Nachfrage nach den Gründen und den Motiven.

Der Schlüssel zu einem weitergehenden Verständnis liegt in dieser abwehrenden Verweigerung. Wogegen richtet sich diese Abwehr? Welches ist die Forderung, die diese Abwehr provoziert? Was ist in dieser Forderung enthalten, das die Abwehr über die Verweigerung hinaus in eine Entrüstung umschlagen lässt? Was macht das einer Entrüstung zugrunde liegende Empfinden einer (moralischen) Berechtigung der Abwehr aus?

Das im Hirntod meist sehr plötzliche Erkranken und unerwartet rasche Versterben bedeutet eine fast immer unerwartete, unvorbereitete Konfrontation mit der Endgültigkeit eines Abschiednehmen-Müssens. Dies ist eine Situation, die uns im Alltag weitgehend nicht oder nur von sehr ferne begegnet und die bei einem nahen Angehörigen die existenzielle Bedrohung unseres Lebens mit Plötzlichkeit und Härte vor Augen führt, wie wir dies sonst nicht erleben. Erschrecken ist die natürlichste unmittelbare Reaktion mit dem dringenden Bedürfnis nach Pietät, nach Respektieren der Ruhe, sich mit diesem Erleben auseinandersetzen zu können. In dieser Situation bedeutet die Frage nach einer eventuellen Organspende das Offensichtlichmachen der Endgültigkeit und das Verweigern von Pietät, Respekt und Ruhe. Die unmittelbarste Reaktion ist Abwehr, die Berechtigung dieser Reaktion ist einsehbar, die Abwehr verständlich.

An vielen Stellen schafft die moderne Medizin Möglichkeiten, die um einer Therapiechance willen rasches Entscheiden und Handeln unter Inkaufnahme auch negativer Konsequenzen erfordern. Wenn der therapeutische Nutzen dem Patienten selbst oder sehr nahen Angehörigen zugute kommt, dann mag die Entscheidung auch für den Patienten oder seine Angehörigen belastend sein; die Berechtigung des Handelns ist jedoch einsehbar. Wenn, wie im Falle der Organentnahme für eine fremde Person, das medizinische Handeln nicht von einem auch persönlichen Wunsch emotional mitgetragen wird, sondern ausschließlich als eine fremdnützige Vernünftigkeits-Forderung erscheint, dann ist die Berechtigung der Forderung in einer existenziell verstörenden Situation nicht leicht vermittelbar.

Der Konflikt um das Verständnis des Hirntodes als des Todes des Menschen liegt wesentlich in einer Abwehr der Zudringlichkeit der sich aus den medizinischen Möglichkeiten ergebenden Vernünftigkeits-Anforderung. Pietät, Respekt und Ruhebedürfnis in einer existenziell verunsichernden Situation sind für den sozialen Frieden wichtige psychologische Momente.

6.3 Metaphysische Gesichtspunkte

Wenn man sich von einem medizinischen Ausgangspunkt – in aller Vorsicht – metaphysischen Fragen nähert, weiß man um eine besondere Aufmerksamkeit von geisteswissenschaftlicher Seite. Häufig erfährt man den Vorwurf der Nichtzuständigkeit, aber auch von der eigenen naturwissenschaftlich-medizinischen Seite erfolgt oft eine Tabuisierung. Es ist weithin üblich, die Bereiche getrennt zu halten und Aussagen und Stellungnahmen ausschließlich dem jeweils zuständigen Wissenschaftsbereich zu überlassen. Hier soll die Eröffnung eines Dialoges versucht werden.

Bevor man sich in diesem Sinne metaphysischen Fragen nähert, muss so weit als möglich geklärt werden, auf welchem Terrain man sich mit den unterschiedlichen Betrachtungen jeweils bewegt. Das Erleben des Sterbens eines Menschen, sei es sein subjektives eigenes, sei es das Miterleben von Angehörigen, hat verschiedene Aspekte. Wichtig sind sicherlich existenzielle Ängste, Verlustängste, Sinnkrisen, Einsamkeitserfahrungen, vielleicht auch Nähe und Wärme unter den hier Bleibenden. Diese Dimensionen des Sterbens sind sicherlich etwas anderes als der Eintritt des körperlichen Todes als Herzkreislaufstillstand oder als dissoziierter Hirntod, und auch etwas anderes als eine Überzeugung von einem weiteren Sein (Bewusstsein?) nach dem Tode.

6.3.1 Lebendigkeit des Leichnams und des hirntoten Körpers (Reuter)

Zum Thema von Bewusstsein im hirntoten Körper und sogar in einem Leichnam ist neben völlig mangelhaft begründeten feuilletonistischen Darstellungen (20) eine philosophisch-theologische Sicht formuliert worden, die hier wegen ihrer grundsätzlichen methodentheoretischen Aspekte diskutiert werden soll (72). Unter der schwer nachvollziehbaren Überschrift »Leichen sind nicht bewusstlos« kritisiert Michael Reuter zu Recht den Versuch, mit dem Paradigmenbegriff des Bewusstseins zum Verständnis des Hirntodes zu argumentieren. Wie zuvor gezeigt, kann die Entscheidung zwischen Lebendigkeit und Tod des Menschen im Hirntod nicht gut mit dem Bewusstseinsverlust begründet werden, ist doch der Bewusstseinsverlust häufig mit dem Wiedererwachen und Weiterleben vereinbar. Betrachtet werden soll hier jedoch die von ihm gezogene Folgerung »Leichen sind nicht bewusstlos« und ihre Begründung mit philosophischen Feststellungen Wittgensteins.

Man wird Reuter in seiner Aussage folgen, dass ein isoliertes Bewusstsein eines Gehirns ohne den zugehörigen Organismus kaum vorstellbar ist. Sein Umkehrschluss, ein menschlicher Organismus im dissoziierten Hirntod sei (ebenso wie ein Leichnam) noch bei Bewusstsein, nötigt jedoch zu der Frage, was man sich unter einem solchen Bewusstsein vorzustellen habe. Es ist offensichtlich, dass ein solcher Bewusstseinsbegriff keineswegs mit dem sonst üblichen Bewusstseinsbegriff übereinstimmt. Wenn Begriffe ohne eine sorgfältigere Definition in ihrer Bedeutung so weit ausgedehnt werden, dann wird eine Diskussion schwierig und werden Schlussfolgerungen beliebig.

Solange unter Bewusstsein entweder ein Mitwissen (Gewahrsein) des eigenen Denkens, Empfindens und Handelns oder zum Wenigsten ein reizabhängig differenziertes Reagieren verstanden wird, kann weder einem hirntoten, überlebenden Körper noch einem Leichnam ein Bewusstsein zugesprochen werden.

Unter einem weiteren Aspekt zeigen Reuters Ausführungen ein Problem. Über weite Strecken diskutiert er biologische und psychologische Befunde und Erkenntnisse, dann wieder philosophische Aussagen – in dem zitierten Kapitel Aussagen von Wittgenstein. Wenn mit philosophischen Erkenntnissen gegen biologische Erkenntnisse argumentiert wird und Schlussfolgerungen abgeleitet werden, dann ist größte Vorsicht geboten. In erster Näherung lässt sich herausstellen, dass biologische und psychologische Befunde und davon abgeleitete Schlussfolgerungen eher faktische Aussagen (etwa: »Kein Bewusstsein ohne lebendiges Gehirn.«) und philosophische Anschauungen eher interpretative, deutende, auf vielschichtige Konnotationen weisende Aussagen (etwa bei Wittgenstein: »Der Mensch ist das beste Bild der menschlichen Seele.«), also Aussagen unterschiedlicher Kategorien beinhalten.

Eine diskursive Argumentation mit biologischen und psychologischen Befunden und Erkenntnissen sowie philosophischen, eher deutenden Anschauungen ist von dem Risiko eines Kategorienfehlers bedroht.

Darüber hinaus geht die Zitation Wittgensteins bei Reuter wohl an dem ursprünglich gemeinten Sinn vorbei. Wenn Wittgenstein sagt: »Der Mensch ist das beste Bild der menschlichen Seele«, dann ist ein solcher Satz keinesfalls ohne Differenzierung auf den dissoziiert hirntoten Körper zu übertragen. Wittgenstein spricht von »Der Mensch« und versteht darunter – das kann man sicherlich ohne Risiko eines Missverstehens unterstellen – einen einschließlich seines Gehirns mit seinem Denkvermögen lebendigen Menschen (Ob man Wittgensteins hier zitierten Satz als einen seiner bedeutungsvolleren oder eher als einen wortspielerisch auf eine Korrespondenz unserer

Vorstellungsbilder hinweisenden verstehen will, mag hier dahingestellt bleiben).

6.3.2 Die Begegnung mit dem Leib (Hoff, in der Schmitten, Wils)

Bereits in der Beschreibung eines hirntoten, noch überlebenden, menschlichen Körpers war auf die Aspekte der (biologischen) Lebendigkeit (rosig, warm, weich, herzschlagend) und der humanen Lebendigkeit hingewiesen worden (vgl. Kap. 3.2.2, 3.2.5). Daraus folgend war die Frage diskutiert worden, ob dies als ein dritter Zustand zwischen Lebendigkeit des Menschen und Leichnam verstanden werden sollte (vgl. Kap./Abb. 5.4.5). In diesem Kontext war stets vom ›Körper‹ des im Hirntod als verstorben verstandenen Menschen gesprochen worden. Neben dem Begriff des ›Körpers‹ spielt der Begriff des ›Leibes‹ (61) in der Diskussion um das Verständnis des Hirntodes eine wichtige Rolle (31–33, 113). Beide Begriffe werden im allgemeinen weitgehend synonym gebraucht, werden aber im hier vorliegenden Zusammenhang mit unterschiedlichen Konnotationen gebraucht: Bei dem Begriff ›Körper‹ liegt der Bedeutungsschwerpunkt auf der biologischen Lebendigkeit, bei dem Begriff ›Leib‹ liegt der Bedeutungsschwerpunkt nicht nur in der konkret sichtbaren und fassbaren Gestalt, sondern auch auf dem spirituellen Bezug – der Beseeltheit des Leibes (vgl. Kap. 3.2.9).

In ihrem für die deutsche Diskussion wichtigen Buch arbeiten Hoff und in der Schmitten und Wils (31) die Bedeutung der Leiblichkeit in der Begegnung mit einem anderen Menschen heraus.

Pierre Wils nimmt die Bedeutung des Leibes/Körpers für die Entwicklung der Selbstwahrnehmung, des Selbstbildes und des Verhältnisses zur Welt überhaupt in den Blick (113).

»Ohne das eigenleibliche Spüren gibt es keinen Grund, eine Innerlichkeit oder ein Selbstverhältnis zu postulieren, die moralisch schützenswürdig wären. Und dieses Selbstverhältnis, obzwar im Falle des Menschen durch eine evolutionär einmalige Reflexionsintensität gekennzeichnet, resultiert aus einer konkreten biographischen Geschichte, worin die Etappen des Leibes signifikante Etappen der Personalität sind: Der Leib ist die sichtbare Personalität« (113, S. 143).

Johannes Hoff und Jürgen in der Schmitten argumentieren für eine »Unverletzlichkeit des Leibes als ethisches Prinzip«: »In der Begegnung mit einem anderen Menschen ist die Erfahrung seiner leiblichen Existenz bedeutsam, lange bevor wir auf seine spezifischen Interessen und Bewusstseinszustände reflektieren können« (32, S. 210).

Sowohl auf dieser theologisch-moralischen wie auch auf der neurophilosophischen Ebene lässt sich die Bedeutung des ›Leibes‹ formulieren. Von Medizin und Neuropsychiatrie herkommend wird man eher eine evolutionär biologische Formulierung wählen:

Während unserer gesamten individuellen Entwicklung haben wir uns selbst in unserem Körper und unsere Umwelt durch unseren Körper hindurch wahrgenommen. Die zweifellos letztentscheidend in unserem Gehirn stattfindende Wahrnehmung ist undenkbar ohne diesen unseren Leib. In diesem Sinne sind wir ›Ich‹ nur in unserem Körper/Leib.

Um sich über die Bedeutung des Körpers/Leibes und dessen Verhältnis zum Gehirn klarer zu werden, kann man das Gedankenexperiment eines vollständig von seinem Körper losgelösten Gehirns betrachten – das ausschließlich als unmögliche Utopie vorstellbar ist. Unabhängig davon, ob man eine solche Betrachtung in einer mehr philosophischen oder einer mehr neuropsychiatrischen Sprache anstellt, wird man sich folgende Konsequenzen einer solchen Isolation des Gehirns ableiten können: Wenn ein solches Gehirn seine operative Isolierung – völlig utopisch – überhaupt auch nur eine kurze Zeit überleben würde, dann würde es mit seinen Erinnerungen wie in einem völlig geschlossenen schwarzen Kasten eingeschlossen sein. Das diesem Gehirn innewohnende menschliche Ich würde selbstwahrnehmend denken und das völlige Fehlen jeglicher äußerer Informationen auch aus dem nicht mehr vorhandenen Körper registrieren können. Nicht einmal über Veränderungen des EEG würde es mit der Außenwelt kommunizieren können, weil jegliche Rückmeldung und damit jegliche Kontrollmöglichkeit über den Informationsaustausch fehlt. Weil das Gehirn keine Außeninformationen mehr bekommen würde, könnte es allenfalls noch autistisch abgekapselt seinen eigenen Gedanken nach-

hängen. Am ehesten würde das Ich in diesem isolierten Gehirn in panisches Entsetzen über die völlige Unbegreiflichkeit seines Zustandes verfallen. Die sonst unbemerkte ständige Aktualisierung unseres Bewusstseins- und Unbewusstseinsinhalts aus unserer Umwelt wie aus unserem Körper/Leib macht unser Leben aus. In diesem Sinne wäre das isolierte Gehirn in seinem umweltbezogenen wie in seinem sozialen Sinne tot, als selbstwahrnehmendes, denken könnendes ›Ich‹ noch lebendig.

Ein vollständig von seinem Körper/Leib isoliertes Gehirn würde als ›Ich‹ in seiner totalen Isolation noch denken können. In diesem grotesken Sinne wäre der Mensch auch ohne seinen Leib als ›Ich‹ noch lebendig. Der von diesem Gehirn isolierte Körper/Leib wäre kein ›Ich‹ mehr: Im Hirntod ist der Mensch, der im Denken in seinem Gehirn einmal war, nicht mehr – nicht nur als Reagierender, auch als denken Könnender ist er tot.

Mit einem solchen – theologisch, evolutionsbiologisch und anthropologisch formulierten – Wissen um die Qualität der Begegnung mit ›dem Leib‹ können wir die Begegnung mit einem hirntoten, noch lebenden Körper noch einmal in den Blick nehmen. Wir empfinden vielleicht einerseits (die Erinnerung von) Vertrautheit mit dem uns bekannten Menschen, aber Verunsicherung und Befremden angesichts der Unerreichbarkeit für die personale Begegnung und zugleich die Konfrontation mit der Unbegreiflichkeit des Todes. Auf eine solche Begegnung reagieren wir spontan mit Beunruhigung und als Ärzte mit maximalem therapeutischen Handlungsimpuls. Angesichts dieses spontanen imperativen Handlungsimpulses müssen wir uns sehr bewusst fragen, ob ein Befolgen richtig ist oder nicht – in jedem Falle werden wir auch dem Widerspruch anderer begegnen.

Diese Frage nach der Richtigkeit des imperativen Handlungsimpulses soll jetzt noch einmal vergleichend sowohl in der evolutionär bio-anthropologischen Formulierung als auch in der theologisch-philosophischen Formulierung unseres Verhaltens und Sollens betrachtet werden. Das Erleben einer Präsenz des Leibes und das sich daraus ableitende moralische Prinzip der Unverletzlichkeit müssen wir vor dem Verständnis des Hirntodes als des Todes des Menschen noch einmal auf den Prüfstand stellen.

Kann das moralische Prinzip angesichts veränderter medizinischer Möglichkeiten seine imperative Gültigkeit behalten, wenn sich die weitere Therapie des hirntoten, noch überlebenden Körpers/Leibes als aus anthropologischer Sicht für den Menschen sinnlos erweist?

Und doch betonen Pierre Wils und Johannes Hoff und Jürgen in der Schmitten die moralische Bedeutung der Leibwahrnehmung in der Begegnung unter uns Menschen zu Recht. Levinas hat uns darauf aufmerksam gemacht, dass wir vor allem Uranfang unseres Daseins in der Situation einer Begegnung mit »dem Anderen«, im Angesicht seines »Antlitzes« leben, in einer genuin ethischen Situation, und dass der Andere von allem Anfang unseres Daseins zu uns spricht: »Du darfst, Du kannst mich nicht töten« (51). Wir Menschen erleben dieses eindringliche Gebot in jedem Augenblick einer unmittelbaren Begegnung mit einem anderen Menschen, konkret im Anblick seines ›Leibes‹. Hoff und in der Schmitten weisen darauf hin, dass der Hirntote uns in dem Anblick seines ›Leibes‹ auf das Tötungsverbot verweist. »In der Tötungshemmung gegenüber anderen Menschen wird diese unableitbare ethische Bedeutung von Fremdleiblichkeit unmittelbar erfahrbar: Wir fühlen uns verpflichtet, ihn als unverletzlich zu achten. Das Tötungsverbot, in dem sich diese Verpflichtung mittelbar widerspiegelt, hat deshalb den Status eines moralischen Prinzips: Weil die Unverletzlichkeit des Leibes unsere Achtung vor aller Reflexion begründet, kann und muss sie nicht selber noch einmal durch Argumente begründet werden« (32, S. 210/1). »Die Begegnung mit dem Anderen begrenzt mein Handeln eben nicht nur in einem symbolisch-abstrakten Sinne, sondern auch und vor allem in seiner handgreiflichen Präsenz als Leib« (32, S. 211).

Hier wird das Menetekel der modernen Medizin erlebbar konkret. Hier werden wir unerbittlich mit der Frage konfrontiert, wie wir das Geschehen eines dissoziierten Hirntodes in der Komplexität richtig verstehen und moralisch richtig deuten wollen. Die fortschreitenden Erkenntnisse der modernen Medizin lehren uns eine immer weitere Differenzierung von Krankheitszuständen, ihrer Ursachen, ihrer Auswirkungen und ihrer Folgen. Daraus ergeben sich immer neue Verunsicherungen, weil unsere bisherigen moralischen Maßstäbe der Kompliziertheit der Fragestellungen nicht mehr genügen können. Wir müssen alte moralische Fragen neu formulieren, um den neu erkannten Sachverhalten gerecht zu werden. Für die Frage nach der moralischen Bewertung einer Begegnung mit einem menschlichen Körper im Hirntod müssen wir fragen: Können wir den Begriff des Leibes auf diesen Körper in dem gleichen Sinne anwenden wie auf einen lebendigen Menschen, der etwa einen Tag zuvor bereits im Koma gelegen hat, bei dem aber der Hirntod noch nicht eingetreten war? Hoff und in der Schmitten bestehen darauf: »Theorien … helfen uns in der Frage nicht weiter, ob auch ein irreversibel komatöser Mensch als »Leib« zu gelten hat. Solange sich das äußere Erscheinungsbild eines Hirntoten nicht eindeutig vom Anblick einer Leiche (muss offensichtlich heißen: eines Lebenden) unterscheidet, hat dieser Mensch als lebend zu gelten« (32, S. 215).

Nach den bisherigen Überlegungen kann diese Schlussfolgerung nicht überzeugend sein. Wir können an unserem Wissen um die in dieser Welt uneingeschränkte Bindung unseres Wahrnehmens, Erinnerns, Empfindens, Erlebens, Überlegens, Nachdenkens, Abwägens und unserer Entschlussfähigkeit zu einem Handeln an ein lebendes Gehirn nicht vorbei. Auch die bedeutungsvollsten und tiefsinnigsten Gedanken setzen diese Voraussetzung nicht außer Kraft, sondern sie bauen darauf auf. Wenn dieses Gehirn seine Funktion definitiv verloren hat, kann man nicht von einer weiter bestehenden Lebendigkeit des bisherigen Menschen ausgehen. Wir müssen uns entscheiden, ob wir im Hirntod den noch überlebenden Körper nach unserem Augenschein oder nach unserem Wissen über die Bedeutung des Gehirns beurteilen wollen.

Daran schließt die Frage an, ob wir den Begriff des Leibes für einen hirntoten, noch überlebenden Körper in dem gleichen Sinne anwenden wollen, wie für den eines noch lebendigen Menschen.

Um Missdeutungen vorzubeugen, soll hier ausdrücklich betont werden, dass die Irritation, die von einem noch lebenden hirntoten Körper ausgeht, uns zu einem achtungsvollen Umgang mit diesem Körper veranlassen sollte. Auch wenn wir mit diesem nicht mehr lebenden Menschen nie mehr in einen Dialog treten können, mag uns unser eigenes Erleben dieser Situation Anlass zum Nachdenken sein.

Das zutiefst Irritierende am dissoziierten Hirntod ist die Begegnung mit einem noch lebenden menschlichen Körper/Leib und unser Wissen, dass aus ihm kein lebendiges Gegenüber, kein ›Antlitz‹ (52) mehr zu uns sprechen kann, nicht nur vorübergehend, sondern endgültig vergangen, »dépassé« (62). Der Anblick eines hirntoten Körpers weist uns zurück auf unsere ausschließlich eigene Wahrnehmung, weist uns zurück in unsere noch nicht offensichtliche, aber schon spürbare endgültige Verlassenheit.

Hoff und in der Schmitten haben bei ihren Betrachtungen immer die Verknüpfung der Hirntodesfeststellung und der Organentnahme vor Augen und argumentieren mit der zitierten Formel von der Unverletzlichkeit des Leibes immer in Hinblick auf eine Organentnahme aus dem noch beatmeten hirntoten, aber herzkreislauflebendigen Körper. Man muss sich fragen, wie konsistent und überzeugend ihr Postulat einer Unverletzlichkeit des Leibes nach Eintritt des Hirntodes für den Menschen noch ist. Bedeutet das Zuende-Sterben des menschlichen Körpers bis zum Herzkreislaufstillstand tatsächlich einen unbedingt zu respektierenden Wert? Bedeutet die Lebendigkeit des Gehirns mit seiner Ermöglichung eines geistig-seelischen Lebens nicht doch den auch für die Begegnung mit dem Leib anthropologisch entscheidenden wie auch moralisch maßgeblichen faktischen Gesichtspunkt?

Die unter unserer fortscheitenden Kenntnis eintretende Veränderung der Bedeutung von Fakten nötigt zu einem bewussten Überprüfen von auf anderen Faktendeutungen aufgebauten moralischen Prinzipien. Dieses Überprüfen sollte sowohl ein sehr aufmerksames Rückbesinnen auf in archetypischen Wahrnehmungsdispositionen wurzelnde Werte, aber auch ein rationales Abwägen der Erhaltenswürdigkeit oder Verzichtbarkeit dieser Glaubensinhalte und Werte einschließen.

6.3.3 Dimensionen des Sterbens, Faktum des Todes und Jenseits-Glaube

Eine Zuständigkeit von Ärzten für die Definition des Todes ist in der Diskussion um das Verständnis des dissoziierten Hirntodes sehr nachdrücklich bestritten worden. So schreibt Jörns, bezogen auf die zitierte Auffassung, dass es sich bei einem Hirntoten um einen Verstorbenen handele: »Es gibt gute Gründe, dieser die Anthropologie berührenden dogmatischen Setzung entschieden zu widersprechen, zumal durch sie die Grenze, die der naturwissenschaftlichen Medizin von ihrem eigenen positivistischen Ansatz her gesetzt ist, wissenschaftstheoretisch weit überschritten wird« (35). Diese selbst dogmatische, durch keine sachbezogenen Argumente begründete Position muss befragt werden: Ist es wirklich sinnvoll und richtig, der Medizin die Kompetenz für die Feststellung und darin das Verständnis des Todes eines Menschen abzusprechen?

Der Streit ist so heftig geführt worden, dass die Bundesärztekammer sich veranlasst sah, die diesbezügliche Formulierung gegenüber den früheren »Empfehlungen« in der »Richtlinie« umzuändern, von: »Der Hirntod ist der Tod des Menschen.« in: »Mit dem Hirntod ist naturwissenschaftlich-medizinisch der Tod des Menschen festgestellt.« Angesichts der sehr vehement vertretenen Kritik fragt man sich, wer denn sonst, wenn nicht die Ärzte, soll den Tod eines Menschen feststellen? Wie anders sollen Ärzte den Tod eines Menschen feststellen als aufgrund eines sehr eindeutigen Verständnisses und einer darin begründeten unbestreitbaren Kompetenz für die Diagnose des Todes eines Menschen? Die sich hier zeigende – scheinbare – Konfusion um den Begriff des Todes ist recht einfach aufzulösen. Zwar wird in Philosophie und Theologie etwa vom »guten Tod« gesprochen, doch stellt sich sehr nachdrücklich die Frage, ob der Begriff »Tod« hier nicht in einem etwas unpräzisen Sprachgebrauch verwendet wird. Der »gute Tod« meint doch eigentlich eher ein friedvolles letztes Erleben des Sterbens durch den Sterbenden und seine Angehörigen, also ein »gutes Sterben«, und weniger den letzten eigentlichen Moment des Aufhörens der Lebendigkeit. Zumindest muss man sich über diese unterschiedliche Bedeutung des Wortes »Tod« klar werden und den Verlauf des Sterbens von dem Moment des Todes unterscheiden. Der Tod ist demgegenüber die Grenze zwischen Lebendigkeit des individuellen Lebewesens Mensch und seinem Verstorbensein, in dem jegliche Antwortmöglichkeit auf einen Kontaktaufnahmeversuch endgültig vergangen ist. Nachdem dargelegt wurde, wie eng diese Antwortmöglichkeit an die Lebendigkeit des Organs Gehirn gebunden ist, kann festgestellt werden:

Im Gegensatz zu dem individuellen, sozialen und spirituellen Geschehen des Sterbens kann der Tod nur als ein Grenzübergang zwischen den zwei unterschiedlichen Zuständen, Lebendigkeit und Verstorbensein, und in diesem Sinne nur als ein neurobiologisches Faktum verstanden werden.

Im Zusammenhang mit dem dissoziierten Hirntod soll hier lediglich grundsätzlich auf die Bedeutung des Erlebens in einem Sterbeprozess hingewiesen werden. Allgemein kann es auf der Seite des Sterbenden und auf der Seite der Angehörigen und im günstigen Falle in einer Gemeinsamkeit erlebt werden. Die zum Krankheitsbild des dissoziierten Hirntodes führenden Krankheiten treten allerdings in den meisten Fällen so plötzlich ein und führen in aller Regel innerhalb so kurzer Zeit in die Bewusstlosigkeit, dass ein subjektives oder ein gemeinsames Erleben nicht möglich ist. Die Angehörigen sind von einer Kontaktaufnahme mit den tief bewusstlosen, auf der Intensivstation liegenden Patienten ausgeschlossen. Die Plötzlichkeit der Erkrankung und das Ausgeschlossensein machen das Erschreckende an diesen Krankheitsverläufen aus. Gerade in dieser Situation kann ein Hinführen zu dem Erleben von Gemeinsamkeit untereinander tröstlich sein.

Wenn man die Vehemenz und die Nachhaltigkeit der Hirntodkritik besonders aus theologischem Bereich in Betracht zieht, dann wird man das entscheidende Motiv in offensichtlichen oder impliziten Vorstellungen zu den Assoziationen von geistig-seelischem Vermögen und Seele bzw. von Körper und Leib finden können. Wahrscheinlich wird man der Kritik am Hirntodes-Konzept nur sehr einseitig gerecht, wenn man eine Diskussion dieser Begriffe umgeht. Die Schwierigkeiten in diesem Bereich liegen möglicherweise darin, dass ausgesprochen oder implizit die Frage nicht zu beantworten ist: Wie will, soll oder kann man sich ein Überleben individuellen, hier in dieser Welt erlebten, geistig-seelischen Vermögens nach dem Tode bzw. nach Eintritt des Hirntodes vorstellen?

Gegenüber dieser Frage kann man sich zur Überzeugung entschließen, dass das Seelische grundsätzlich über das mentale Vermögen des Gehirns hinausgeht. Man kann aber auch an einer engeren Entsprechung des individuellen geistigen Vermögens mit dem Seelischen festhalten. In jedem Falle muss man sich mit der Frage des Verhältnisses von naturwissenschaftlich-neuropsychologischen Erkenntnissen zu Jenseits-Glaubens-Überzeugungen auseinandersetzen oder sie verdrängen. Die Dissonanz kann man im Sinne einer doppelten Buchführung zweigleisig nebeneinander laufen lassen oder an der Formel des ausdrücklichen Glaubens und Nichtwissens festhalten. Wenn man sich in dieser Frage nicht zu einer Klärung der persönlichen Position entschließen will, wird das Verständnis des Todes überhaupt wie auch des Hirntodes immer von der Ungeklärtheit dieser Frage beeinflusst sein.

Dies ist ein erkenntnistheoretisches Problem: Wie konkret sollten Fragen nach der Entsprechung naturwissenschaftlicher Befunde und Erkenntnisse mit metaphysischen oder theologischen Aussagen ausformuliert werden? Wie konkret sollten Glaubensinhalte gedacht werden, um nicht mit naturwissenschaftlichen Befunden und Erkenntnissen in Widerspruch oder in eine inkohärente Dualität zu geraten? Wie berechtigt ist die Forderung, etwa die christliche Botschaft nicht in Widerspruch zu wissenschaftlicher Welterkenntnis geraten zu lassen, allzu konkretistische Glaubensanschauungen immer wieder auf das eigentlich Unverzichtbare zu überprüfen, nicht ein naturwissenschaftlich-theologisches Schisma aufzubauen, sondern einen Diskurs und eine Vereinbarkeit zu suchen?

In der Erklärung »Organtransplantationen« haben die Deutsche Bischofskonferenz und der Rat der Evangelischen Kirche in Deutschland ein außerordentliches Dokument geschaffen (14), das die medizinischen Möglichkeiten und die ihnen zugrunde liegenden naturwissenschaftlichen Erkenntnisse ungeschmälert in ihr Recht setzt und sehr eindeutig darauf hinweist, dass die eigentlichen

Glaubensinhalte davon nicht geschmälert werden:

»Der Hirntod bedeutet ebenso wie der Herztod den Tod des Menschen. Mit dem Hirntod fehlt dem Menschen die unersetzbare und nicht wieder zu erlangende körperliche Grundlage für sein geistiges Dasein in dieser Welt. Der unter allen Lebewesen einzigartige menschliche Geist ist körperlich ausschließlich an das Gehirn gebunden. Ein hirntoter Mensch kann nie mehr eine Beobachtung oder Wahrnehmung machen, verarbeiten und beantworten, nie mehr einen Gedanken fassen, verfolgen und äußern, nie mehr eine Gefühlsregung empfinden und zeigen, nie mehr irgendetwas entscheiden. Nach dem Hirntod fehlt dem Menschen zugleich die integrierende Tätigkeit des Gehirns für die Lebendigkeit des Organismus: die Steuerung aller anderen Organe und die Zusammenfassung ihrer Tätigkeit zur übergeordneten Einheit des selbstständigen Lebewesens, das mehr und etwas qualitativ anderes ist als eine bloße Summe seiner Teile. Hirntod bedeutet also etwas entscheidend anderes als nur bleibende Bewusstlosigkeit, die allein noch nicht den Tod des Menschen ausmacht. ... Vom christlichen Verständnis des Todes und vom Glauben an die Auferstehung der Toten kann auch die Organspende von Toten gewürdigt werden. ... So verständlich es auch sein mag, dass mancherlei gefühlsmäßige Vorbehalte gegen die Entnahme von Organen eines Hirntoten bestehen, so wissen wir doch, dass bei unserem Tod mit unserem Leib auch unsere körperlichen Organe alsbald zunichte werden. Nicht an der Unversehrtheit des Leichnams hängt die Erwartung der Auferstehung der Toten und des ewigen Lebens, sondern der Glaube vertraut darauf, dass der gnädige Gott aus dem Tod zum Leben auferweckt. Die respektvolle Achtung vor Gottes Schöpferwirken gebietet freilich, dass der Leichnam des Toten mit Pietät behandelt und würdig bestattet wird. Die Ehrfurcht vor den Toten ist eine Urform der Sittlichkeit.«

6.4 Gesellschaftspolitische Gesichtspunkte

Die vorstehende Betrachtung des dissoziierten Hirntodes mag die Kritik und die alternativen Konzepte mit den daraus abgeleiteten Konsequenzen als unplausibel oder mangelhaft durchdacht erscheinen lassen. Trotzdem hat es in der Gesellschaft erhebliche Kritik am Hirntodes-Konzept gegeben (84). Wie jede kontroverse Debatte in der Gesellschaft ist auch die Hirntod-Diskussion von unterschiedlichen Verständnisvermögen, Interessen, Motiven und Ängsten mitbestimmt, so dass die Differenzen nicht vollständig auszuräumen sind. Wenn die kontroversen Debatten bei festgefahrenen Positionen nicht zu einer Klärung und damit zu einer allgemeinen Akzeptanz führen, sind nur politische Entscheidungen wie im Falle des Transplantationsgesetzes möglich. Auch danach bleiben Meinungsunterschiede, stille Verweigerung oder gereizte Abwehr.

6.4.1 Wissenschaftliche Erkenntnis und gesellschaftliche Akzeptanz

Das Verständnis für die Bedeutung von Krankheitszuständen bzw. des dissoziierten Hirntodes kann nur über ein verbessertes Verständnis der für Befunde und Befundkonstellationen (Syndrome) gebrauchten Begriffe gewonnen werden. Unterscheidungen und Grenzziehungen bei Begriffen und Definitionen sind nicht nur Schöpfungen spezialisierter Fachleute, sondern in ihrer Verbreitung auch Ausdruck gesellschaftlicher Konvention.

Sofern Fachwissenschaften wie die Medizin im Zuge ihres Fortschrittes Begriffe und Definitionen entwickelt haben, müssen diese früher oder später in die Gesellschaft hinein kommuniziert werden. Wenn die Kernbedeutungen neuformulierter Begriffe an tradierte Bedeutungen anknüpfen und die Veränderungen dieser Bedeutungen in der Lebenswelt der Gesellschaft anschaulich werden, dann ist ein Verständnis für diese weiterentwickelten Begriffe und Definitionen in der Gesellschaft einfach zu erlangen. Im Gegensatz zu den oft plausiblen Kernbereichen sind Präzisierungen und Erweiterungen der Bedeutungen oft weniger eingängig und werden nur langsam allgemein akzeptiert.

Durch die geringere Plausibilität unanschaulicher Sachverhalte und im Grenzbereich von Phänomenen wird die gesellschaftliche Akzeptanz durch eine zu wenig um Verständnis werbende, aber auch durch eine zu wenig komplexitätsbewusste Diskussion aufs Spiel gesetzt.

In der Debatte um das Verständnis des dissoziierten Hirntodes waren darüber hinaus gelegentlich eine modisch wirkende Ignoranz, Verachtung und eine manchmal vehemente Ablehnung von Fachwissen, Fachwissenschaftlern und Ärzten wahrzunehmen. Die Vehemenz dieser Ablehnung machte eine Verständigung teilweise unmöglich. Auf die Frage nach den Ursachen dieser Vehemenz lassen sich am ehesten erlittene Kränkungen und Ängste in Betracht ziehen. Ängste und Kränkungen sind kaum mit Argumenten, sondern eher mit Verständnis und Einfühlungsvermögen anzugehen, um Widerstände abzubauen und eine Offenheit für die Argumente zu ermöglichen. Insbesondere wenn in einer solchen Situation eine Organbegehrlichkeit allzu fordernd aufgedrängt wird, dann findet die unwillige Abwehr Argumente für ihre Position.

Mangelhaftes Verständnis und ängstliche oder gekränkte Abwehr in der Gesellschaft bedeuten eine Bringeschuld des Fachwissenschaftlers nicht nur in der Argumentation, sondern auch in Form von Verständnis-Bereitschaft und Einfühlungs-Bemühen.

6.4.2 Der Diskurs in einer pluralen Gesellschaft

Der heutige Mensch in unserer Gesellschaft erlebt täglich Debatten, in denen er gegenüber einem Gedrängtwerden in Richtung fremder Interessen auf der Hut sein muss. Selbst wenn dieses Drängen in seinem eigenen Interesse sein sollte, ist doch das Gedrängtwerden heute so allgegenwärtig, dass zugleich das abwehrende Misstrauen ständig neu stimuliert wird.

Das durch ein Organgewinnungs-Interesse stimulierte Misstrauen hat die Diskussion um das Verständnis des Hirntodes in seiner Bedeutung für den Tod des Menschen seit dem Statement der Harvard-Kommission bis heute ungünstig beeinflusst (vgl. Kap. 1.4) (3, 31–33, 36, 37, 72, 75). In der Tat hatte in dieser Kommission das Organgewinnungs-

Interesse der Chirurgen einige Formulierungen bestimmt und das juristische Kalkül hatte zu der Formulierungs-Wahl »irreversible coma« geführt, die im Kontext anderer Diskussionen zum Koma-Begriff das Misstrauen einer Zweckdefinition bis heute stimulierte. Dass die dortige Diskussion unter der Prämisse stand, dass das Verständnis des Hirntodes weitgehend etabliert war und dass die Organentnahme vor dem Hintergrund dieses gesicherten Verständnisses stattfand, ging hinter dem völlig in den Vordergrund tretenden Interessen-Vorwurf unter. Es ist extrem bedauerlich, dass eine fundierte und plausible, kohärente Theorie des dissoziierten Hirntodes bisher weder in den USA noch in Deutschland erkennbar ist. So hält sich die Diskussion in den USA an der Kritik der Begründungen des Hirntodes-Konzeptes auf (108) und wird in dieser Form von den Kritikern in Deutschland als Bestätigung der eigenen Position rezipiert (82), ohne dass eine argumentative Auseinandersetzung auf der neurophilosophischen und anthropologischen Ebene geführt würde. Der unterschwellig weitergetragene Vorwurf des rein zweckbestimmten Interesses schürt das Misstrauen.

Eine für das orthodoxe Hirntodes-Konzept, für Organentnahmen und Transplantationen eingesetzte, klassische Argumentationsfigur betrifft das Verbergen eines partikularen Organgewinnungs-Interesses unter einer altruistischen Argumentation. Dieses Wissen oder auch nur Ahnen ist auch in der Gesellschaft durchaus vorhanden und äußert sich in provokanten Bemerkungen und grundsätzlich durchaus gesunder Skepsis. Durch offensichtliche, unter altruistischen Argumenten nur wenig verborgene, ehrgeizgetriebene Interessen wird diese Skepsis stimuliert. Bei einer solcherart schillernden Argumentation braucht man sich über Misstrauen oder Verweigerung nicht zu wundern.

In unserer Gesellschaft werden zahlreiche kontroverse Debatten geführt, in denen eine Seite die andere nicht überzeugen kann. In solchen Debatten werden für oder gegen das orthodoxe Hirntodes-Konzept und Organentnahmen häufig nicht nur auf ein selbständiges Abwägen jedes Einzelnen zielende, sondern demagogisch herabsetzende Argumente und unterschwellig gereizte moralische Entrüstung eingesetzt. So wird auf der einen Seite etwa mit auf der Warteliste für eine Transplantation sterbenden Patienten oder auf der anderen Seite etwa mit dem Kannibalismus-Vorwurf moralisch entrüstet und demagogisch argumentiert. Nur zu offensichtlich provoziert dies auf beiden Seiten des Diskurses Kränkungen und auf Seiten eher zurückhaltender Teile unserer Gesellschaft einen weiteren wissenschaftsskeptischen Rückzug.

Zwei miteinander zusammenhängende Sachverhalte kennzeichnen den medizinischen Fortschritt: Unvollständiges Wissen und daraus resultierende letzte unvermeidliche Unsicherheit. In Bezug auf den dissoziierten Hirntod und seine Interpretation als Tod des Menschen ist hier bereits begründet worden, dass einerseits das Gesamthirn-Todes-Konzept und andererseits der dreiteilige Aufbau der Untersuchung zur Feststellung des Hirntodes ein außergewöhnlich hohes Maß an Sicherheit gewährleisten. Auf die Frage nach dem angemessenen Maß an Zweifelsfreiheit und Sicherheit muss einerseits mit Argumenten eine angemessene Antwort gefunden werden. Das Sicherheitsbedürfnis ist letztlich aber auch von unterschwelligen existenziellen Ängsten mitbestimmt, denen eher Verständnis entgegengebracht werden muss.

Der diskursive Transfer wissenschaftlicher Erkenntnisfortschritte in die Gesellschaft bedarf offensichtlich mehr als nur rationaler Argumentation. Die vorstehend aufgezeigten unterschwelligen Motive – Manipulationsrenitenz, Misstrauen, Verunsicherbarkeit, Ängste, Kränkbarkeit und Sicherheitsbedürfnis – sind archetypische evolutionäre Existenz- und Überlebenssicherungen. Im kontroversen gesellschaftlichen Diskurs können sie nicht nur rational fordernd angegriffen, sondern müssen verständnisvermittelnd behandelt werden.

6.4.3 Rechtliche Fragen

Viele in der Hirntod-Debatte lange diskutierte Fragen sind bei Anerkennung des Hirntodes als des Todes des Menschen und durch die Verabschiedung des Transplantationsgesetzes mit der Autorisierung der Bundesärztekammer für den Erlass der Verfahrensrichtlinien gegenstandslos geworden. Das Gesamthirn-Todes-Konzept ist für die Bundesrepublik Deutschland verbindlich festgeschrieben.

Die daraus abzuleitende Konsequenz der Beendigung der maschinellen Beatmung mit dem absehbar innerhalb von wenigen Minuten nachfolgenden Herzstillstand ist außer für sehr kulturfremde Angehörige bemerkenswert wenig strittig. Die andere nach dem Verständnis des Konzeptes zulässige Konsequenz der Organentnahme wird – verständlicherweise – eher als problematisch empfunden.

Es kann hier nicht der Ort sein, die juristische Diskussion des Hirntod-Problems mit den unterschiedlichen Würdigungen aus strafrechtlicher oder verfassungsrechtlicher Perspektive zu referieren oder zu kritisieren. In einer eindrucksvollen Vielseitigkeit sind sowohl medizinische wie theologische und in kleinerem Rahmen philosophisch-ethische Positionen referiert und die zahlreichen juristischen Betrachtungen im Detail dargestellt (73). Auf dieser Basis wird eine eigenständige verfassungsrechtliche Würdigung vorgenommen. Ohne eine tiefgreifende Würdigung der medizinischen Begründungen wird das Argument der erhaltenen Lebendigkeit im hirntoten Organismus herausgestellt und dementsprechend ein verfassungsrechtlich abgesicherter Schutz des hirntoten Körpers als eines noch lebenden Menschen abgeleitet (73). Dies kann zu der hier geführten Diskussion nicht beitragen.

Der medizinische, insbesondere der neuropsychiatrische Sachverhalt und die neurophilosophische Klärung müssen differenzierter herausgearbeitet werden, um der juristischen Diskussion zur Grundlage zu dienen.

Nachdem ausführlich dargestellt worden ist, mit welcher Begründung der dissoziierte Hirntod als der Tod des Menschen angesehen wird, soll hier nur kurz auf die aus neuropsychiatrischer und neurophilosophischer Sicht einzig erkennbar verbleibende, kritische, juristisch/politische Frage bei der Organentnahme eingegangen werden, die Debatte um die Zustimmungslösung oder die Widerspruchslösung (27–30). In der Bundesrepublik gilt die erweiterte Zustimmungslösung, welche besagt, dass bei fehlender früherer eigener Einwilligung des im Hirntod verstorbenen Patienten die nächsten Angehörigen in festgelegter Reihenfolge einer Entnahme zustimmen oder diese ablehnen können. In Österreich gilt demgegenüber die erweiterte Widerspruchslösung, die besagt, dass die Organe eines im Hirntod verstorben Patienten grundsätzlich entnommen werden können, sofern weder er selbst noch die Angehörigen innerhalb einer festgelegten Frist widersprechen.

Es ist bestritten worden, dass das Selbstbestimmungsrecht des Menschen und seiner Menschenwürde auch über seinen Tod hinaus mit beiden Modalitäten hinreichend gewährleistet werde. Im Falle der Zustimmungslösung werden wegen des mit der Befragung verbundenen Anstoßes häufiger Ablehnungen zustande kommen. Bei der Widerspruchslösung werden wegen der Trägheit und der Unentschlossenheit der Menschen und einem demnach nicht vorliegenden Widerspruch sicherlich auch Organentnahmen durchgeführt, die bei einer ausdrücklichen Befragung mit dem impliziten Angebot der Ablehnung nicht durchgeführt würden. Diese Übergriffigkeit ist von den Kritikern heftig angeprangert worden. Angesichts der Plausibilität der Argumente für das Hirntodes-Konzept kann man sich allerdings fragen, ob in der Widerspruchslösung wirklich eine entscheidende Einbuße an Selbstbestimmung oktroyiert wird oder ob diese nicht durch den Gewinn für die Organempfänger in angemessenem Maße aufgewogen wird.

Manche prominente Rechtslehrer haben sich kritisch zur Organtransplantation und damit zum Hirntod als der Voraussetzung der Organspende geäußert. Darin wird deutlich, dass sie einerseits den dissoziierten Hirntod nicht als Tod des Menschen ansehen und dass sie das Hirntodes-Konzept andererseits als von der Organgewinnung her bestimmte Zweckdefinition, als Funktionalisierung des menschlichen Sterbens ablehnen (29). Mit dem Festhalten an der humanen Lebendigkeit des Menschen im Hirntod wird die Organentnahme zu einer Tötungshandlung. Immerhin wurde eine juristische Begründung gefunden, die Inkaufnahme der Tötung des Sterbenden durch die Organentnahme zu rechtfertigen (30) (Zu der Frage, ob der Hirntod für eine Beendigung der Beatmungstherapie eine nicht nur permissive, sondern auch eine definitiv entscheidende Bedeutung habe, wird nicht Stellung genommen. Die Frage, ob ein Mensch ohne jegliche Hirnfunktion tatsächlich sinnvollerweise noch als Mensch anzusehen sei, wird unter Bezug auf die Position von Roth und Dicke (77) und unter Hinweis auf die organismische

Lebendigkeit des hirntoten, noch überlebenden Körpers nur sehr knapp behandelt).

Aus dieser primären Position folgend wird eine Widerspruchslösung vehement kritisiert. Diese Autoren verstehen eine Organentnahme als einen Eingriff in den Sterbeprozess mit der Wirkung einer Tötung. Deshalb sehen sie ausschließlich eine enge Zustimmungslösung als nur unter Bedenken vertretbar an.

Dieser Position steht eine genau entgegengesetzte Beurteilung gegenüber, welche die verschiedenen biologischen und anthropologischen Argumente in einer eingehenden juristischen Würdigung diskutiert und zu einem gegenteiligen Ergebnis auch in Bezug auf Zustimmungs- und Widerspruchslösung kommt (87).

6.5   Ethische Gesichtspunkte

In der hier vorgelegten Betrachtung des Hirntodes und seiner Bedeutung für Lebendigkeit oder Tod des Menschen steht die medizinische oder genauer die neuropsychiatrische und neurophilosophische Beurteilung so weit im Vordergrund, dass sich die Frage stellt, inwieweit darin eigentlich noch ein ethisches Problem zu sehen ist. Die Argumente sind nach ihrer Sachverhaltsbezogenheit gewertet worden; unterschiedliche Beurteilungen und Bewertungen sind vorwiegend auf sachlich mangelhafte Beurteilungen und Bewertungen oder auf nicht rationale psychologische Motivationen zurückgeführt worden. So stellt sich die Frage, worin denn eigentlich das in der gesellschaftlichen Kontroverse aufscheinende ethische Problem zu sehen ist.

Um dieser Frage des eigentlichen ethischen Konflikts näher zu kommen, sollen einige der beeindruckenden, gegen die Hirntodesfeststellung und die Organentnahme in Anspruch genommenen Wertvorstellungen befragt werden. Auch wenn im Folgenden einige Begriffe nacheinander betrachtet werden, muss doch im Blick behalten werden, dass bei aller begrifflich-definitorischen Unterscheidbarkeit im Verständnis und im argumentativen Gebrauch dieser Begriffe große Ähnlichkeiten deutlich sind.

6.5.1 Die Ehrfurcht vor dem Leben

In seiner ernsthaften Bedeutung scheint der Begriff der Ehrfurcht schon etwas unmodern geworden und eher zu einer moralischen Verurteilungsbegründung verkommen zu sein. Dennoch bezeichnet er eine eigene im Umgang von uns Menschen untereinander bedeutungsvolle Qualität. Auch wenn wir über noch so viel medizinisches Wissen verfügen können, stehen wir doch immer auch vor unüberwindbaren Grenzen unserer therapeutischen Möglichkeiten, besonders bei den häufig jüngeren Patienten im dissoziierten Hirntod. Wenn wir unser eigenes Verhalten, das unserer Mitarbeiter und Mitarbeiterinnen und der Angehörigen unserer Patienten aufmerksam beobachten, dann ist ein Erschrecken vor dem Sterben und auch – vielleicht zu selten, aber immer doch auch – eine Ehrfurcht vor den Wundern des Lebens gegenwärtig.

Albert Schweitzer hat einen besonders eindringlichen Appell für die Ehrfurcht vor dem Leben verfasst (85, 86). Auch wenn seine Gedanken in der Diskussion um den Hirntod nicht zitiert werden, sind sie als moralische Forderung in den Diskussionen zumindest untergründig präsent. Albert Schweitzer vertritt eine Ehrfurcht vor dem Leben in einem sehr weiten Sinne, einmal bezieht er sogar die mit medizinischen Mitteln bekämpften Bakterien explizit mit ein. Wenn der Begriff der Ehrfurcht vor dem Leben in seinem Sinne zitiert oder im Gedächtnis gehalten wird, dann muss man sich noch einmal die verschiedenen Verständnisse des Begriffes ›Leben‹ vor Augen führen. Ganz offensichtlich hat Albert Schweitzer immer Individuen von Lebewesen in ihrer Lebendigkeit vor Augen. Sicherlich hat das Bild der biologischen Lebendigkeit eines Lebewesens von der Mikrobe bis zum Menschen die Vorstellung mitbestimmt. An keiner Stelle aber ist erkennbar, dass er ausschließlich die biologische Lebendigkeit von Organen oder Geweben gemeint haben könnte.

Manchmal ist dieser Begriff der Ehrfurcht vor dem Leben in der Betrachtung des hirntoten, noch überlebenden Körpers zu bemerken. Dann muss man allerdings fragen, ob man diese Qualifikation unabhängig von der Intaktheit des lebendigen Individuums, speziell also unabhängig von den geistig-seelischen Vermögen des Menschen, zum Maßstab nehmen will:

Soll für einen hirntoten, noch überlebenden menschlichen Körper die gleiche Ehrfurcht vor dem (ausschließlich biologischen) Leben eingefordert werden, wie für den zuvor lebenden und zu einem begegnenden Antworten befähigten Menschen?

6.5.2 Die Achtung der Menschenwürde

Nachdem Albert Schweitzer sicherlich noch stärker unter dem Eindruck der höheren und früheren Sterblichkeit stand, ist in den letzten 50 Jahren in den reichen Demokratien mit zunehmender Lebenserwartung der Begriff der Menschenrechte, der Menschenwürde und des Selbstbestimmungsrechtes in den Vordergrund getreten. Wenn man bei dem frühesten und vehementesten Kritiker des Hirntodes-Konzeptes, Hans Jonas, nach der Begründung und den Motiven seiner Kritik sucht, dann steht zwar der Begriff der Menschenwürde keineswegs im Vordergrund. Neben der Frage des bereits eingetretenen Todes oder der noch vorhandenen Lebendigkeit überwiegt in seinen Begründungen aber die Kritik am respektlosen, würdeverletzenden Umgang mit dem nach seinem Verständnis im Hirntod noch sterbenden, also noch lebendigen Menschen.

Selbst Kritiker des Hirntodes-Konzeptes haben sich zum größten Teil der Beurteilung angeschlossen, dass der Eintritt des dissoziierten Hirntodes denjenigen Zeitpunkt markiert, ab dem der Sterbeprozess irreversibel fortschreitet (32, 37, 72, 75). Damit tritt der Gesichtspunkt der Verletzung der Menschenwürde neben den Gesichtspunkt des Lebensschutzes. Wenn die Kritiker des Hirntodes-Konzeptes an der Lebendigkeit des Menschen im Hirntod festhalten und zugleich nicht nur das Zu-Ende-Sterbenlassen durch Abstellen der Beatmung, sondern auch eine Organentnahme befürworten wollen, dann müssen sie eine Tötung des im Hirntod nach ihrer Meinung noch lebenden Menschen durch die Organentnahme rechtfertigen und damit einen sehr schwerwiegenden Eingriff nicht nur in das unbedingte Lebensrecht, sondern auch in die

Menschenwürde im Sterbeprozess hinnehmen. Dieser Gesichtspunkt wird in der entsprechenden Literatur ausschließlich unter dem Aspekt der christlichen Nächstenliebe, kaum aber unter dem Aspekt der Verletzung der Menschenwürde behandelt (72, 75).

Somit bleibt erstaunlich, dass diese Verletzung der Menschenwürde in unserer nur noch teilweise christlich geprägten säkularen Gesellschaft so wenig thematisiert und kritisiert wurde. Die Erklärung mag darin liegen, dass diejenigen Teile unserer Gesellschaft, für welche die Menschenwürde das wesentlichste moralische Kriterium bedeutet, eher dem Verständnis des orthodoxen Hirntodes-Konzeptes zuneigen. Mit der Überzeugung, dass der Mensch im dissoziierten Hirntod nicht mehr ein lebender ist, sondern tot, wird sein originärer Anspruch auf Achtung der Menschenwürde deutlich relativiert. In unserem Recht gibt es den Begriff der überdauernden Menschenwürde, der z.B. in der Rechtsprechung zur Achtung der Totenruhe seinen Ausdruck findet. Diese überdauernde Menschenwürde hat jedoch eine andere Bedeutung, als das entsprechende Verständnis in Bezug auf einen lebenden Menschen.

Die geringere Betrachtung der Menschenwürde in der Organentnahme bei einem im Hirntod als irreversibel sterbend angesehenen Menschen kann damit erklärt werden, dass eine Tötungshandlung immer noch einen fundamentaleren Eingriff in das Leben eines Menschen darstellt, als eine Verletzung seiner Würde.

6.5.3 Das Bedürfnis nach Pietät

Für das Erlernen eines angemessenen Umgangs mit dem Sterben im Hirntod ist es erhellend, sich die Situation vor Augen zu führen: die meist sehr plötzliche Erkrankung, den raschen Verlauf, das Erschrecken vor der Vorzeitigkeit des Sterbens, die Härte der Konfrontation mit dem endgültigen Verlust und schließlich die unvermeidliche Plötzlichkeit der Mitteilung der Beatmungsbeendigung und der eventuellen Frage nach einer Organspende. Darin wird ein großer Kontrast zwischen dem beängstigenden Erleben des Überrolltwerdens auf Seiten der Angehörigen und der selbstschützenden Distanziertheit der Ärzte im Umgang mit Sterben und Tod deutlich. Demonstrierte Selbstverständlichkeit im Umgang der Ärzte mit den Angehörigen und flüchtendes Zurückweisen von Annäherung im Verhalten der Angehörigen in den Gesten ihrer Trauer sind wesentliche »Hilfen« im Umgang mit erschreckendem und verunsicherndem Erleben.

Dieses Schutzbedürfnis findet seinen Ausdruck in Riten und der Forderung nach besonders respektvollem Umgang mit dem Verstorbenen und den Angehörigen, findet seine Form in einem Bedürfnis nach Pietät. Dieses Bedürfnis nach Pietät, diese Forderung nach einem pietätvollen Umgang schützt die Beteiligten vor den möglichen Verletzungen, die durch selbstschützende Forschheit oder auch nur durch Ungeübtheit im Umgang mit dem fundamentalen Verlust bewirkt werden können.

Man muss sich diese Situation deutlich machen, um die verstörende Wirkung provozierender Formulierungen in der Diskussion um Hirntod und Organentnahme realistisch einschätzen zu können. Für die Bezeichnung des hirntoten, noch überlebenden übrigen Körpers haben wir in der bisherigen Betrachtung eine ganze Reihe von Begriffen kennen gelernt, die sich zwanglos in eine Reihe sehr unterschiedlicher pietätvoller oder pietätloser Bezeichnungen stellen lassen: ›Leib‹ – ›Körper‹ – ›Leichnam‹ – ›Kadaver‹ – ›human vegetable‹ (menschliches Gemüse). Es bedarf keiner besonderen Fantasie, sich die abstoßende Wirkung negativer Begriffe in einer Situation der Verunsicherung deutlich zu machen.

Das Vermeiden abstoßender oder herabwürdigender Bezeichnungen gehört zu einem pietätvollen Umgang mit der verstörenden Situation des Versterbens im Hirntod, dem Akt der Beatmungsbeendigung oder der Organentnahme.

6.5.4 Handeln im Konflikt

In den bisherigen Ausführungen wurde gezeigt, dass die Untersuchung zur Feststellung des Hirntodes als konzeptionell überzeugend und als diagnostische Methode sicher ist und dass der Hirntod begründeterweise als Tod des Menschen anzusehen ist. Nur zwei wesentliche Begründungen gegen das Hirntodes-Konzept bleiben erkennbar: Einerseits können persönliche Überzeugungen grundsätzlich andere Vorstellungen enthalten und zu einer Ablehnung des Konzeptes führen. Andererseits können Erschrecken und Angst vor der existenziellen Verunsicherung des Sterbens und Todes so groß sein, dass Argumente allein nicht ausreichen, die letzte überzeugende Sicherheit zu vermitteln und eine Zustimmung zu dem Eingriff einer Organentnahme zu ermöglichen.

Wir leben in einer meinungspluralen Gesellschaft. Die Toleranz gegenüber anderen Meinungen ist eines der höchsten Güter in unseren Gesellschaftsordnungen. Es ist selbstverständlicher Konsens, das Recht des Andersdenkenden auch für mit naturwissenschaftlicher Rationalität nicht auszulotende Überzeugungen oder auch die Verunsicherung und Beängstigung Angehöriger im Verlust zu respektieren.

In der Situation des Hirntodes ist die Kommunikation mit den Angehörigen aus der Situation heraus schwierig, weil in engstem zeitlichem Zusammenhang zuerst die Nachricht vom Tod überbracht und im unmittelbaren Anschluss nicht nur auf die Konsequenz der Beatmungsbeendigung eingegangen, sondern eventuell auch nach der Einwilligung zur Organspende gefragt werden muss. Sofern bei den Angehörigen nicht eine klare Vorinformation vorhanden ist, bleibt diese enge zeitliche Verknüpfung schwierig.

Hilfreich ist in dieser Situation nicht in erster Linie der Versuch eines Überzeugens mit Argumenten, sondern die Wahrnehmung und das Verständnis der Situation der Angehörigen, aber auch der eigenen Situation des fragenden Arztes. Trotz seines Verständnisses für die Angehörigen muss er die problematische Frage stellen. Wenn er diese seine Situation des inneren Konfliktes nicht für sich selbst ausreichend wahrnimmt und zu einer durchdachten und durcherlebten inneren Haltung gelangt, wird er unerkannten eigenen Bedürfnissen folgen. So kann das Gespräch eine drängende Atmosphäre vermitteln, wenn der Arzt der Situation möglichst bald zu entrinnen sucht oder sich sein Bedürfnis nach Schutz vor eigener Verletzung den Angehörigen als distanziertes oder abweisendes Verhalten mitteilt.

Voraussetzung für ruhiges und überzeugendes Handeln im Konflikt ist die Reflexion des Sachverhaltes, der Urteilsbegründungen und der im Konflikt beteiligten eigenen und fremden Ängste und Motive. Auf dieser Grundlage eigener rationaler Integrität sind

kommunikative Transparenz und verstehende menschliche Nähe möglich.

6.5.5 Ethische Orientierung in der Verschiedenheit?

Der in unserer Gesellschaft aufgebrochene Konflikt um das Verständnis des Hirntodes ist hier wesentlich als eine unterschiedliche Interpretation der Bedeutung des Gehirns und des damit ermöglichten seelisch-geistigen Vermögens für die Konstitution des Menschen verdeutlicht worden. Daran wurden Gedanken zum pragmatischen Umgang mit dem nicht aufhebbaren gesellschaftlichen Dissens angeschlossen. Hinter der Betrachtung von Verfahrensregeln zum pragmatischen Umgang mit Dissens bleibt immer noch die Frage nach der grundsätzlichen moralischen Orientierung.

Ein erster Blick mag in Richtung des unsere abendländische Kultur prägenden Christentums gehen. Hier steht man ratlos einerseits vor der sich christlich verstehenden heftigen Kritik am Hirntodes-Konzept, andererseits vor der beeindruckenden Abgewogenheit der Stellungnahme der katholischen Bischofskonferenz und des Rates der evangelischen Kirchen, die wiederum von den Kritikern heftig entrüstet angegriffen wird. Dieser Widerspruch und die Tatsache, dass die Bibel zu den Detailfragen der heutigen Medizin ohne sehr weitgehende und neue Maßstäbe einführende Interpretation keinen den Sachverhalt treffenden Beitrag leisten kann, lassen nach anderen Orientierungen suchen.

Das Denken und Urteilen in unserer heutigen Gesellschaft ist bei aller Verhaftung in der »selbstverschuldeten Unmündigkeit« doch sehr von der Aufklärung geprägt. Auf der Suche nach moralischer Orientierung findet man sich bei Immanuel Kant. Seine moralische Forderung ist, so zu handeln, dass man wollen könne, dass das Prinzip des eigenen Handelns zum Gesetz für alle werden könne. Wenn man vor einer sehr konkreten schwierigen Entscheidung steht, dann wird man diesen Grundsatz zwar vernünftig und richtig finden, trotzdem bleibt eine gewisse Orientierungslosigkeit gerade in unserer pluralen Gesellschaft mit dem Dissens in so vielen Bereichen.

Sehr beeindruckend, einerseits überzeugend, andererseits eindringlich ist Albert Schweitzers Forderung nach der unbedingten Ehrfurcht vor dem Leben. Die Eindringlichkeit seiner Forderung nötigt zu der eingehenden Rechtfertigung des Handelns besonders an den Grenzen des Lebens. Die darin liegende besondere Anforderung nach der Rechtfertigung gibt zwar auch keine Antwort auf eine konkrete Frage, ist aber hilfreich, weil sie zum besonders sorgfältigen Nachdenken nötigt (85).

Am eindringlichsten ist die moralische Rigorosität bei Emmanuel Levinas. Er ruft die Begegnung mit dem Anderen als den ursprünglichsten Ursprung unseres Seins und unseres Denkens und die von allem Ursprung an aus dem Antlitz des Anderen sich uns gebietende Verantwortung in unser Bewusstsein. Vor dieser können wir weglaufen, ihr aber im letzten Eigentlichen nicht entrinnen. Damit können wir uns diesem moralischen Appell nicht entziehen. Levinas macht zugleich deutlich, dass es vor diesem Antlitz des Anderen keine Rechtfertigung durch das Befolgen von Gesetzen, Vorschriften oder Leitlinien geben kann, sondern ausschließlich die Eindringlichkeit dieser Verantwortung für den Anderen. Unzweifelhaft meint Levinas damit nicht das Herausredenkönnen oder eine Gesetzlosigkeit, sondern die Eindringlichkeit des Gebotes, das aus der Begegnung mit dem Anderen spricht: »Du darfst, du kannst mich nicht töten, du darfst mich in meinem Sterben nicht alleinlassen« (50–53).

Damit meint Levinas die »Totalität und die Unendlichkeit« der Verantwortung, zugleich eine letztliche Unerfüllbarkeit dieser Verantwortung, aber auch eine »Herrlichkeit« dieser Verantwortung in der Begegnung mit dem Anderen.

6.5.6 Co-Evolution medizinischer Erkenntnis und ethischen Diskurses

Der moralische Dissens angesichts des rasanten Fortschritts besonders in der Medizin und in den Neurowissenschaften gibt immer wieder Anlass zu der resignativen Feststellung, dass der ethische Diskurs nur hinter den aktuellen wissenschaftlichen Möglichkeiten hinterherhinken könne und dass Jahrhunderte alte Werte mit einer atemberaubenden Geschwindigkeit relativiert und unbrauchbar gemacht würden.

Zweifellos lösen sich bisher naturgegebene klassische Grenzen etwa zwischen Leben und Tod mit der Gleichzeitigkeit von Herzkreislauf- und Atemstillstand und darin unbemerkt gebliebenem Hirntod in Prozesse mit neuen Zwischenzuständen auf. Konkretisierungen moralischer Prinzipien, die auf der Gleichzeitigkeit aufgebaut waren, werden damit hinfällig. Insofern erleben wir den Zusammenbruch klassischer, verlässlich erlebter moralischer Grenzlinien und eine Verunsicherung in den sich auftuenden Differenzierungen.

Zugleich gibt uns dieses Beobachten aber auch Einblick in wichtigere Sachverhalte: Der Verlust des seelisch-geistigen Vermögens wird in seiner Bedeutung für den Menschen deutlicher. Nicht mehr der kranke Herzmuskel ist für den Menschen unersetzlich, sondern das Gehirn als Sitz des Wahrnehmens, Erlebens, Erinnerns, Nachdenkens und Handeln-Wollen-Könnens.

Wenn wir vor diesem Hintergrund noch einmal die Bedeutung unserer ethischen Orientierungen betrachten, dann sehen wir einen Prozess der immer weiteren Angemessenheitsentwicklung unserer ethischen Orientierungen und nicht den Verlust von eigentlich doch nur vordergründigen Orientierungen. Insofern haben wir es nicht mit einem Prozess der Entwertung von ethischen Landmarken, sondern mit einem Prozess der Differenzierung in einer allerdings als immer komplexer erkannten Wirklichkeit, einer Co-Evolution von Erkenntnis und Ethik zu tun. Wir haben das ›Paradies‹ der einfachen, handgreiflichen moralischen Gebote längst verlassen und müssen uns in dieser immer komplexeren Welt unserer Erkenntnis orientieren.

Der moralische Maßstab der Begegnung mit einem lebendigen, personalen, menschlichen Gegenüber in seinem Erleben, seinem Leid und auch dem Glück dieser Begegnung bleibt unberührt.

6.6 Wirklichkeitserkenntnis und Begegnung

In den bisherigen Überlegungen ist begründet worden, dass der isolierte Organtod des Gehirns in dieser Welt unauflöslich mit dem Verlust aller seelisch-geistigen Vermögen verbunden und damit zugleich der Tod dieses individuellen Menschen ist. Wenn man sich von der unmittelbaren Beschäftigung mit den Details dieser Fragestellung löst, dann gerät der Widerspruch dieser Feststellung zu Jahrtausende alten Glaubensüberzeugungen in den Blick. Hier tut sich eine Problemstellung auf, die in den meisten wissenschaftlichen Veröffentlichungen als jenseits der Wissenschaft, als privat ausgeklammert wird. Diesem Verfahren soll nicht gefolgt werden, weil das Problem in unserer Gesellschaft – wenn nicht offen angesprochen, dann erst recht unterschwellig – virulent und wirksam ist.

Fragestellungen, die auf einen Widerspruch zu Jahrtausende alten Überzeugungen hinauslaufen, sind nicht in einem Atemzug zu beantworten. Dementsprechend sollen hier einige wenige grundsätzliche Aussagen formuliert und daraus einige Fragen abgeleitet werden, die auf mögliche Antworten hinweisen.

6.6.1 Überzeugungen und Beobachtungen

Die Medizin und die Neurowissenschaften haben ein immenses Wissen über die Funktion unseres Gehirns und die Eigenschaften unseres seelisch-geistigen Vermögens gesammelt. Vor diesem Wissen gibt es – in dieser Welt – keinen Raum mehr für eine Vorstellung eines seelisch-geistigen Daseins unabhängig von einem lebenden Gehirn. Alles, was die Menschheit im Verlaufe ihrer Menschheitsgeschichte an darüber hinausgehenden metaphysischen Vorstellungen entwickelt hat, sind Vorstellungen, die wir in diesem unserem Gehirn entwickelt haben. Viele dieser Vorstellungen sind mit der Annahme einer unmittelbaren Bindung an ein lebendiges Gehirn nicht vereinbar. Dieses Problem stellt sich auch besonders bei der Betrachtung des dissoziierten Hirntodes und seiner Bedeutung für die Lebendigkeit oder den Tod des Menschen. Zu einem solchen Problem sind verschiedene Antworten und Haltungen möglich.

Einerseits kann die Nichtübereinstimmung zwischen Überzeugungen und Beobachtungen mit einem besonders nachdrücklichen Festhalten an konkreten Formulierungen der Überzeugung beantwortet werden. Eine etwa aus den Beobachtungen folgende Notwendigkeit einer Überprüfung wird abgewehrt. Ein solcher Fundamentalismus führt zu Konflikten in einer Gesellschaft und man steht vor der Frage, ob dieses fundamentalistische Festhalten an der Überzeugung notwendig ist.

Andererseits kann mit der Nichtübereinstimmung zwischen Überzeugungen und Beobachtungen mit einer ›doppelten Buchführung‹ umgegangen werden. Mit dem Argument einer grundsätzlichen Andersartigkeit der Überzeugungen gegenüber den Beobachtungen können die beiden Welten unterschieden gehalten und die Widersprüche in die Nichtwahrnehmung ausgelagert werden. Eine solche doppelte Buchführung ist in unserer Gesellschaft weit verbreitet und findet ihren deutlichsten Ausdruck in der bereits angesprochenen Üblichkeit, wissenschaftliche Erörterungen von den weltanschaulichen Überzeugungen säuberlich getrennt zu halten und letztere als Privatangelegenheit zu betrachten. Hier steht man vor der Frage, ob eine solche Unvereinbarkeit unvermeidlich ist.

Schließlich kann die Nichtübereinstimmung zwischen Überzeugungen und Beobachtungen mit der Frage angegangen werden, ob die Überzeugungen in ihrer tradierten Gestalt fundamentalistisch unverändert weiter tradiert werden müssen. Auch diese Veränderung tradierter Überzeugungen führt zu Konflikten, aber auch zu einem Auseinanderdriften der Überzeugungen in der Gesellschaft. Wenn man Unzufriedenheit mit diesem Auseinanderdriften und dem Konfliktpotenzial empfindet, gerät man vor die Frage: Sollte man zwischen den mit den Beobachtungen gut verträglichen, vielleicht wesentlicheren und bewahrenswerten Anteilen der Überzeugungen und den mit den Beobachtungen unverträglichen, weniger wesentlichen und vielleicht verzichtbaren Anteilen der Überzeugungen unterscheiden?

Das Problem einer Nichtübereinstimmung von Überzeugungen und Beobachtungen hat seine besondere Bedeutung selbstverständlich für das Verhältnis religiöser Überzeugungen zu heutigen naturwissenschaftlichen Erkenntnissen. Es lässt sich aber unproblematischer am Beispiel des Herztodes und des Hirntodes verdeutlichen. Über Jahrtausende galt die Überzeugung von dem Sitz der Lebenskraft im Herzen und die daraus abgeleitete Überzeugung von der überragenden Bedeutung des Herzens und des Herztodes für Lebendigkeit oder Tod des Menschen. Nach der Entwicklung der Intensivmedizin stehen wir vor der Beobachtung weitgehend isolierter Erkrankungen des Gehirns. Da diese Krankheiten zum Organtod des Gehirns führen können, stehen wir vor der Folgerung, trotz weiterschlagenden Herzens vom Tod des Menschen sprechen zu müssen.

Angesichts von Herztod und Hirntod kommt uns die aus Beobachtung folgende Interpretation des Todes des Menschen als an den Hirntod gebunden als ein Weltbild-umstürzender Paradigmenwechsel vor. Man kann fragen, ob dies tatsächlich als eine »Neudefinition des Todes« angesehen werden muss. Vielleicht unterliegen wir mit einer solchen Bewertung aber auch nur einem Denkfehler; vielleicht können wir bei dieser Gelegenheit zugleich etwas erkenntnistheoretisch Wichtiges lernen.

Um zu einer Antwort auf diese Frage zu finden, können wir noch einmal zu uralt vertrauten Bildern unserer Überzeugungen zurückkehren: Wir kennen die bildhafte Rede davon, dass einem Menschen das Herz gebrochen ist. Wir wissen, dass noch kein einziges Herz so gebrochen ist – wie etwa ein tönerner Krug. Wir verstehen unter dem Brechen eines Herzens einerseits das Aufhören des Herzschlages, andererseits das Aufhören von Fürsorge, Mitgefühl, Aufmerksamkeit, Gesprächsfähigkeit und Zuneigung, also das Aufhören aller seelisch-geistigen Vermögen, von denen wir heute wissen, dass sie nur in unauflöslicher Bindung an unser Gehirn geschehen können.

Wenn wir dieses Beobachten und Wissen noch einmal mit der Frage einer fundamentalen Veränderung unseres Weltbildes betrachten, dann ist nur in einer Hinsicht ein gravierender Paradigmenwechsel zu verzeichnen, nämlich darin, dass wir die allzu konkrete, die konkretistische Vorstellung der Bedeutung des Herztodes zugunsten eines Verständnisses des Hirntodes verlassen müssen. Andererseits können wir feststellen, dass wir in Bezug auf das Verständnis des Todes als des Verlustes aller seelisch-geistigen Vermögen keine Veränderung unserer Überzeugungen hinnehmen müssen.

Die konkretistische falsche Vorstellung vom Sitz der Seele im Herzen müssen wir aufgeben, die Vorstellung von der Bedeutung der seelisch-geistigen Vermögen für Lebendigkeit oder Tod des Menschen in dieser Welt bleibt unberührt.

Selbstverständlich ist die Frage nach der Verzichtbarkeit konkretistischer Glaubensinhalte in Bezug auf unsere gewachsenen Vorstellungen von einer Seele einerseits ein Sakrileg. Andererseits müssen wir uns der Frage der Verzichtbarkeit allzu konkretistischer Überzeugungen stellen, wenn wir nicht einen Widerspruch zwischen Beobachtungen und Überzeugungen hinnehmen wollen.

6.6.2 Der naturalistische und der a-naturalistische Fehlschluss

In diesen Überlegungen wurde dem Grundsatz gefolgt, für grundlegend angesehene Überzeugungen beim Auftreten von Widersprüchen zu beobachten, zu überprüfen und gegebenenfalls zu verwerfen. Mit diesem Prinzip der Wissenschaftlichkeit sind in den letzten Jahrhunderten gewaltige Fortschritte erzielt worden. Sie schließen mit ein, dass wir uns einem immer komplexeren Weltbild gegenübersehen, in dem Folgerungen und Bewertungen mühsamer werden.

Aus der Philosophie kennen wir die Warnung, aus einer Beobachtung möglichen Verhaltens auf moralische Beurteilung zu schließen, sei ein unzulässiger, sog. naturalistischer Fehlschluss. Er ist dadurch gekennzeichnet, dass aus der Kategorie der Faktenbeschreibung unzulässig verkürzt auf die Kategorie der (menschlichen) Wertbeurteilung geschlossen wird. In einem etwas weiteren Sinne liegt ein naturalistischer Fehlschluss auch in einer allzu unmittelbaren Interpretation einer Beobachtung im Sinne einer zu konkretistischen Theorie. Das Problem liegt dabei nicht in der Verknüpfung der Faktenbeschreibung mit der Bewertung, sondern in der zu einfachen Theoriebildung.

In der Diskussion um das Verständnis des Hirntodes für Lebendigkeit oder Tod des Menschen können zahlreiche Begründungen der Kritik an der orthodoxen Hirntodes-Theorie als *eine Umkehrung eines solchen naturalistischen Fehlschlusses* verstanden werden. So wird aus der theologisch-philosophischen Vorstellung von der Bedeutung etwa des ›Leibes‹ geschlossen, dass der Hirntod nicht gleichbedeutend mit dem Tod des Menschen sein könne, weil der ›Leib‹ des Menschen noch lebendig sei. In einer solchen Leib-Vorstellung sind am ehesten unausgesprochene Konnotationen von einer in der Lebendigkeit des Leibes enthaltenen Beseeltheit des Leibes eingeschlossen, die zu der Folgerung einer erhaltenen Lebendigkeit des Menschen Anlass und Begründung geben. Hier wird also aus der Jahrtausende alten Vorstellung von der Bedeutung des Leibes auf die Unmöglichkeit einer überragenden Bedeutung des Gehirns und der seelisch-geistigen Vermögen für die Lebendigkeit des Menschen geschlossen. Einen solchen Schluss von einer Vorstellung auf die Interpretation der Beobachtungen könnte man dementsprechend als einen »*a-naturalistischen Fehlschluss*« verstehen. Diesen Vorwurf eines mangelhaften Verständnisses medizinischer Fakten muss man in der Diskussion mit den Kritikern des orthodoxen Hirntodes-Konzeptes in Betracht ziehen.

Ohne Rezeption faktenbasierter neurobiologischer Erkenntnisse führen Philosophie und Theologie in einem a-naturalistischen Fehlschluss in Dissonanzen mit unausweichlichen Interpretationen der Wirklichkeit, in erkenntnisfeindlichen Fundamentalismus oder Widerspruch-ausblendende doppelte Buchführung.

In der Kritik am Konzept des dissoziierten Hirntodes manifestiert sich ein mangelhafter Dialog zwischen der Philosophie und Theologie und ganzen Wissenschaftsbereichen, etwa der Neurologie, der Neurochirurgie, der Neuropsychologie, der Psychologie, auch der Psychologie des Unbewussten (»Tiefenpsychologie«). Dieser mangelhafte Dialog führt – im Sinne eines a-naturalistischen Fehlschlusses – zu beschränkten, unterkomplexen, mechanistischen oder biologistischen Vorstellungen, die unserer geistigen, sozialen und kulturellen Welt nicht gerecht werden.

6.6.3 Die Begegnung mit dem Anderen und dem hirntoten Leib/Körper

Hoff und in der Schmitten haben uns auf den Aspekt der Begegnung mit dem Sterbenden im Wahrnehmen der Lebendigkeit des ›Leibes‹ aufmerksam gemacht. Mit dieser Einordnung beziehen sie sich auf Levinas' Philosophie der Begegnung mit dem Anderen (32, 33).

Der aus einer jüdisch-litauisch-deutsch-französischen Biographie schöpfende Philosoph Levinas geht in seiner Philosophie im Gegensatz zu Heidegger nicht von der primären Gegebenheit des menschlichen Seins aus. Er stellt die noch ursprünglichere Situation der Begegnung mit einem Anderen ins Zentrum seiner Gedanken, die noch vor dem Erwachen des Ich, des subjektiven Seins gegeben ist. Levinas macht darin auf die unendliche »Anderheit« des Anderen und auf die sich vor allem eigenen Sein bereits in einem Angerufensein von dem Anderen manifestierende Verantwortung für den Anderen aufmerksam. Levinas beeindruckt durch die geradezu mystische Intensität und zugleich strenge Rationalität seiner Gedanken. Dadurch ist sein Appell für einen Primat der Ethik eindringlicher als ausschließlich rationale Ethik-Begründungsansätze (50, 52).

In der hier vorgelegten Betrachtung war einerseits an der Auffassung festgehalten worden, dass der Mensch im dissoziierten Hirntod als nicht mehr lebend, sondern als tot anzusehen ist. Andererseits ist der hirntote, übrige Körper noch lebend und wird intuitiv als noch lebendig erlebt. Damit wird die Vorstellung von einer Begegnung – mit einem lebendigen Anderen oder mit einem hirntoten Körper – zweideutig und muss überdacht werden.

Wiederum muss eine Klärung von einer genaueren Vereinbarung des Begriffsverständnisses ausgehen. Wenn man Levinas' Philosophie von der Begegnung mit dem Anderen in den Blick nimmt, dann wird er einen grundsätzlich handlungsfähigen und begegnungsfähigen, einen lebenden Anderen vor Augen gehabt haben. Sicherlich hat er die Vorstellung von einem individuellen konkreten Anderen immer zugleich auch zu dem Inbegriff des Anderen konzentriert und hat insofern auch von einer konkreten Lebendigkeitsvorstellung abstrahiert. Danach muss man davon ausgehen, dass sein Begriff der Begegnung nur in einem erweiterten und übertragenen Sinne auf das ausschließlich einseitig subjektive Erleben im Anblick eines hirntoten Körpers angewendet werden kann.

Es macht also einen wesentlichen Unterschied, ob man unter dem Begriff der Begegnung das kommunikative, wechselseitige Mitwissen zweier erlebens- und handlungsfähiger Menschen oder ein ausschließlich einseitiges Wahrnehmen und Erleben verstehen will.

Hier wird der Unterschied der beiden Situationen und im Falle der Verwendung des Begriffes ›Begegnung‹ für beide Situationen an dem Unterschied der Bedeutungen festgehalten. Demnach ist es gegenüber der ursprünglich von Levinas ins Auge gefassten Bedeutung des Begriffes ›Begegnung mit dem Anderen‹ eine gravierende Bedeutungsverschiebung, wenn Hoff und in der Schmitten den Begriff auf das einseitige beobachtende Erleben des hirntoten, noch überlebenden Körpers ausweiten.

Vor der ›Totalität und der Unendlichkeit‹ der Levinas'schen Forderung zur Verantwortung wird die hier festgehaltene Forderung nach der Unterscheidung zwischen dem lebenden Menschen und dem hirntoten Körper/ Leib blass. Sicherlich begründet diese neurophilosophische Unterscheidung immer noch auch eine moralische Unterscheidung. Ungebrochen bleibt die Forderung zur Verantwortung, zum Respekt gegenüber dem Lebenden wie dem Verstorbenen.

6.6.4 Die psychologische Perspektive in der Begegnung

Aus der Analyse des Wahrnehmungsvorganges in der Begegnung mit einem lebenden Anderen oder seinem hirntoten Leib/Körper war das ›wechselseitige Mitwissen‹ als das jedenfalls unter der psychologischen Perspektive wesentliche Element einer Begegnung mit einem Anderen herausgestellt worden.

Wenn wir dieses ›wechselseitige Mitwissen‹ noch einmal genauer betrachten, dann wird deutlich, dass die Begegnung mit einem lebendigen Menschen wesentlich in einer kommunikativen Aktualisierung des wechselseitigen Mitwissens und des verstehenden Einfühlens besteht. Wenn wir demgegen-

über das Wahrnehmen des hirntoten, noch überlebenden Körpers oder eines Leichnams oder darüber hinaus das Erinnern an eine abwesende oder an eine verstorbene Person betrachten, dann wird die Einseitigkeit eines solchen Wahrnehmungsvorganges deutlich. Eine kommunikative Aktualisierung des Wahrnehmens oder Erlebens kann von dem Anderen her nicht mehr antworten.

Das zutiefst Irritierende am dissoziierten Hirntod ist die Begegnung mit einem noch lebenden menschlichen Leib und unser Wissen, dass aus ihm kein lebendiges Gegenüber, kein ›Antlitz‹ mehr zu uns sprechen kann – nicht nur vorübergehend, sondern endgültig vergangen, »dépassé«. Damit weist uns der Anblick eines hirntoten Körpers auf unsere ausschließlich eigene Wahrnehmung zurück in unsere Verlorenheit aus der Verschränkung des wechselseitigen Mitwissens mit diesem nicht mehr lebenden Menschen.

Wenn wir mit dieser Verdeutlichung des Wahrnehmens zu Levinas' Dimension der Begegnung zurückkehren, dann gerät noch einmal seine Betonung der Unendlichkeit der ›Anderheit‹ des Anderen in den Blick. Darin liegt ein wesentlicher Hinweis Levinas' auf die Unendlichkeit unseres Nichtwissens von dem Anderen. Diese Unendlichkeit unseres Nichtwissens von dem Anderen hat nur eine gewisse Ähnlichkeit und doch eine fundamentale Unterschiedlichkeit gegenüber der Einseitigkeit unseres Erinnerns an einen verstorbenen Anderen.

Unser Erschrecken über den Verlust und die Einsamkeit angesichts des Versterbens eines Menschen können wir verstehen als die Sehnsucht nach der wechselseitigen kommunikativen Lebendigkeit der Begegnung mit dem Anderen.

7 Nachgedanken

Wie mit einer Last stehen wir da mit unserem Wissen um die Bedeutung des Hirnunterganges für Erleben, Erinnern und Antworten des Menschen. Mit dem Gedanken an Levinas sehen wir die ausschließliche körperliche Maske eines nicht mehr als personale Identität und als Gegenüber erlebbaren, nicht mehr lebenden Menschen, eine Lebendigkeits-Maske, vor der wir nur noch Trauer über die unwiderrufliche Endgültigkeit des Todes empfinden können.

Vielleicht beugen wir uns der Einsicht, dass ein geistiges und empfindendes mütterliches Erleben für das Ausreifen einer Schwangerschaft keine notwendige Bedingung ist. Dennoch brauchen wir die gefühlsmäßige Konzentration der Mutter (und vielleicht auch des Vaters) auf das im Bauch werdende Kind keineswegs als eine überflüssige Gefühligkeit anzusehen. Eine solche rationalistische Denkweise wäre ein Ausdruck der menschlichen Kälte in dieser Welt. Mit vielleicht manchmal vergeblicher, aber niemals sinnloser mitmenschlicher Zuwendung können wir antworten.

Lange Erfahrung mit der Untersuchung im dissoziierten Hirntod verstorbener Menschen gibt Sicherheit auch in der Beurteilung seltenerer Abweichungen von dem Gewohnten, etwa bisher so nicht gesehener spinaler Reflexe oder Automatismen. Wenn man sich selbst gegenüber wach bleibt, bemerkt man die eigene Routine im Untersuchungsablauf, die einen erstmaligen Beobachter irritieren mag, und kann sich Aufmerksamkeit erhalten für die Begegnung mit den umgebenden Mitbetroffenen.

Wenn man das Nachdenken über die Vorstellung eines Rollentausches zwischen Arzt und Patient zulässt, dann stellen sich Fragen. Welche Behandlung möchte man denn für sich selbst in einem zum Hirntod führenden Krankheitsverlauf im Gesamthirntod, Großhirntod oder Hirnstammtod, für wünschenswert halten? Sicherlich hat man im Gesamthirntod und im Großhirntod – sofern es Letzteren überhaupt geben sollte – keine Wahrnehmung, so dass man einem solchen Verlauf sehr gelassen entgegensehen kann. Das nicht auszuschließende Erleben in einem totalen Locked-In-Syndrom, einer möglichen Form des Hirnstammtodes, scheint nicht anders vorstellbar als ein Horror, in dem man sich nur das raschestmögliche Ende jeglichen Wahrnehmens und jeglichen Erkennen-Könnens wünschen kann.

Werden wir einen gnädigen Arzt finden, der uns in aller Aufmerksamkeit und Behutsamkeit auch das Auge der inneren Wahrnehmung zu schließen gestattet? Werden wir selbst – in aller Unvollkommenheit – aufmerksame und behutsame Ärzte sein?

Literaturverzeichnis

1.) *Arita, K. et al.* (1988): [Hypothalamic pituitary function in brain dead patients – From blood pituitary hormones and hypothalamic hormones]. No Shinkei Geka 16: 1163–71

2.) *Bavastro, P., Wernicke, J., Splett, J.* (1997): Eine besondere Krankengeschichte – Fallbericht – Philosophische Gedanken zum Fallbericht (Von einer Schwangerschafts-Begleitung nach Hirnversagen). Z Mediz Ethik 43: 59–68, 69–75

3.) *Beecher, H.K. et al.* (1968): A Definition of Irreversible Coma – Report of the Ad Hoc Committee of the Harvard Medical School to examine the definition of brain death. JAMA 205: 337–40

4.) *Bernat, J.L., Culver, C.M., Gert, B.* (1981): On the definition and criterion of death. Ann Intern Med 94: 389–394

5.) *Bertrand, J., Lhermitte, F., Antoine, B., Ducrot, H.* (1959): Nécroses massives du système nerveux central dans une survie artificielle. Rev Neurol Paris 101: 101–115

6.) *Bichat, M.F.X.* (1796): Recherches physiologiques sur la vie et la mort. Flammarion, Paris

7.) *Bunge, M.* (1979): The mind-body problem in an evolutionary perspective (& Diskussion). In: Wolstenholme, G., O'Connor, M. (Hrsg.); »Brain and mind. Ciba Foundation Symposium 1969«, Excerpta Medica, Amsterdam S. 53–77

8.) *Bunge, M.* (1984): Das Leib-Seele-Problem. Mohr, Tübingen

9.) *Bunge, M.* (1989): Reduktionismus und Integration, Systeme und Niveaus, Monismus und Dualismus. In: Pöppel, E. (Hrsg.); »Gehirn und Bewußtsein« VCH Verlagsgesellschaft, Weinheim S. 88–104

10.) *Churchland, P. S.* (1986): Neurophilosophy – Toward a unified science of the mind-brain. MIT Press, Cambridge Mass., London

11.) *Claussen, P.C.* (1996): Herzwechsel – Ein Erfahrungsbericht. Carl Hanser, München, Wien

12.) *Conci, F., Procaccio, F., Arosio, M., Boselli, L.* (1986): Viscero-somatic and viscero-visceral reflexes in brain death. J Neurol Neurosurg Psychiatry 49: 695–698

13.) *Cranford, R.E., Smith, D.R.* (1987): Consciousness: The most critical moral (constitutional) standard for human personhood. Am J Law Med 13: 233–248

14.) *Deutsche Bischofskonferenz und Rat der Evangelischen Kirche in Deutschland* (1990): Organtransplantationen – Erklärung der Deutschen Bischofskonferenz und des Rates der Evangelischen Kirche in Deutschland. Hannover, Bonn

15.) *Deutsche EEG-Gesellschaft* (1970): Empfehlungen der deutschen EEG-Gesellschaft zur Bestimmung der Todeszeit. EEG EMG 1: 53–54

16.) *Deutsche Gesellschaft für klinische Neurophysiologie* (2001): Empfehlungen der Deutschen Gesellschaft für klinische Neurophysiologie (Deutsche EEG-Gesellschaft) zur Bestimmung des Hirntodes. Klin Neurophysiol 32: 39–41

17.) *DeVita, M.A., Snyder, J.V., Grenvik, A.* (1993): History of organ donation by patients with cardiac death. Kennedy Inst Ethics J 3: 113–129

18.) *Fox, R.C.* (1993): »An ignoble form of cannibalism«: reflections on the Pittsburgh protocol for procuring organs from non-heart-beating cadavers. Kennedy Inst Ethics J 3: 231–39

19.) *Frith, C.D., Frith, U.* (1999): Interacting minds – a biological basis (Comment in: Science Bd.287 (2000) S.234). Science 286: 1692–95

20.) *Fuchs, R.* (2001): Das Geschäft mit dem Tod – Plädoyer für ein Sterben in Würde. Patmos, Düsseldorf

21.) *Gramm, H.J. et al.* (1992): Hemodynamic responses to noxious stimuli in brain-dead organ donors. Intensive Care Med 18: 493–495

22.) *Greinert, R., Wuttke, G.* (1993): Organspende – Kritische Ansichten zur Transplantationsmedizin. Lamuv, Göttingen

23.) *an der Heiden, U., Roth, G., Schwegler, H.* (1985): Die Organisation der Organismen: Selbstherstellung und Selbsterhaltung. Funkt Biol Med 5: 330–346

24.) *an der Heiden, U., Roth, G., Schwegler, H.* (1985): Principles of self-generation and self-maintenance. Acta Biotheor 34: 125–37

25.) *Heytens, L., Verlooy, J., Gheuens, J., Bossaert, L.* (1989): Lazarus sign and extensor posturing in a brain-dead patient. Case report. J Neurosurg 71: 449–451

26.) *Hinrichsen, K.V.* (Hrsg.) (1994): Sterben und Schwangerschaft. In der Reihe: Hinrichsen, K.V., Sass, H.M., Viefhues, H. (Hrsg.); »Medizinethische Materialien« Ruhr-Universität, Bochum Heft 88

27.) *Höfling, W.* (1995): Um Leben und Tod: Transplantationsgesetzgebung und Grundrecht auf Leben. JZ 50: 26–33

28.) *Höfling, W.* (1995): Plädoyer für eine enge Zustimmungslösung. Universitas 50: 357–364

29.) *Höfling, W.* (1996): Hirntodkonzeption und Transplantationsgesetzgebung. Medizinrecht: 6–8 und Internist 37: 416–419

30.) *Höfling, W., Rixen, S.* (1996): Verfassungsfragen der Transplantationsmedizin. Hirntodkriterium und Transplantationsgesetz in der Diskussion. Mohr, Tübingen

31.) *Hoff, J., in der Schmitten, J.* (Hrsg.) (1994): Wann ist der Mensch tot? Organverpflanzung und Hirntodkriterium. Rowohlt, Reinbek bei Hamburg

32.) *Hoff, J., in der Schmitten, J.* (1994): Kritik der »Hirntod«-Konzeption. Plädoyer für ein menschenwürdiges Todeskriterium. In: Hoff, J., in der Schmitten, J. (Hrsg.); »Wann ist der Mensch tot? Organverpflanzung und Hirntodkriterium« Rowohlt, Reinbek bei Hamburg S. 153–252

33.) *Hoff, J.* (1994): Von der Herrschaft über das Leben. Zur Kritik der medizinischen Vernunft. In: Hoff, J., in der Schmitten, J. (Hrsg.); »Wann ist der Mensch tot? Organverpflanzung und Hirntodkriterium« Rowohlt, Reinbek bei Hamburg S. 270–331

34.) *Howlett, T.A. et al.* (1989): Anterior and posterior pituitary function in brain stem dead donors. Transplantation 47: 828–34

35.) *Jörns, K.-P.* (1994): Organtransplantation: eine Anfrage an unser Verständnis von Sterben, Tod und Auferstehung. Zugleich eine Kritik der Schrift der Kirchen »Organtransplantation«. In: Hoff, J., in der Schmitten, J. (Hrsg.); »Wann ist der Mensch tot? Organverpflanzung und Hirntodkriterium« Rowohlt, Reinbek bei Hamburg S. 350–385

36.) *Jonas, H.* (1985): Technik, Medizin und Ethik. Zur Praxis des Prinzips Verantwortung. Suhrkamp, Frankfurt/Main

37.) *Jonas, H.* (1987): Gehirntod und menschliche Organbank: Zur pragmatischen Umdefinition des Todes. In: Jonas, H. (Hrsg.); »Technik, Medizin und Ethik. Zur Praxis des Prinzips Verantwortung« Suhrkamp, Frankfurt/Main S. 219–41

38.) *Jouvet, M.* (1959): Diagnostic électro-sous-cortico-graphique de la mort du système nerveux central au cours de certains comas. Electroenceph Clin Neurophysiol 11: 805–808

39.) *Jungblut, C.* (2001): Meinen Kopf auf deinen Hals – Die neuen Pläne des Dr. Frankenstein alias Robert White. S. Hirzel, Stuttgart, Leipzig

40.) *Kinoshita, Y., Go, K., Yoshioka, T., Sugimoto, T.* (1992): Absence of response to hypothalamic stimulation test in brain death. Neurol Med Chir 32: 153–56

41.) *Klein, M.* (1995): Hirntod: Vollständiger und irreversibler Verlust aller Hirnfunktionen? Ethik Medizin 7: 6–15

42.) *Knoblauch, H.* (1999): Berichte aus dem Jenseits – Mythos und Realität der Nahtod-Erfahrung. Herder, Freiburg

43.) Kommission für Reanimation und Organtransplantation der Deutschen Gesellschaft für Chirurgie (1968): Todeszeichen und Todeszeitbestimmung. Chirurg 39: 196–197

44.) *Kübler, A. et al.* (1999): The thought translation device: a neurophysiological approach to communication in total motor paralysis. Exp Brain Res 124: 223–32

45.) *Kurthen, M., Linke, D.B., Reuter, B.M.* (1989): Hirntod, Großhirntod oder personaler Tod? Zur aktuellen Diskussion um die hirnorientierte Todesbestimmung. Med Klin 84: 483–487

46.) *Kuwagata, Y., Sugimoto, H., Yoshioka, T., Sugimoto, T.* (1991): Hemodynamic response with passive neck flexion in brain death. Neurosurgery 29: 239–41

47.) *LaFleur, W.* (2001): The cannibalism analogy and the consequences some Japanese draw from it. Vortrag auf dem Symposium Menschenleben – Menschenwürde, Bochum

48.) *Lempert, T., Bauer, M., Schmidt, D.* (1994): Syncope: A videometric analysis of 56 episodes of transient cerebral hypoxia. Ann Neurol 36: 233–237

49.) *Lenk, H.* (2001): Kleine Philosophie des Gehirns. Wiss Buchgesellschaft, Darmstadt

50.) *Levinas, E.* (1989): Humanismus des anderen Menschen. Felix Meiner, Hamburg

51.) *Levinas, E.* (1993): Totalität und Unendlichkeit. Karl Alber, Freiburg, München 2. Auflage

52.) *Levinas, E.* (1996): Ethik und Unendliches – Gespräche mit Philippe Nemo. Passagen-Verlag, Wien

53.) *Levinas, E.* (1998): Die Spur des Anderen. Karl Alber, Freiburg, München

Literaturverzeichnis

54.) *Lipowski, Z.J.* (1990): Delirium: Acute confusional states. Oxford University Press, Oxford, New York 2. Auflage

55.) *Lishman, W.A.* (1987): Organic psychiatry – The psychological consequences of cerebral disorder. Blackwell, Oxford 2. Auflage

56.) *Lizza, J.P.* (1999): Defining death for persons and human organisms. Theor Med Bioeth 20: 439–53

57.) *Lücking, C.H., Wallesch, C.W.* (1992): Phänomenologie und Klinik der Bewußtseinsstörungen. In: Hopf, H.C., Poeck, K., Schliack, H. (Hrsg.); »Neurologie in Praxis und Klinik« Thieme, Stuttgart 2. Auflage/Bd. 1: 2.0–2.16

58.) *Maturana, H.R., Varela, F.J.* (1987): Der Baum der Erkenntnis – Die biologischen Wurzeln des menschlichen Erkennens. Scherz, Bern

59.) *McMahan, J.* (1995): The metaphysics of brain death. Bioethics 9: 91–126

60.) *Métraux, A.* (2001): Der Todesreigen in der belebten Materie. Xavier Bichat über das vielfache Sterben des Organismus. In: Schlich, T., Wiesemann, C. (Hrsg.); »Hirntod: zur Kulturgeschichte der Todesfeststellung« Suhrkamp, Frankfurt/Main S. 167–186

61.) *Meyer-Drawe, K.* (2000): Leib. In: Korff, W., Beck, L., Mikat, P. (Hrsg.); »Lexikon der Bioethik« Gütersloher Verlagshaus, Gütersloh S. 574–77

62.) *Mollaret, P., Goulon, M.* (1959): Le coma dépassé (Mémoire préliminaire). Rev Neurol Paris 101: 3–15

63.) *Mollaret, P., Bertrand, I., Mollaret, H.* (1959): Le coma dépassé et nécroses nevreuses centrales massives. Rev Neurol Paris 101: 116–139

64.) *Moskopp, D.* (2001): Hirntod. In: Hempelmann, G., Krier, C., Schulte am Esch, J. (Hrsg.); »Anästhesiologie, Intensivmedizin, Notfallmedizin, Schmerztherapie« Georg Thieme, Stuttgart S. 1057–63

65.) *Odaischi, I.* (2001): Schlimmer als der Tod – Die furchtbaren Schmerzen der Organ-Spender. raum&zeit 112: 11–15

66.) *Oduncu, F.* (1998): Hirntod und Organtransplantation – Medizinische, juristische und ethische Fragen. Vandenhoek & Ruprecht, Göttingen

67.) *Papst Pius XII* (1957/8): Über moralische Probleme der Wiederbelebung. Herder Korrespondenz Orbis Catholicus 12: 228–230

68.) *Ploog, D.* (1988): An outline of human neuroethology. Hum Neurobiol 6: 227–238

69.) *Ploog, D.* (1989): Zur Evolution des Bewußtseins. In: Pöppel, E. (Hrsg.); »Gehirn und Bewußtsein« VCH Verlagsgesellschaft, Weinheim S. 1–15

70.) *Plum, F., Posner, J.B.* (1980): The diagnosis of stupor and coma. F.A. Davis Company, Philadelphia

71.) *Pöppel, E.* (1989): Eine neuropsychologische Definition des Zustandes »bewußt«. In: Pöppel, E. (Hrsg.); »Gehirn und Bewußtsein« VCH Verlagsgesellschaft, Weinheim S. 17–32

72.) *Reuter, M.* (2001): Abschied von Sterben und Tod? Ansprüche und Grenzen der Hirntodtheorie. Kohlhammer, Stuttgart

73.) *Rixen, S.* (1999): Lebensschutz am Lebensende – Das Grundrecht auf Leben und die Hirntodkonzeption – Zugleich ein Beitrag zur Autonomie rechtlicher Begriffsbildung. Duncker & Humblot, Berlin

74.) *Roberts, G.A., Owen, J.* (1988): The Near-Death Experience. Br J Psychiatry 153: 607–617

75.) *Rosenboom, E.* (2000): Ist der irreversible Hirnausfall der Tod des Menschen? Peter Lang, Frankfurt am Main, Bern, New York

76.) *Ropper, A.H.* (1984): Unusual spontaneous movements in brain-dead patients. Neurology 34: 1089–92

77.) *Roth, G., Dicke, U.* (1995): Das Hirntodproblem aus der Sicht der Hirnforschung. In: Hoff, J., in der Schmitten, J. (Hrsg.); »Wann ist der Mensch tot? Organverpflanzung und Hirntodkriterium« Rowohlt, Reinbek bei Hamburg S. 51–67

78.) *Roth, G.* (2000): Ist der Hirntod gleichbedeutend mit dem Gesamttod des Menschen?. In: Firnkorn, H.-J. (Hrsg.); »Hirntod als Todeskriterium« Schattauer, Stuttgart, New York S. 11 19

79.) *Sabom, M.B.* (1982): Recollections of Death – A Medical Investigation. Harper & Row, Hagerstown/Maryland

80.) *Schlake, H.P., Roosen, K.* (2001): Der Hirntod als der Tod des Menschen. Deutsche Stiftung Organtransplantation, Neu-Isenburg 2. Auflage

81.) *Schlich, T., Wiesemann, C.* (2001): Hirntod: zur Kulturgeschichte der Todesfeststellung. Suhrkamp, Frankfurt/Main

82.) *Schmitten, J. in der* (2002): Organtransplantation ohne »Hirntod«-Konzept? Ethik Medizin 14: 60–70

83.) *Schneewind, K.A.* (1969): Methodisches Denken in der Psychologie. Huber, Bern, Stuttgart, Toronto

84.) *Schneider, W.* (1999): »So tot wie nötig – so lebendig wie möglich!« Sterben und Tod in der fortgeschrittenen Moderne

– Eine Diskursanalyse der öffentlichen Diskussion um den Hirntod in Deutschland. LIT, Münster

85.) *Schweitzer, A.* (1966): Die Ehrfurcht vor dem Leben, Die Forderungen der neuen Lehre. In: Schweitzer, A. (Hrsg.); »Die Ehrfurcht vor dem Leben« Beck, München S. 33–37, 39–58

86.) *Schweitzer, A.* (1990): Kultur und Ethik. Beck, München

87.) *Seewald, O.* (1997): Ein Organtransplantationsgesetz im pluralistischen Verfassungsstaat. Verwaltungs Archiv 88: 199–229

88.) *Shewmon, D.A.* (1985): The metaphysics of brain death, persistent vegetative state, and dementia. The Thomist 49: 24–80

89.) *Shewmon, D.A.* (1987): The probability of inevitability: The inherent impossibility of validating criteria for brain »irreversibility« through clinical studies. Stat Med 6: 535–553

90.) *Shewmon, D.A.* (1988): Anencephaly: Selected medical aspects. Hastings Cent Rep 18: Oct/Nov S. 11–19

91.) *Shewmon, D.A.* (1992): ›Brain death‹: A valid theme with invalid variations, blurred by semantic ambiguity. In: White, R.J. et al. (Hrsg.); »Working Group on the Determination of Brain Death and its Relationship to Human Death« Pontifical Academy of Sciences, Vatican City: 23–51

92.) *Shewmon, D.A.* (1998): Chronic »brain death«. Meta-analysis and conceptual consequences. Neurology 51: 1538–1545

93.) *Shewmon, D.A.* (1998): »Brainstem death«, »brain death« and death: A critical re-evaluation of the purported equivalence. Issues Law Med 14: 125–45

94.) *Shewmon, D.A., Holmes, G.L., Byrne, P.A.* (1999): Consciousness in congenitally decorticate children: developmental vegetative state as self-fulfilling prophecy. Dev Med Child Neurol 41: 364–74

95.) *Shewmon, D.A.* (2001): The brain and somatic integration: Insights into the standard biological rationale for equating »brain death« with death. J Med Philos 26: 457–78

96.) *Siegel, K.E.* (1993): Wir durften nicht aufgeben! Ein Vater schildert die letzten Monate der Schwangerschaft seiner hirntoten Frau und die Geburt seines Sohnes. Gütersloher Verlagshaus, Gütersloh

97.) *Singer, P.* (1994): Praktische Ethik. Reclam, Stuttgart 2. Auflage

98.) *Spittler, J.F.* (1992): Der Bewußtseinsbegriff aus neuropsychiatrischer und in interdisziplinärer Sicht. Fortschr Neurol Psychiat 60: 54–65

99.) *Spittler, J.F.* (1996): Sterbeprozess und Todeszeitpunkt – Die biologischen Phänomene und ihre Beurteilung aus medizinischer Sicht. In der Reihe: Hinrichsen, K., Sass, H.M, Viefhues, H. (Hrsg.); »Medizinethische Materialien« Ruhr-Universität, Bochum Heft 112

100.) *Spittler, J.F.* (1997): Der menschliche Körper im Hirntod, ein dritter Zustand zwischen lebendem Menschen und Leichnam? – Die Rückfrage des Arztes an den Philosophen, den Theologen und den Juristen. JZ 52: 747–751

101.) *Spittler, J.F.* (1999): Krankheitsbedingte Bewußtseinsstörungen – Grundlagen ethischer Bewertungen. Fortschr Neurol Psychiat 67: 37–47

102.) *Spittler, J.F.* (2000): Locked-In-Syndrom und Bewußtsein – In dubio pro vita? Aspekte ärztlichen Tuns oder Unterlassens: Die Unausweichlichkeit der Konsequenzen. In der Reihe: Sass, H.M., Viefhues, H., Zenz, M. (Hrsg.); »Medizinethische Materialien« Ruhr-Universität, Bochum Bd. 125

103.) *Spittler, J.F.* (2000): Phenomenological diversity of spinal reflexes in brain death. Eur J Neurol 7: 315–321

104.) *Spittler, J.F.* (2001): Akute organische Psychosen – Bewußtseinsstörungen und Bewußtsein – Befunde, Methodologie, Erkenntnistheorie und Neurophilosophie. Pabst Science Publishers, Lengerich

105.) *Steigleder, K.* (1994): Die Unterscheidung zwischen dem »Tod der Person« und dem »Tod des Organismus« und ihre Relevanz für die Frage nach dem Tod eines Menschen. In: Hoff, J., in der Schmitten, J. (Hrsg.); »Wann ist der Mensch tot? Organverpflanzung und Hirntodkriterium« Rowohlt, Reinbek bei Hamburg S. 95-118

106.) *Sugimoto, T. et al.* (1992): Morphological and functional alterations of the hypothalamic-pituitary system in brain death with long-term bodily living. Acta Neurochir 115: 31–36

107.) *Tönnis, W., Frowein, R.A.* (1963): Wie lange ist Wiederbelebung bei schweren Hirnverletzungen möglich? Mschr Unfallheilk 66: 169–190

108.) *Truog, R.D.* (1997): Is it time to abandon brain death? Hastings Cent Rep 27: 29–37, siehe auch: Ist das Hirntod-Kriterium obsolet? In: Firnkorn, H.-J. (Hrsg.); »Hirntod als Todeskriterium« Schattauer, Stuttgart, New York S. 83–102

109.) *Vollmann, J.* (1996): Medizinische Probleme des Hirntodkriteriums. Med Klin 91: 39–45

110.) *Vollmann, J.* (2001): Das Hirntodkriterium heute. Begriffsklärung und medizinische Kontroversen. In: Schlich, T.,

Wiesemann, C. (Hrsg.); »Hirntod: zur Kulturgeschichte der Todesfeststellung« Suhrkamp, Frankfurt/Main S. 45–65

111.) *Wetzel, R.C., Setzer, N., Stiff, J.L., Rogers, M.C.* (1985): Hemodynamic responses in brain dead organ donor patients. Anesth Analg 64: 125–128

112.) *Wiesemann, C.* (2001): Notwendigkeit und Kontingenz. Zur Geschichte der ersten Hirntod-Definition der Deutschen Gesellschaft für Chirurgie von 1968. In: Schlich, T., Wiesemann, C. (Hrsg.); »Hirntod: zur Kulturgeschichte der Todesfeststellung« Suhrkamp, Frankfurt/Main S. 209–235

113.) *Wils, J.P.* (1994): Person und Leib. In: Hoff, J., in der Schmitten, J. (Hrsg.); »Wann ist der Mensch tot? Organverpflanzung und Hirntodkriterium« Rowohlt, Reinbek bei Hamburg S. 119–149

114.) *Wissenschaftlicher Beirat der Bundesärztekammer* (1982): Kriterien des Hirntodes – Entscheidungshilfen zur Feststellung des Hirntodes. Dtsch Ärzteblatt 79: 35–41

115.) *Wissenschaftlicher Beirat der Bundesärztekammer* (1986): Kriterien des Hirntodes – Entscheidungshilfen zur Feststellung des Hirntodes – Fortschreibung der Stellungnahme. Dtsch Ärzteblatt 83: B-2940–46

116.) *Wissenschaftlicher Beirat der Bundesärztekammer* (1991): Kriterien des Hirntodes – Entscheidungshilfen zur Feststellung des Hirntodes. Dtsch Ärzteblatt 88: B-2855–60

117.) *Wissenschaftlicher Beirat der Bundesärztekammer* (1997): Kriterien des Hirntodes – Entscheidungshilfen zur Feststellung des Hirntodes. Dtsch Ärzteblatt 94: B-1032–39

118.) *Wissenschaftlicher Beirat der Bundesärztekammer* (1998): Richtlinien zur Feststellung des Hirntodes. Dtsch Ärzteblatt 95: B-1509–1516

119.) *Wolstenholme, G., O'Connor, M.* (Hrsg.) (1966): Ethics in medical progress: with special reference to transplantation. Churchill, London

120.) *Wuermeling, H.B.* (1993): Überleben des Fötus bei hirntoter Mutter. Z Ärztl Fortbild Jena 87: 845–847

121.) *Youngner, S.J.* (1993): Ethical, psychosocial and public policy implications of procuring organs from non-heart-beating cadaver donors. JAMA 269: 2769–74

Stichwortverzeichnis

Stichwortverzeichnis

Stichwortverzeichnis

MICHAEL POTT

Handbuch Neurologie

Lexikon neurologischer Krankheitsbilder mit Arzneimittelliste

2001. 816 Seiten
Fester Einband/Fadenheftung
€ 58,–
ISBN 3-17-015944-5

»Im ersten Teil des Buches werden alle Erkrankungen und im zweiten Teil alle Medikamente, mit denen der neurologisch tätige Arzt konfrontiert wird, in alphabetischer Reihenfolge komprimiert dargestellt. Sehr hilfreich sind die zu jedem Krankheitsbild differenziert aufgeschlüsselten ICD-Nummern. Jede Darstellung einer Erkrankung endet mit einer umfassenden Übersicht therapeutischer Optionen sowie mit Hinweisen auf relevante Therapiestudien und aktuelle Literaturstellen. (...)«

Deutsches Ärzteblatt

»(...) Die komprimierte Darstellung und hohe Informationsdichte ist beeindruckend. (...) Alles in allem ein nützliches Nachschlagewerk, in dem der bereits vorgebildete Facharzt rasch das Wichtigste zu einem Thema findet.«

MedReport

www.kohlhammer-katalog.de

W. Kohlhammer GmbH
70549 Stuttgart · Tel. 0711/7863 - 7280 · Fax 0711/7863 - 8430

WOLFGANG GAEBEL
FRANZ MÜLLER-SPAHN

Diagnostik und Therapie psychischer Störungen

2002. 1364 Seiten mit
117 Abb. und 534 Tab.
Fester Einband/Fadenheftung
€ 129,–
ISBN 3-17-015158-4

»Lehrbücher sollten das Wissen im jeweiligen Fachgebiet in aktualisierter und gleichzeitig verständlicher Form gut strukturiert präsentieren. Wie jeder aufmerksame Leser von Lehrbüchern aber aus eigener leidvoller Erfahrung weiß, erreichen nur sehr wenige Autoren dieses löbliche Ziel. Ganz anders dagegen das von Wolfgang Gaebel und Franz Müller-Spahn herausgegebene Werk „Diagnostik und Therapie psychischer Störungen“! In herausragender Weise ist es den Autoren gelungen, das Thema umfassend zu behandeln und gleichzeitig wissenschaftliche und praktische Gesichtspunkte miteinander zu verbinden. (...) Das Werk wendet sich vorzugsweise an Weiterbildungskandidaten und Fachärzte der Psychiatrie. Gleichzeitig werden aber auch unerfahrene Ärzte benachbarter Disziplinen in didaktisch exzellenter Weise an die Problematik der Diagnostik und Therapie psychischer Störungen herangeführt. Zusammengefasst ist das Lehrbuch eine empfehlenswerte detaillierte Wissensquelle für jeden Arzt, der sich für den diagnostisch-therapeutischen Prozess in der Psychiatrie und Psychotherapie interessiert.«

extracta psychiatrica

www.kohlhammer-katalog.de

W. Kohlhammer GmbH
70549 Stuttgart · Tel. 0711/7863 - 7280 · Fax 0711/7863 - 8430

Theo R. Payk
Psychiater
Forscher im Labyrinth der Seele

THEO R. PAYK

Psychiater

Forscher im Labyrinth der Seele

2001. 376 Seiten mit 80 Abb.

Fester Einband/Fadenheftung

€ 36,30

ISBN 3-17-016684-0

»Was an diesem Buch Bewunderung verdient, ist nicht nur die Souveränität des Überblicks, sondern auch die unkapriziöse Form der sprachlichen Darstellung. Hier verschwindet das Thema nicht unter einer Fachterminologie nur für Insider, sondern es wird auf wohltuende Weise so ausgefaltet, dass von Kapitel zu Kapitel dessen Komplexität einsichtiger wird und das Lesevergnügen wächst. (...) Theo R. Payk ist eine beeindruckende Gesamtschau gelungen, die frei ist von jedwedem Fundamentalismus, sondern offen ist für die Komplexität unterschiedlicher wissenschaftlicher Ansätze, die Historisches mit Gegenwärtigem gekonnt verbindet und darüber hinaus eine Wissenschaftsprosa pflegt, die gerade in dieser Disziplin oft vermisst wird, weil sie – im Gegensatz zu Payk – den Leser aus dem Auge verliert.«

Münchner Institut für Psychiatrische Wirkungsforschung

»Wer Psychiater werden will, sollte das Buch von Payk lesen (...), das in Weiterbildungsseminaren zum Gegenstand der Diskussion gemacht werden sollte.«

Fortschritte der Neurologie und Psychiatrie

www.kohlhammer-katalog.de

W. Kohlhammer GmbH

70549 Stuttgart · Tel. 0711/7863 - 7280 · Fax 0711/7863 - 8430